Minerva Shobo Librairie

企業人の社会貢献意識は どう変わったのか

社会的責任の自覚と実践

安齋 徹

[著]

ミネルヴァ書房

はしがき

　未曾有の大災害を経て呆然と立ち尽くす我々にとって近代文明の危機という意識はより切実度を増している。近代文明を牽引してきた究極の理念は経済主義のイデオロギー「物質的に豊かになれば，人間はそれで幸せになれる」というモノの見方であるが，この経済一辺倒の近代化が大きな分岐点に差し掛かっている（田村，2012：ⅰ，169）。本書では，市場経済の渦中にいる企業人を題材に，経済と社会の狭間でさまよう人間のありようを解明し，新たな時代を創造していくための手がかりを探究する。企業人の社会貢献意識はどう変わったのか。そしてその意義はどこにあるのか。この問いかけに答える道程の中に，近代の超克に向けた曙光を見出すことができる。

　近代文明は近代化がもたらした文明であるが，近代化に関しては3つのプロセスがあった。第1に，物事を合理的・科学的に考えること，第2に工業化を進めること，第3に民主化を進めること，である。我々は近代化から3つの「人間解放」という成果を得た。合理的・科学的思考によって，精神的抑圧から解放され，工業化によって貧困から解放され，民主化によって政治的社会的抑圧から解放された。しかし，あまりにも短兵急に直線的に近代化を追い求めてきた結果，近代化の弊害も露呈してきた。自然の破壊，地域共同体の破壊（過疎過密社会，少子高齢化社会），精神と文化の破壊（過剰な物的豊かさ）である。これらのマイナスが次第に大きくなり，近代化による3つの人間関係のプラスを拭い去って余りあるほどになってきた（田村，2012：167-169）。

　いつの時代のどんな社会も，経済的，政治的，宗教的その他様々な要因が絡み合って社会を形成し展開させている。しかしそれら多くの要因の中でその社会を動かす支配的な要因がある。ギリシャ・ローマの古代社会においてこれは政治であり，ヨーロッパの中世社会では宗教であった。この意味で古代は「政治社会」，中世は「宗教社会」ということができる。これらに対して，近代における支配的な要素は経済であるから，近代は「経済社会」である。それは17～18世紀にイギ

リスをはじめとして形成され、やがてヨーロッパ以外の世界にも広がっていった社会のあり方である（田村, 2007：4）。

そして, 近代文明をもたらした究極の理念は, 経済主義のイデオロギーである。これは端的に「物質的に豊かになれば, 人間はそれで幸せになれる」というイデオロギーである（田村, 2012：ⅰ, 169）。これが今日の諸問題の根底になる[1]。このイデオロギーを見直さない限り, 近代文明は危機に直面している。しかし危機とは本来分岐点を指す言葉である。今, まさにパラダイム転換[2]が求められている。

個人に目を転じると, 現代社会の中で人々は生き方を問い直されている。今田は第2次世界大戦後の機能優先の社会構築は曲りなりにも豊かな社会を実現してきたと是認した上で, 単に効率性や合理性に基づいて社会の機能を遂行するだけ

---

(1) 正村は『人間を考える経済学』の中で, 経済がすべてに優先されれば, 人間らしい生活の本質が見失われ, 潜在力のある人間を育てることができなくなり, 経済の基盤である社会が解体に向かう, と述べている（正村, 2006：259-260）。社会的共通資本の概念を中心に据えて人間の心を大切にする経済学を提唱する宇沢は, 儲けることが悪いのではなく, それによってどういう社会的, 人間的な結果をもたらすかということを常に心に留める必要がある, と述べている（宇沢, 2013：22, 34）。

(2) 現代文明の根底にある物質至上主義と科学技術の病根を抉ったシューマッハーは,『スモール・イズ・ビューティフル』の中で, 貪欲や嫉妬心のような人間の悪を意識的に増長させるならば, 理性が崩壊し, 日常生活の一番基本的な問題を解決できないようになる, と憂慮している（Shumacher, 1973：31＝シューマッハー, 1986：40-41）。シューマッハーは, 今進んでいる破局への道を脱出する重要な仕事を行うのは, 我々1人1人であり, 未来を語ることに意味があるのは現在の行動につながる時のみである, と述べている（Shumacher, 1973：21＝シューマッハー, 1986：27）。

(3) 今田は現代社会の変容について3点指摘している。第1に「所有」(habing) から「存在(being)」への社会的関心のシフトである。人権や経済的権利は今後とも取り組むべき課題であるが, 自己実現や自己アイデンティティとの関連で生き方としての「存在」が問われ, 意義ある人間存在への希求が強まってきた。第2に達成的地位から関係的地位への志向の変化である。高い職業的地位・高い収入・高い学歴・多くの財産を求める達成的地位から信頼と尊敬を得ること・社会的活動で力を発揮すること・余暇サークルで役割を担うことなどの関係的地位へ志向が変化してきた。第3に価値観の多様化と生活様式の個性化である。均質で画一的であった中間大衆が, 非均質で価値観も異なる中間分衆に変化してきた（今田, 1999：12-14）。ここで中間分衆とは, ボランティアや社会参加活動に生き方を見出す人, 趣味や旅行などの余暇に生きがいを見出す人, 環境リサイクル運動に打ち込む人, 消費することに喜びを見出す人など, 均質な生活様式を想定できない集まりを意味する。その特徴は, 所得や学歴や職業的地位ではなく, 家族やコミュニティやサークルなどでの人間関係が重視されることである。つまり, 関係的地位志向により形成された多様な中間階級である（今田, 1999：14）。

の行為に疑問を呈している[3]。生きる意味を求め，問い直す[4]ことで新たな生活様式や文化を創造することも人間の重要な営みであり，自己実現，生きがい，生活の質の重視はその現れである。そして行き過ぎた管理社会を再構築して意義ある人生や生活を築き上げる仕組みとして新たに支援[5]型の社会システムを提案している。その例としてボランティアを掲げ，物質的な豊かさの下支えがなされ，人々の関心が所有ではなく，如何に生きるか，自己実現を図るかという「存在」[6]に重心が移行した時代には，ボランティアは他者を支援することで自己実現を求める活動であると指摘している（今田，2005：156-159, 241-244）。

　社会への貢献意識の高まりやボランティア活動の浸透は新たな生き方を考える上での手がかりとなる。平成12年版『国民生活白書』では「ボランティアが深める好縁」をテーマに掲げている。1995年の阪神・淡路大震災を契機にボランティア活動への関心が高まっているが，世界的に進行する知恵の社会への移行の中で，ボランティアが「次の時代」の基本的な人間関係を規定する主要な要因となる可能性があると述べた上で，血縁・地縁・職縁以外の多様な人間関係の構築によって生活の充実感を満たし，国民生活の質の向上が期待できると指摘している（経済企画庁，2000：Ⅰ, 203-205）。

　混迷の時代に，新たな社会の仕組みとは何か，我々一人ひとりは何をすべきなのか，を根底から考えなければならない時代に入りつつある（野中・廣瀬・平田，2014：3）が，本書では企業人に着目し，企業人の間で社会貢献意識が静かに，しかも着実に高まっていることを様々な側面から考察し，その意義を探求してい

（4）　島崎は，現代社会では，競争の中で目標に向かって今を生きる姿勢と，親愛や人間的交流を一義としはじめから見返りを求めるつもりのない共に生きるということの矛盾に生きがい喪失の原因があると分析している。両者を統合することで生きがいが呼び戻される可能性があることを示唆している（島崎，2005：5-6）。
（5）　支援とは「意図を持った他者の行為に対する働きかけであり，その意図を理解しつつ，ケアの精神を持って行為の過程に介在し，その行為の質の維持・改善を目指す一連のアクションであると同時に，他者のエンパワーメントを通じて自己実現を図ること」である（今田，2005：247）。
（6）　フロムは全世界を破局に導く経済的発展に代わる選択の可能性を追求する中で，持つこと（To have）とあること（To be）は2つの基本的な存在様式であり，そのそれぞれの強さが個人や社会の性格を決定する，と述べている（Fromm, 1976：12-16＝フロム，1977：29-34）。メルッチによれば，産業化社会の特徴は所有する自由であるが，ポスト物質社会の特徴は存在する自由である（Melucci, 1989：177-178＝メルッチ，1997：231）。

く。企業人に着目する理由は3点である。第1に，市場経済の渦中にいる企業人はまさに経済主義の論理の中で行動を余儀なくされているが，そうした企業人の中に変化の兆しを見出したいこと，第2に，産業構造の転換と共に現代社会では企業人がマジョリティを占めており，企業人の思考行動様式の変化は社会全体を変革する可能性を秘めていること，第3に，筆者自身が企業人として28年間を過ごしており企業人の心象を実感できること[7]，である。

　本書は10の章から構成される。第1章では，市場経済の渦中にいる企業人が，如何に働き，如何に生きているかを概観する。滅私奉公の会社人間モデルからは脱却した企業人は今なお彷徨しており，経済至上主義は人間疎外の一因ともなっている。第2章では，昨今注目を集めているワーク・ライフ・バランスに関する一定の座標軸を提示し，ワーク・ライフ・バランスの本質的な意味を考察する。第3章では，企業人がこれから向かうべき豊かで充実した行動思考様式を探求し，「バランスのとれた社会化した自己実現人」という新たな人間モデルを提唱する。第4章では，企業人のボランティア活動に着目し，企業人のボランティアの現状と生き方への影響を探求する。第5章では，個人として「社会のために役立ちたい」という企業人が静かに確実に伸長していることを明らかにし，その意義を考察する。第6章では，企業人の社会貢献意識の高まりに呼応した「社会化マネジメント」の現状と相克について考察する。第7章では，企業経営そのものも社会化し「CSRのメインストリーム化」という潮流が起きていることと，イノベーションを生み出すダイバーシティ・マネジメントや越境学習の観点から，社会化した企業と社会貢献意識の高い企業人の間で「協働」の可能性があることを明らかにする。第8章では，行き過ぎた経済至上主義を省みる立場から，経済と社会という2つの次元を，アリストテレスの考察を端緒に，ポランニーの「埋め込み概念」を道標として俯瞰的に考察する。第9章では，社会構造の変化とパラダイム転換に向けて生起人間の社会性についてしている事象につい確認する。終章では，東日本大震災を契機とした意識変化と個人の社会的責任の自覚と実践の意義について考察する。

---

[7]　筆者は28年間にわたり企業（金融機関）に勤務し，企業では，営業・事務・企画・海外・秘書・人事・研修など多岐に渡る業務を経験した。

なお，本書は以下の論文等をベースに執筆を行っている。

（1）「キャリアとボランティアを巡る考察——企業人のキャリアとボランティアに関する意識調査から」2009年6月『日本ボランティア学会　学会誌』2008年度，pp.133-141
（2）「バランスのとれた社会化した自己実現人モデルの探究」
2009年12月『Social Design Review』（21世紀社会デザイン研究学会　学会誌）Vol.1，pp.32-44
（3）「企業人の社会化——社会貢献意識の高まりとその意義」
2010年12月『Social Design Review』（21世紀社会デザイン研究学会　学会誌）Vol.2，pp.10-28
（4）「ボランティアの自己啓発力——社会人の事例研究」
2011年11月『ボランティア学習研究』（日本ボランティア学習協会　研究紀要）第12号，pp.37-45
（5）「社会化マネジメントの現状と相克——企業のボランティア支援を巡る考察」
2011年12月『Social Design Review』（21世紀社会デザイン研究学会　学会誌）Vol.3，pp.10-24
（6）「ワーク・ライフ・バランス5次元モデル」
2012年2月『日本労務学会誌』第13巻第1号，pp.17-28
（7）「経済と社会を巡る一考察——埋め込み概念を道標とした人間の社会性の紡ぎ直し」
2012年12月『Social Design Review』（21世紀社会デザイン研究学会　学会誌）Vol.4，pp.10-22

企業人の社会貢献意識はどう変わったのか
————社会的責任の自覚と実践————

目　　次

はしがき　i

第1章　企業人の生き方・働き方　……………………………… 1
　　　　　——会社人間からの脱却——

1　自由な人間性 …………………………………………………… 1
2　会社人間モデルの生成・発展・終焉 ………………………… 2
3　働くことの意味 ………………………………………………… 7
4　勤労意識の変遷 ………………………………………………… 9
5　人間疎外という視点 …………………………………………… 14
6　経済至上主義の呪縛 …………………………………………… 18

第2章　ワーク・ライフ・バランスとは何か　………………… 21
　　　　　——「仕事と家庭の調和」を越えて——

1　ワーク・ライフ・バランスへの関心の高まり ……………… 21
2　ワーク・ライフ・バランス5元論 …………………………… 22
3　ワーク・ライフ・バランスの現状 …………………………… 33
4　ワーク・ライフ・バランスの本質 …………………………… 44
5　座標軸とホリスティック・ライフ …………………………… 45

第3章　新たな行動思考様式の誕生　…………………………… 47
　　　　　——バランスのとれた社会化した自己実現人モデル——

1　新たな行動思考様式の模索 …………………………………… 47
2　行動思考様式のモデル ………………………………………… 49
3　バランスのとれた社会化した自己実現人モデル …………… 57
4　アンケート調査 ………………………………………………… 60
5　インタビュー調査 ……………………………………………… 70
6　価値観やボランティア経験の影響 …………………………… 87

目次

第4章　企業人のボランティア活動
　　　　――現状調査と分析――

1　ボランティア経験 ……………………………………………………… 89
2　ボランティア活動の意義 ……………………………………………… 90
3　アンケート調査 ………………………………………………………… 99
4　ボランティア経験の生き方への影響 ………………………………… 105
5　「触媒」としての強い影響 …………………………………………… 107

第5章　企業人の社会貢献意識の高まり
　　　　――社会を変革する原動力となる可能性――

1　社会貢献意識 …………………………………………………………… 109
2　日本人の社会貢献意識の高まり ……………………………………… 109
3　勤労における社会貢献意識の高まり ………………………………… 111
4　企業人の社会貢献意識の高まり ……………………………………… 113
5　企業人の社会貢献意識の高まりを捉える視座 ……………………… 118
6　企業人の社会化 ………………………………………………………… 120

第6章　社会化マネジメントとは何か
　　　　――社会貢献意識の高まりへの企業の対応――

1　人的資源の重要性 ……………………………………………………… 123
2　人間モデルの変遷 ……………………………………………………… 123
3　社会化マネジメント …………………………………………………… 126
4　理想の恩恵 ……………………………………………………………… 127
5　社会化マネジメントの現状 …………………………………………… 129
6　企業のボランティア支援に関する意識調査 ………………………… 132
7　社会化マネジメントの相克 …………………………………………… 135
8　新たな企業社会の地平 ………………………………………………… 140

第 7 章　CSR のメインストリーム化 …………………………… 143
　　　　　──企業経営との協働の可能性──

1　企業経営の社会化 …………………………………………………… 143
2　CSR 概念の変遷 …………………………………………………… 146
3　ISO26000 とは何か ………………………………………………… 149
4　CSV 論の勃興 ……………………………………………………… 152
5　統合報告書を巡る動向 ……………………………………………… 156
6　CSR のメインストリーム化 ……………………………………… 160
7　ダイバーシティ・マネジメント …………………………………… 167
8　イノベーションの源泉として越境学習 …………………………… 169
9　企業経営との協働の可能性 ………………………………………… 174
10　"攻め" の社会化マネジメント …………………………………… 175

第 8 章　人間は本来社会的であるのか ……………………………… 179
　　　　　──経済至上主義を越えて──

1　現代社会の立ち位置 ………………………………………………… 179
2　社会との関係性を重視する経済社会学 …………………………… 180
3　経済と社会を巡るアリストテレスの考察 ………………………… 182
4　埋め込み概念 ………………………………………………………… 185
5　システム論的アプローチ …………………………………………… 187
6　人間本性への回帰 …………………………………………………… 189
7　経済至上主義の埋め戻し …………………………………………… 191

第 9 章　社会貢献意識の高まりの具現化 …………………………… 195
　　　　　──ヒト・モノ・カネの動き──

1　将来の予測が困難な時代 …………………………………………… 195
2　社会の構造変化と担い手としての企業人 ………………………… 196
3　ヒト・モノ・カネの動き …………………………………………… 200
4　新たな潮流 …………………………………………………………… 211

終章　個人の社会的責任の自覚と実践 ……………………………… 215
　　　　──個人と企業と社会の関係性の模索──
　1　東日本大震災を契機とした意識変化 ……………………………… 215
　2　個人の社会的責任の自覚と実践 …………………………………… 217
　3　社会変革の原動力となる可能性 …………………………………… 223
　4　今後の課題 …………………………………………………………… 227
　5　個人と企業と社会の関係性 ………………………………………… 229

あとがき　231
資料編　235
　1　意識調査フォーム　235
　2　企業のボランティア支援についての自由意見　245
　3　震災後の価値観の変化　251
参考文献　255
索　　引　277

第1章
企業人の生き方・働き方
―― 会社人間からの脱却 ――

1　自由な人間性

　組織論の発想によれば，個人が組織に属するということは自己の個人人格を捨て去り組織人格を獲得することであり，契約で定められた就業時間は組織人格に徹することが求められる。したがって，企業側とすれば，組織人格への徹底化（所属組織への同調ないしは過剰同調）は歓迎すべきことであり，そのことを目指して実施させる施策が管理である（宮坂，2002：5-6）。しかし，組織はもともと人間に奉仕し，人間の幸福の増進のために作られたものである。組織がその維持・拡大を自己目的化し，逆に人間を隷従させながら巨大化していくことには大きな疑問が呈されている（三戸，1977：56）。

　近年の人的資源管理論の知見は，人間の自由意思を前提にしている。一個人としての労働者は，人的資源の所有者・活用者であり，企業からは独立しており，どのような仕事をするか，どこで働くか，自分で自由に決めることができる。その上で，労働者における自律性と他律性の矛盾（傍点は筆者）を考慮しながら，組織の課題としての経営効率と労働者の人間性を如何に統合するかが人的資源管理の基本的課題であると言われている（奥林・平野・上林，2010：7-9）。

　本章では，自由な人間性を前提としつつ，市場経済の渦中にいる企業人が，如何に働き，如何に生きているのかを考察する。特に，会社人間の呪縛からは解き放たれた企業人が，現代社会の中で今なお彷徨している様子を概観したい。

2　会社人間モデルの生成・発展・終焉

(1) 会社人間とは

　会社人間という言葉は，我が国の企業社会の象徴として用いられていた[1]が，会社人間には様々な定義が存する。

　熊沢は会社人間の特徴として，第1に職業能力の展開の場が特定企業に限られていること，第2に労働条件が企業別に主として経営者の裁量のもとで決まること，第3に生活時間に占める労働時間の比率が高いこと，第4に生活意識からみれば会社での仕事・人間関係・昇進・収入が圧倒的な関心事で広範な企業の要請を何よりも優先させること，の4つをあげている。典型的な会社人間は自由な意志による行動の選択が保障されるべき仕事以外の生活も企業の要請に従属させるようになり，企業の業務内容に疑問を呈したり，社業への献身を二義的とみなすような行動を忌避する（熊沢, 1994：38-45）。

　田尾は会社人間を，「会社という組織に強く思い入れ, 思い込む人たち」「組織に対して過剰に同調し，しかも過剰に組織に取り入れられることに気がつかず，ましてや異議をはさまない人たち」と定義するが，さらに「会社に過剰にのめり込み過ぎて，健常な自我概念を維持できなくなった人間類型」という人間関係の病理の意味も含意する。一方で，会社に勤めるようになれば，会社の価値に同化し，会社を自らの行動や判断を規定する基本軸と考え，誰でも程度の差はあれ会社人間になるのが自然であると指摘している[2]（田尾, 1998：8-9）。

　宮坂は会社人間を組織人格として24時間365日行動することが強制される日本型企業社会の中で構造的に生み出された特殊な人間類型であると論じている（宮坂, 2002：6）。

---

(1)　例えば『平成19年度　国民生活白書』では「我が国は「会社人間」という言葉に象徴されるように職場の結びつきの強い社会であった」と記されている（内閣府, 2007：128）。
(2)　会社人間は，端的に言えば，公共への関心が希薄であり社会という視点がない。したがって，どこまでも私益中心で公益を考える視点がない。会社人間にとって社会とは会社であり，会社が利益を上げることが，即会社という社会の利益である，と田尾は極論している（田尾, 1998：10-11）。

いずれも会社人間は組織に従属するモーレツ社員を意味するが，どこか視野狭窄で不安定な人間像が含意されている(3)。

(2) 会社人間の生成・発展・終焉

渡辺（峻）によれば，日本的集団主義はもともと戦前における農村落（ムラ）社会を基盤に発展・確立したもので，生産現場では人々の協力が不可欠の条件であった。集団の秩序が重視され，滅私奉公の意識と行動が支配的で，自己主張が強く集団の秩序を乱すような協調性のない人物はしばしば「村八分」（仲間はずれ）にされた。戦後，工業化が進展し農村の過疎化と都市の過密化が進展したが，農村落社会を基盤に形成された集団主義は都市部の会社や工場に引き継がれ，会社主義に姿を変えて再生産され高度経済成長を底支えした。

高度経済成長時代には，近代的な画一的大量生産方式が確立し，高品質・低コストの製品が大量生産され，流通市場に流れ込み，大量消費された。このような成長的大量生産を前提にした現場組織では，集団の論理に個人を同化させる日本的集団主義はきわめて適合的であった。終身雇用・年功序列という雇用慣行とも相俟って，集団の秩序が重視され，個人には協調性や会社組織への自己犠牲が求められ滅私奉公の会社人間が生成された。経営家族主義とも言える社員共同体意識・会社忠誠心・帰属意識が熟成し，家庭生活・社会生活を犠牲にしてでも会社に尽くすことが当たり前とされた。

しかし，1980年代になると日本の高度経済成長は終わり，画一的大量生産から多種多様生産体制に移行し，産業構造も重厚長大から軽薄短小へと転換し，企業も業容転換・リストラを余儀なくされ，企業の国際化・情報化が進展した。この過程で，全社会的規模での人材の大規模な流動化が進み，個人の価値観や職業意識も多様化した。女性の高学歴化と職場進出，共働きの増加などがこの傾向に拍車をかけた。経済成長の鈍化や企業組織内での中高年層の肥大化が画一的雇用管理を維持する基盤を揺るがせた。

1990年代になるとネットワーク型組織・分社型組織の普及，経済のグローバル

---

(3) 社会生活を営む各人が才能と境遇に応じて社会的分担を遂行しこれから得られる報償によって生計を立てるところの継続的な勤労であるとも定義する（尾高：1995：48）。

化の進展と共に、個々人の自己責任、意欲と能力が重視されるようになった。バブル経済の崩壊とリストラの展開を契機として、労働市場は流動化し、集団主義・会社主義から解放された個人の自立性がむしろ着目されるようになった（渡辺（峻），2007：23-24）。

（3）自立性の要請

渡辺（峻）は個人の自立性を3つの側面から分析している（渡辺（峻），2007：26-29）。

第1に、自己の意欲と能力を活かす自立性である。今日の企業活動は大規模で複雑な協力・共同の社会的諸関係を抜きにしては存続できなくなっている。協力・共同の社会的ネットワークを維持・存続するには意識的かつ自覚的に調整され、システム化された組織の確立と共に、個々人が意欲に溢れ、裁量・判断を自立的に行うことが求められている。企業活動の国際化・情報化が進展する結果、社会的ネットワークとその組織がますます大規模で複雑になり、個々人にいっそうの自立性・自主性、さらには自覚・責任感・自己啓発が要請される。

第2に、わが社主義から解放された自立性である。近年の産業構造の大規模な転換及び事業の再構築・リストラの進行の中で、企業組織の分社化、雇用調整という名の出向・派遣の通常化、労働市場の流動化、雇用の形態・人材・時間・場所の多様化・柔軟化の進展、集団主義的な長期ストック型の画一的雇用管理の崩壊が進行した。こうしたプロセスの中で個々人の複雑な協力・共同の社会的ネットワークがいっそう大規模に再構成すると共に、多くの耐え難い心労と苦渋の選択を随伴しつつ、わが社主義から解放された自立した個人を拡大再生産している。

第3に、企業別組合から解放された政治的な自立である。長期ストック型雇用管理を前提にした集団的職場風土と企業別労働組合の下では、個々人の政治的自由は、形式はともあれ内容的に大幅に制限されていた。然るに、個々人が、画一的な会社主義から解放され、各自の価値観や職業意識に応じた仕事や職業の選択ができるとすれば自己の哲学や信念に応じた自由な政治行動をとる自立性も獲得できる。

今日の日本型企業社会が多様に自立した個人を育成し再生産しているとすれば、結果的に個人の企業組織への集団主義的な忠誠心・帰属感は確実に薄れていく

第1章 企業人の生き方・働き方

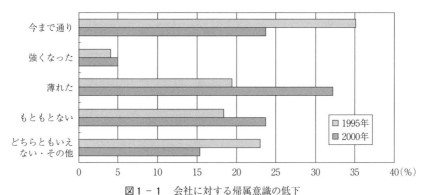

図1－1 会社に対する帰属意識の低下
出典：内閣府，2007年，『平成19年版 国民生活白書』，時事画報社，p.145

（渡辺（峻），2007：30）。

（4）国民生活白書による分析

『平成19年版 国民生活白書』では「職場と人のつながり」が希薄化している傾向を指摘している（図1－1）（内閣府，2007：150）。

会社に対する帰属意識があるかを尋ねると，1995年にから2000年にかけてこのような意識が「もともとない」と「薄れた」は急増し，「今まで通りである」は急減している（内閣府，2007：144-145）。

職場におけるつながりの希薄化の背景として3つの側面を指摘している（内閣府，2007：150-160）。

第1に，企業を取り巻く経済・社会環境の変化である。経済のグローバル化や規制緩和に伴う競争激化を背景として，企業はコスト意識を強め雇用のあり方についても見直す必要に迫られた。

第2に，企業側の雇用方針，人材育成方針の変化である。企業側が求める「職場と人のつながり」は，従前の相互依存を基調とした関係から，より個人を前提にしたビジネスライクな関係，より従業員の自律を求める関係へと変化した。その結果，終身雇用や年功的賃金制を見直す動き進み，雇用や賃金を介した職場と人のつながりが薄まってきた。さらに，1990年代半ば以降，パートやアルバイトへの移行が加速し，雇用の非正規化が進展した。

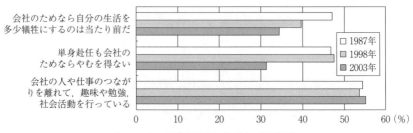

図 1 − 2 仕事に対する考え方（時系列）
出典：内閣府，2007年，『平成19年版 国民生活白書』，時事画報社，p.161

　第3に，個人の職場における働き方の変化である。多角化や事業部制の進展は組織の独立性を強め，成果主義の導入は組織の業績よりも個人の業績を重視する傾向を強めた。職場における IT の進展は個人の仕事の裁量性を高め文書作成やプログラムの作成など非対人的な仕事の比重を高めた。また電子メールの普及はわざわざ顔を合わせ声をかけなくても仕事を進めていける職場環境を作り出し，職場で自然に人と接する機会を減少させている。

　会社中心の価値観については疑問を持つ人が増えており，特に若年層でその割合が高い。従業員規模100人以上の事業所の従業員に仕事や働き方に対する考え方を聞いてみると，「会社のためなら自分の生活を多少犠牲にするのは当たり前だ」，「単身赴任も会社のためならやむを得ない」といった会社人間的な意識について，1987年にはそれぞれ47.0％，46.8％と半数近くが「あてはまる」と回答していたが，2003年にはそれぞれ34.4％，31.4％に低下している（図1−2）。

　年齢層別では，概ね年齢層が高くなるほど「あてはまる」と答える割合が高くなっており，若年層を中心に，仕事のために生活を犠牲にすることを疑問に感じていることがわかる。また「会社の人や仕事のつながりを離れて，趣味や勉強，社会活動を行っている」と答えた割合は，20代，30代では6割弱となっているが，40代，50代ではやや低くなる。若い世代では職場以外のつながりを重視する傾向が強まっているものと考えられる（図1−3）。

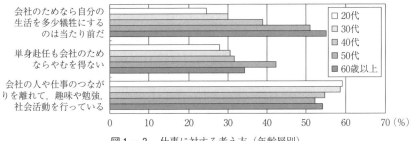

図1-3 仕事に対する考え方（年齢層別）
出典：内閣府, 2007年,『平成19年版 国民生活白書』, 時事画報社, p.162

3　働くことの意味

　ところで，人は何のために働くのであろうか。
　尾高は職業を「個性の発揮，役割の実現および生計の維持をめざす継続的な人間活動である」と規定[4]する。職業には3つの要素があり，第1の要素は「個性の発揮」である。これは職業の個人的側面である。各人はその才能と境遇に応じて自己を実現し能力を発揮する。第2要素は「役割の実現」である。各人は社会の成員としてそれぞれの役割あるいは分担を遂行する。第3の要素は「生計の維持」である。これは職業の経済的側面である。人々は勤労をなし，その代償として収入を得る。これによって生活を営み家族を養う（尾高, 1995：47-48）。
　時井・田島もまた職業には3つの要素があるという。第1に，職業に就くことによって収入が得られ，自分や家族の生活の維持と向上が期待できるという経済的要素，第2に，職業に就くことによって社会人として1つの役割を果たせるという社会的要素，第3に，職業を通して自分の個性や能力を発揮して自主的に興味や理想を実現することができるという個人的要素である（時井・田島, 2009：2）。
　黒井によれば日常生活の中では見失われがちである働くことの核心は自己表現であり，人は労働を通して自己実現を欲している。自己表現の営みが自己を支え，人間そのものを支えている（黒井, 1982：99, 106）。

（4）　仕事をすることで新たに得られる価値観を小島は「労働価値観」と呼んでいる（小島, 2006：118-119）。

梅澤は職業へのアスピレーション（大望・志望・野望）という観点から10の職業動機項目を提示した。第1に，仕事を通じて自分の可能性を大いに発揮したいという「能力願望」，第2に，新事業を起こしたり新製品・新技術を開発しいという「パイオニア精神」，第3に，実績をあげ業績を残し後世に名を残したいという「立身出世の野心」，第4に，利益や利潤をあげて富を得たいという「経済的動機」，第5に，顧客や地域などに役立ちたいという「社会的貢献欲求」，第6に，生活が平易に流れたり現状に安住したくないという「ハングリー精神」，第7に，安定した生活を送りたいという「生活願望」，第8に，困難に挑戦し成果をあげて充足感を味わいたいという「やりがい欲求」，第9に，一人前の社会人として世の中に認められたいという「一人前志向」，第10に，人間であれば仕事をするのは当然の行為であるとする「常識派志向」である（梅澤，2001：131-132）。

　さらに梅澤は，①指導性の発揮，②専門的習熟，③社会的信用の確立，④社会への貢献，⑤富・財貨の獲得，⑥愛情と友情の交歓，⑦快適と快楽，⑧真理の探求，⑨社会的地位の達成，⑩自己実現などの人生動機を示した上で，職業選択が人生ビジョンや人生目標と深く関わることは明白であると指摘する（梅澤，2001：133）。

　東・安達は大学生を対象に実施した調査を通じて，就業動機を4つに分類した。第1の探索志向は必要な知識・技術を見につける準備的姿勢を示す。第2の挑戦志向は難しい課題にチャレンジし成し遂げることで自己成長を志す。第3の対人志向は仕事を通じた人との接触やコミュニケーションに重きをおく。第4の上位志向は社会的地位や名声を得ようとする（東・安達，2003：15-16）。

　金井・高橋は働く動機を3つに分類した。第1の動機は上昇的動機（影響欲，支配欲，達成欲，競争心，賞賛欲など）である。目標を達成したい，人を動かしたい，人から賞賛されたい，相手に勝ちたい，など高い目標に向って挑戦しようとする動機である。第2の動機は人間関係的動機（社交欲，感謝欲，理解欲，主張欲など）である。人に感謝されたい，人に親切にしたい，人と仲良くしたい，自分の考えを伝えたい，など対人関係に関する動機である。第3の動機はプロセス系動機（自己管理欲，抽象概念思考，切迫性など）である。新しいアイデアを考えたい，計画通りに進めたい，抽象的・概念的なことを考えたい，などプロセスそのものにのめりこむような動機である（金井・高橋，2005：69）（戸田，2007：173-174）。

ドーアは仕事がもたらす満足感のタイプとして，内発的な報酬と外発的な報酬の2つがあるとする。その他，職場の友達づきあいなどの社交的楽しみや社会的威信を掲げる。一方で，「社会的にどのように有用なのか？」も仕事を考える場合の意味のある問いである（ドーア，2005：64-66）。

小島も外的報酬と内的報酬のバランスが重要であると指摘する。外的報酬とは，給料はどれくらいか，会社の知名度やイメージはどうか，職業としての安定度はどうか，といった外側の魅力である。内定報酬とは，自分の興味や能力と仕事とが一致して働ける楽しさや難しい仕事を工夫してやり遂げた充実感といった内面の魅力である。この両方の報酬のバランスがほどよくとれてくると，仕事を通じて，自分をもっと成長させたいという，人生そのものへの展望が開け「仕事が楽しい」という状態になってくる。仕事をしたことで，新しい自分や新しい価値観[5]が育ってくる（小島，2006：113-119）。

こうした言説から浮かび上がってくるのは，表現は様々であるが，「生計」の維持を所与とした上で，「人間関係」を媒介に，「自己実現」あるいは「社会貢献」という意義づけを深めようとする試みである。

4 勤労意識の変遷

（1）勤労意識の量的分析

勤労意識は時代と共に変遷してきた。「国民生活に関する世論調査」によると，働く目的は「お金を得るため」が圧倒的な1位で過半を占め，以下「生きがいをみつけるため」「社会の一員として務めを果たすため」「自分の才能や能力を発揮するため」が続き，この順位はほとんど変動がない（図1-4）。

同じく「国民生活に関する意識調査」によると「どのような仕事が理想だと思うか」という問いに対して，「自分にとって楽しい仕事」「収入が安定している仕事」が1位・2位で，3位に「自分の専門知識や能力がいかせる仕事」，4位以下に「健康を損なう心配がない仕事」「世の中のためになる仕事」「失業の心配が

（5） 太田は仕事人の視点からの組織やマネジメントの見直しを提言するが，社会的慣行や風土，それに教育，家庭，地域社会のあり方などの再評価にも付言している（太田，1999：250）。

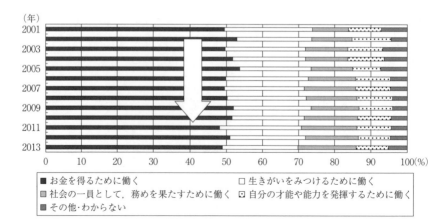

図1-4 働く目的は何か
出典：内閣大臣官房政府広報室，2013年，「国民生活に関する世論調査（平成25年6月）」，表23-2（http://www8.cao.go.jp/survey/h25/h25-life/zh/h23-2.csv）（検索日：2013年8月22日）

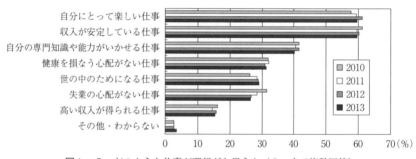

図1-5 どのような仕事が理想だと思うか（2つまで複数回答）
出典：内閣大臣官房政府広報室，2013年，「国民生活に関する世論調査（平成25年6月）」，図24-2（http://www8.cao.go.jp/survey/h25/h25-life/zh/h24-2.csv）（検索日：2013年8月22日）

ない仕事」が並んだ。「世のためになる仕事」の比率が漸増しているのが注目される（図1-5）。

　日本生産性本部・日本経済青年協議会が実施している「新入社員「働くこと」の意識調査」によると，近年「楽しい生活がしたい」が急増し，「経済的に豊かな生活を送りたい」「自分の能力をためす生き方をしたい」を凌駕している。一方で，「社会のために役に立ちたい」が順調に伸張していることが注目される（図1-6）。

第1章　企業人の生き方・働き方

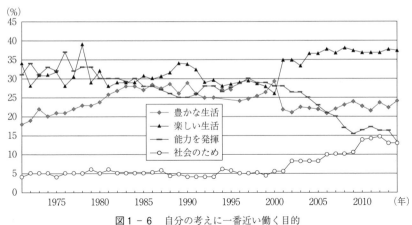

図1-6　自分の考えに一番近い働く目的
出典：日本生産性本部・日本経済青年協議会，2014年，『平成26年度新入社員「働くことの意識」調査報告書』，p.96

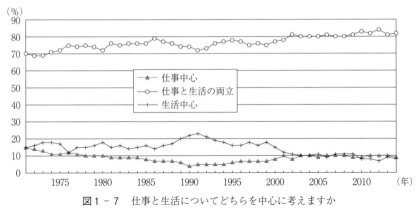

図1-7　仕事と生活についてどちらを中心に考えますか
出典：日本生産性本部・日本経済青年協議会，2014年，『平成26年度新入社員「働くことの意識」調査報告書』，p.95

　同じく「新入社員「働くこと」の意識調査」によると，当初70％程度であった「仕事と生活の両立」志向が80％程度まで増加し，が急増し，一方で，「生活中心」「仕事中心」長期的には漸減している（図1-7）。

（2）勤労意識の質的分析
　根本は労働と余暇の両立を希求する新たなワーキング・カルチャーの出現を唱える。労働を「生計維持的のために社会的役割を担う自己実現的活動」と捉え，

11

表1-1 新しいワーキング・カルチャー

	旧仕事文化 (労働と余暇)	新ワーキング・カルチャー (朗働と誉暇)
仕事	つらく苦しい 自己犠牲 皆で一緒に 勤務時間・場所は固定 勤務は上司の命令	いきいきと面白い 自己表現 各々の個性に応じて フレックス 職務は選択
職場	上下関係 女性はアシスタント 効率的オフィス	仲間関係 女性も仲間 快適オフィス
評価・報酬	減点主義 積み上げ評価 賃金・昇進中心の報酬	加点主義 敗者復活 仕事・心理的報酬
休暇	できるだけ少なく 休息 仕事に合わせて	たっぷり 自己表現 計画的に

出典:根本孝・G.J.J.M.Poeth, 1992,『カンパニー資本主義』,中央経済社, p.215

拘束性や手段性からの離脱を強調し,働くことそのものが自己目的化し,楽しく,面白く,エキサイティングな「朗働」への変革を主張し,余暇に関しても「自由時間に主体的かつ目的的に行われる自己解放的,自己表現的,自己開発的活動」と捉え,人間の全人的成長のための重要な役割を果たす即目的行動であり,人間の精神的成長をもたらす「誉暇」への変革を主張する(表1-1)(根本・Poeth, 1992:207-213)。

太田は,自分が所属する組織に対してコミットし組織から獲得する誘因あるいは報酬によって主要な欲求を充足する者を「組織人」,所属組織よりも自分の仕事にコミットし仕事を通して主要な欲求を充足する者を「仕事人(しごとじん)」とした上で,組織よりも仕事に一体化し,仕事を通して人生を切り開こうとする「仕事人」が増えつつあると指摘する。マイペース型個人主義の広がり,専門職志向の高まり,社会の成熟化,情報化・技術革新の進展,グローバル化などが仕事人化[5]の背景として存する(図1-8)(太田:1999:iv, 26, 45-56)。

第1章　企業人の生き方・働き方

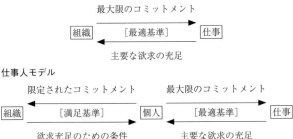

図1-8　組織人モデルと仕事人モデル
出典：太田肇，1999，『仕事人と組織』，有斐閣，p.29

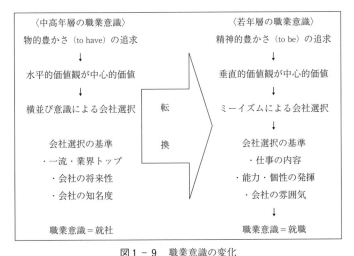

図1-9　職業意識の変化
出典：谷内篤博，2007年，『働く意味とキャリア形成』，勁草書房，p.14

　谷内によれば，中高年層が「帰属意識」に裏打ちされ「1つの組織に帰属し，そこから人生に必要なすべてのものをまかなっていく」滅私奉公型の会社観・組織観であるのに対し，若年層は「所属意識」に裏打ちされ「いくつかの組織に所属し，それぞれのところから必要なものを手に入れていく」自己実現型の会社観・組織観である。職業意識も中高年層が物的豊かさを希求する水平的価値観から「どこの会社に入るか」という「就社」であったのに対し，若年層は精神的豊かさを希求する垂直的価値観から「どんな仕事ができるか」「その仕事は自分に

合っているか」という「就職」に変化していると指摘する（図1 - 9）（谷内，2007：9-14）。

5　人間疎外という視点

働くことを考える上で忘れてはならない視点が人間疎外の問題[6]である。自分が企業や社会を動かしているというよりも企業の歯車として部分的な仕事だけを担わされているという意識は人間疎外の問題として捉えることができる（田村，2007：304）[7]。

（6）　自分が企業や社会を動かしているというよりも企業の歯車として部分的な仕事だけを担わされているという意識は人間疎外の問題として捉えることができる（田村，2007：304-313）。ウェーバーは近代化が進展するにつれて，一方で社会は合理化され機械化され，他方で各人は専門化する。したがって，近代人はあたかも社会という機械の一部品として，社会の中に組み込まれる。このことにより近代人は自由を喪失していく。個人の専門化は人間本来の全人性を喪失し，人々が自由を追求すればするほど，合理化のプロセスが進展し，逃れることができないと現代社会の人間疎外を見通していた。マルクスは労働が社会的な協働作業であるにもかかわらず，生産手段が資本家に所有されているという矛盾から生産物と自然からの疎外および労働疎外が生まれ，自己実現のための本来の労働が不可能となり強制された労働になると主張した。ワーグマンはすでに20世紀中葉の『明日の社会』において，20世紀末には，人類社会が「シロアリ社会」と類似してくると予測した。つまり人類が昆虫の触角と同じような装置を持つようになり，昆虫の中で最も合理的なシロアリ社会に似て，遠隔操作が可能な社会組織になると主張した。このワーグマンの見通しは，20世紀末になって的中してきた。インターネットや携帯電話の普及は利便性と迅速性を生み出したが，一方で情報を無意識のうちに受容し遠隔操作される危険を孕んでいる。ヤスパースは，近代人の特質を「代替可能性」と見立て，それゆえ人間の尊厳が失われていくと警告した。それは，人間だけに限られる仕事が減少し，ほとんどの仕事は誰もがこなせるようになったゆえ，人間が別の人間に簡単に置き換えられるからである。ガルブレイスはすでに1960年代末に『新産業国家』において「テクノストラクチャー支配の社会」を鋭く抉り出した。テクノストラクチャーとは「集団の意志決定に参加するすべての専門家，もしくはこれらの人々が形成する組織」を指す。巨大組織においては，官僚制の支配が必然的となり，官僚制の弊害が露呈する。合法性と正当性の混同が生じ，また最少費用最大効果よりも各部門の仕事の維持が固執される。全体最適よりも部分最適が優先され，混乱が生じる。
（7）　塚本は，近代社会にとって労働は，人間の人格的形成にとって無関係になり，経営・労働生活は，労働者にとって無意味になるばかりか，その「人間的存在」を脅かすものになった，と述べている（塚本，1992：23）。

第1章　企業人の生き方・働き方

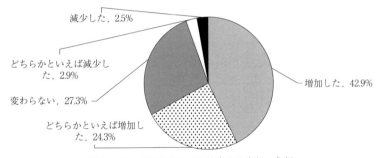

図1-10　5年前を比べた仕事上の責任・負担
出典：内閣府，2007年，『平成19年版　国民生活白書』，時事画報社，p.172

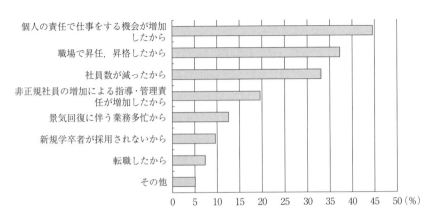

図1-11　仕事上の責任・負担が増加した原因
出典：内閣府，2007年，『平成19年版　国民生活白書』，時事画報社，p.173

（1）ITの進展によるストレスの増大

　『平成19年版　国民生活白書』によれば，現代日本の職場では，個人単位の仕事が増えるとともに，IT化の進展によりコミュニケーション不足が生じている。
　仕事に対する負担感を尋ねたところ，「（5年前と比べて）仕事上の責任・負担が増加した」と回答した割合は42.9％，「仕事上の責任・負担がどちらかと言えば増加した」は24.3％になっており，両方を合わせると3分の2以上の人が仕事上の責任や負担が増えたと感じている（図1-10）。
　5年前と比べて仕事上の責任や負担が増加したと回答した人にその理由を聞いてみると，「個人の責任で仕事をする機会が増加したから」を挙げた人が44.6％

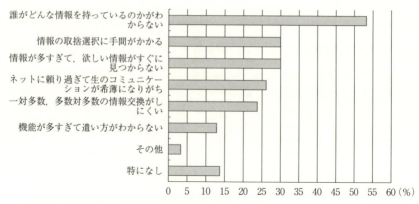

図1-12 ITを活用したコミュニケーション，情報共有の問題点
出典：内閣府，2007年，『平成19年版 国民生活白書』，時事画報社，p.176

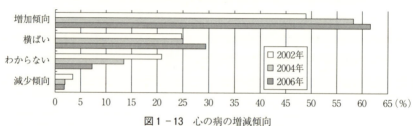

図1-13 心の病の増減傾向
出典：内閣府，2007年，『平成19年版 国民生活白書』，時事画報社，p.177

と最も多かった（図1-11）。

　また社内で電子メールやイントラネットなどを利用している人に，ITを活用したコミュニケーションや情報共有についてどのような問題点を感じているかを聞いてみたところ，コミュニケーションに関する項目としては，「ネットに頼り過ぎてコミュニケーションが希薄になりがち」と回答した割合が26.1％であった。電子メールでのやりとりや，ネット上の情報検索に頼ることが増え，従業員同士が直接コミュニケーションを取る機会が少なくなりがちであることが窺われる（図1-12）。

　そうした状況下，従業員の心理的な負担も増加している。最近3年間の心の病の増減傾向について尋ねたところ，「増加傾向」と回答した企業の割合は2002年には48.9％であったが，2006年には61.5％まで高まっている（図1-13）。

（2）経済主義による人間疎外

フロムは『自由からの逃走』の中で経済主義による人間疎外に言及している。

> 一言でいえば，資本主義は発展する自由の過程に及ぼした1つの結果であり，それは同時に個人をますます孤独な孤立したものにし，かれに無意味と無力の感情をあたえたのである（Fromm, 1941：108＝フロム, 1965：124）。

> 中世的組織では，資本は人間の召使いであったが，近代的組織では資本が人間の主人になった。中世社会では，経済活動は目的にたいする手段であった。その目的は，人生そのものであった（Fromm, 1941：109-110＝フロム, 1965：126）。

> 資本主義においては，経済的活動や成功や物質的獲得が，それ自身目的となる。経済的組織の発展に寄与することや，資本を蓄積することを，自分の幸福や救済という目的のためにではなく，目的それ自身として行うことが人間の運命となる。人間は巨大な経済的機械の歯車となった（Fromm, 1941：110＝フロム, 1965：127）。

> 近代人の孤独感，無力感は，かれのあらゆる人間関係のもっている性格によって，さらに拍車をかけられる。個人と個人との具体的な関係は直接的な人間的な関係を失い，かけひきと手段の精神に色どられてしまった。市場の法則があらゆる社会的個人的な関係を支配している。競争者どうしの関係は，相互の人間的な無関心にもとづかなければならないことは明らかである。もしそうでなければ，どのような人間も，経済的な仕事を遂行することはできない。そのためには，たがいに争わなければならず，必要とあれば，実際に他人を経済的な破滅におとしいれることも，ためらってはおられない（Fromm, 1941：118＝フロム, 1965：135）。

> 経済的な関係ばかりでなく，人間的な関係もまた，疎外された性格をおびている。それは人間的存在の関係ではなく，物と物との関係である。しか

しこの手段と疎外の精神のもっとも重要な，もっとも荒廃した例は，おそらく人間の自分自身にたいする関係であろう（傍点は筆者）（Fromm, 1941：119＝フロム，1965；136）。

　フロムは資本が人間の主人となり，人間を巨大な経済的機械の歯車に陥れ，競争を通じて経済的に成功することが目的化し，経済主義が人間疎外の一因であることを喝破した。手段と目的の転換や中世からの変異という指摘は「埋め込み概念」と相通じるものがある[8][9]。

6　経済至上主義の呪縛

　本章では，自由な人間性を前提としつつ，市場経済の渦中にいる企業人が，如何に働き，如何に生きているかを考察した。特に会社人間の呪縛から解き放たれた企業人が，現代社会の中で今なお彷徨している様子を概観した。
　第1に，会社人間モデルの生成・発展・終焉について考察した。会社人間とは「組織人格として24時間365日行動することが強制される日本型企業社会の中で構造的に生み出された特殊な人間類型」として組織に従属する滅私奉公型の猛烈社員を意味する。戦前における農村落（ムラ）社会を基盤に発展・確立したもので，戦後，工業化が進展し農村の過疎化と都市の過密化が進展する中，都市部の会社や工場に引き継がれ，高度経済成長を底支えした。終身雇用・年功序列という雇用慣行とも相俟って，集団の秩序が重視され，個人には協調性や会社組織への自己犠牲が求められ滅私奉公の会社人間が生成された。しかし，1980年代になると日本の高度経済成長は終わり，企業の国際化・情報化も進展し，個人の価値観や職業意識も多様化した。1990年代になるとネットワーク型組織・分社型組織の普

---

(8)　現代を液状化した社会と捉えるバウマンは，必死に，しかも空しく救いを求める人間の孤独は永久化すると喝破している（Bauman, 2000：201＝バウマン，2001：260）。
(9)　サンプソンは，欧米人の目には日本の会社人間が滑稽なほど形式にこだわり，体制順応型で，上下関係を重んじているように映ると述べている。日本人は集団としての能力は高いが，個性とか独創性と呼べるようなものは持っておらず，欧米の考え方を，あめするだけで，理解できないと思われていた（Sampson, 1995：156-157＝サンプソン，1995：240）。

及，経済のグローバル化の進展と共に，個々人の自己責任，意欲と能力が重視され，集団主義・会社主義から解き放たれた個人の自立性がむしろ着目されるようになり，会社中心の価値観に疑問を持つ人が増えてきた。

第2に，先行研究から働くことの意味について考察した。様々な言説から浮かび上がってくるのは，表現は様々であるが，「生計」の維持を所与とした上で，「人間関係」を媒介に，「自己実現」あるいは「社会貢献」という意義づけを深めようとする試みであった。

第3に，勤労意識の変遷を概観した。量的分析では，働く目的は「お金を得るため」が圧倒的な1位，以下「生きがいを見つけるため」「社会の一員として務めを果たすため」「自分の才能や能力を発揮するため」であり，この順位はここ数年ほとんど変動がなかった。「新入社員働くことの意識調査」によると，「仕事と生活の調和」志向が長期的に漸増していることが注目される。質的分析では，根本は労働と余暇の両立する新しいワーキング・カルチャーや自己実現型の会社観・組織観が主出現しているとの指摘があった。

第4に，人間疎外の問題について考察した。自分が企業や社会を動かしているというよりも企業の歯車として部分的な仕事を担わされているという意識は人間疎外の問題として捉えることができる。IT化の進展によりコミュニケーション不足が生じ企業人の心理的な負担が増加し，実際に心の病を持つ人が増えているが，フロムは資本が人間の主人となり，人間を巨大な経済的機械の歯車に陥れ，競争を通じて経済的に成功することが目的化し，経済主義が人間疎外の一因であることを喝破していた。

企業人は滅私奉公型の会社人間モデルからは脱却しつつあるものの，大きな意味で人間疎外の問題から抜け出せてはいない。よくも悪くも組織への帰属意識は弱体化し，職場ではつながりが希薄化し，コミュニケーションが不足し，IT化の進展は心の病も助長している。先達が指摘した様々な負のスパイラルに吸い込まていく懸念が存するが，根底には経済至上主義の呪縛が横たわっている。

第2章
ワーク・ライフ・バランスとは何か
―――「仕事と家庭の調和」を越えて―――

1 ワーク・ライフ・バランスへの関心の高まり

　ワーク・ライフ・バランスへの関心が高まっている。2007年12月に制定（2010年6月に改定）された「仕事と生活の調和（ワーク・ライフ・バランス）憲章」によれば「誰もがやりがいや充実感を感じながら働き，仕事上の責任を果たす一方で，子育て・介後の時間や，家庭・地域・自己啓発などにかかる個人の時間をもてる健康で豊かな生活ができるよう，今こそ，社会全体で仕事と生活の双方の調和の実現を希求していかなければならない」とされ，仕事と生活の両立によって「人生の生きがい，喜びは倍増する」と記されている（内閣府，2010）。
　ワーク・ライフ・バランスの実現に向けて社会的気運が醸成され，長時間労働の抑制，年次有給休暇の取得，男性の育児休暇の取得，など働き方の改革が進行している（厚生労働省，2009：154）[1]。2010年11月には「仕事と生活の調和を考える学生フォーラム：私たちが変える働き方！」において「大学生版ワーク・ライフ・バランス憲章」が発表されるなど社会人のみならず学生の間でもワーク・ライフ・バランスに対する関心が高まってきた（法政大学，2010）。
　一方で，近年誰しもがワーク・ライフ・バランスの重要性を説くようになったものの「ワーク」「ライフ」「バランス」の個々あるいは全体的な意味についての統一的見解が見出されておらず（日本労働研究雑誌編集委員会，2010：2），ワーク・

---

(1)　企業経営者や労働組合の関心も高い。日本経済団体連合会が実施した「2012年人事・労務に関するトップ・マネジメント調査結果」によると，労使交渉や協議の結果，賞与・一時金以外の項目で議論あるいは実施を決めた項目の第1位に「ワーク・ライフ・バランスに関連する施策の拡充」が挙げられている（日本経済団体連合会，2012：3）。

ライフ・バランスの捉え方・力点の置き方も千差万別で，いささか混沌とした状況が出現している。「仕事と生活」を「仕事と家庭」と捉え，ワーク・ライフ・バランスは育児中の女性のための施策にすぎないと矮小化される傾向が依然として根強いほか，百家争鳴の割には政策的な理念と周縁的な方法論の議論に終始しているとの感も禁じ得ない。何よりもワーク・ライフ・バランスを捉える座標軸が存在していないことが議論の曖昧さを助長している。そこで本章ではワーク・ライフ・バランスに関する一定の座標軸を提示することを試み，その上でワーク・ライフ・バランスの本質について考察したい。

2　ワーク・ライフ・バランス5元論

（1）先行研究のレビュー
（i）概要

　人は人生の中で多岐に亘る役割を担って生きている。ワーク・ライフ・バランスの座標軸に関する先行研究は2元論，3元論，4元論，5元論，多元論に分類することができる（以下，傍点は筆者）。

（ii）2元論

　小野は「人は何を求め，何のために働くのか」という問いを研究するにあたり，働く人々の生活全体の視点に立った Quality of Working Life（QWL）[2]の向上の道を探ることが重要なアプローチであると認識した上で，仕事生活と非仕事生活の関係についての膨大な研究をレビューした。仕事生活と非仕事生活の関連性について①類似性を持ち影響しあう「流出モデル」②埋め合わせ補完しあう「補償モデル」③切り離され無関係な「分離モデル」の中では基本的に「流出モデル」を支持し，仕事生活における職務満足感が高い人ほど非仕事生活における生活満

（2）　嶺は労働の人間化または労働生活の質的向上（QWL）について，個々の労働者がその必要・欲求を，職場において，特に仕事に関して，直接に実現できるようにすることと理解する一方，働く人々は，単に賃金を得るばかりでなく（それはもちろん大事であるが），職場において納得できる仕事をし，職業的な能力を発展させ，あるいは，社会的な貢献をしたいなどの期待を持ち，また，家庭責任，余暇活動など，職業以外の生活と職業生活とが調査したものであることを必要としている，と述べている（嶺，1991：iii）。

第2章　ワーク・ライフ・バランスとは何か

流出モデル	仕事生活	－	－	－	＋	－	－	－	非仕事生活
補償モデル	仕事生活	－	－	－	－	－	－	－	非仕事生活
分離モデル	仕事生活	－	－	－	０	－	－	－	非仕事生活

図2－1　仕事生活と非仕事生活の3つのモデルの関係
出典：小野公一，1993，『職務満足感と生活満足感』，白桃書房，p.82

足感も高いと結論づけている（図2－1）（小野，1993：i-ii，82-99）。

　パクは実体験を通じ仕事と家庭の板挟みからワーク・ライフ・バランスに関心を持つようになり，単に働く女性の待遇を改善するだけでは仕事と家庭の問題は解決せず，女性だけでなく男性も含めた全従業員のワーク・ライフ・バランスを企業が真剣に考えて環境整備に取り組むべきであるという考え方に出会った（パク，2002：5-6）。

　荒金・小崎・西村はワーク・ライフ・バランスを仕事と私生活のバランスとした上で，個人が仕事も私生活も犠牲にすることなく，健全な心のバランスを保ち，充実した職業生活や私的生活を送ることをその目的として掲げている（荒金・小崎・西村，2007：i-ii）。

　労働政策研究・研修機構が厚生労働省から提示された「仕事と生活の調和を可能にする社会システムの構築に関する研究」という課題に対応して進めたプロジェクト研究においても，職業生活と家庭生活の調和・両立という観点から，出産・育児・介護などの実態調査や支援策のあり方が提示されている（日本労働政策研究・研修機構，2007：まえがき）。

　このように，2元論は，古くはQWLの観点から仕事の意義を探るための手立てとして仕事と仕事以外の生活との対比で捉えられ，近年では少子化対策を背景に仕事と家庭という軸で語られることが多い。但し，各々の論者も，単純な2元論ではなく，実際には多元論を前提に，文脈の中で2元的な捉え方を提示している場合が多い。

（ⅲ）3元論

　小野は2元論でも紹介したが，自らは家族・仕事・レジャーという3つの生活領域への関心と行動の配分を百分比で調査する実証研究を行った。その結果，生活への関心は男性が仕事中心，女性は家庭中心に偏る傾向があること，行動では

表2-1 生活への関心と行動の配分

n＝361	関心			行動		
	家族	仕事	レジャー	家族	仕事	レジャー
全体	34.98	34.58	30.32	28.91	48.88	23.13
男性	30.49	37.54	31.73	23.05	52.29	24.52
女性	40.04	31.22	28.73	35.51	42.91	21.57

出典：小野公一，1993，『職務満足感と生活満足感』，白桃書房，p.136

男性・女性共に仕事が大きな割合を占めていること，各生活の中で関心領域と行動領域には大きなギャップが存在することを明らかにした（表2-1）（小野，1993：134-137）。

　労働者は労働者である前に人間であり，人間としての生活の中に労働者としての生活がある。赤岡は労働の人間化を仕事の内容や労働環境に限定せず，親として，配偶者として，市民としてゆとりある生活を維持できることまで包摂するとした上で，労働者は労働生活，家庭生活，社会生活という3つの生活において自己が一定の位置を占め，尊重され，自己を実現していくことにより生きがいを感じていくと主張する。さらに，労働の人間化を超えて3つの生活（労働生活・家庭生活・社会生活）の充実が可能な労務管理を企業に求め，良質の製品・サービス，自然環境保護，社会貢献と合わせ「エレガント・カンパニー」の概念を提唱した（赤岡，1993：87，93，110，143，185）。

　西川・田井中・森下・三戸・田尾・北川・島田は，人々を単に職場で働く人間としてではなく，職場生活を相対化した形で，つまり生活のあらゆる側面を包含した形でトータルに捉え直さなければならないとの問題意識に基づいて勤労者のライフ・スタイルの研究を行った。そして定量化・客観化するための意識・価値観・志向性として仕事志向，生活志向，社会志向の3つの心理的空間を設定した。調査の結果，仕事志向は男性が女性よりも強いこと，男性は仕事志向が強く女性は生活志向が強いこと，社会志向は仕事志向・生活志向よりも低いことが明らかになった（表2-2）（西川・田井中・森下・三戸・田尾・北川・島田，1995：36，70-73）。

　このように，3元論では，仕事と家庭を基軸に第3の軸を設定するが，それは

表2-2 ライフ・スタイルの現状と志向性

n = 4438	男性		女性	
	現状	志向	現状	志向
仕事志向	2.93	2.92	2.47	2.61
生活志向	2.84	3.52	2.90	3.56
社会志向	1.88	2.28	1.80	2.25

出典：西川一廉・田井中秀嗣・森下高治・三戸秀樹・田尾雅夫・北川睦彦・島田修, 1995年,『現代ライフ・スタイルの分析』, 信山社出版, pp.71-72

自己であったり社会であったりする。特に, 労働者である前に人間であることを強調し, 3つの生活の充実と自己実現を結びつけようとしている赤岡の視点や, 人々を単に職場で働く人間としてではなく, 生活のあらゆる側面を包含した形でトータルに捉え直さなければならないという西川・田井中・森下・三戸・田尾・北川・島田の問題意識が注目される。

(ⅳ) 4元論

渡辺（峻）は赤岡の3元論を敷衍しつつ, 職業生活・家庭生活・社会生活からも相対的に区別され解放された一人ひとりの自分生活を加えた4つの生活の充実が求められていると主張する。

個人は職業生活・家庭生活・社会生活・自分生活という4つの生活の並立・充実に動機付づけられ意思決定し自立的に行動するという新しい人間モデルが創出されつつあると指摘している（渡辺（峻）, 2009：42）。

田村は「心」と「身体」と「人間を取り巻く社会的および自然的環境」の三位一体の人間観に基づき「ホリスティック・ライフ（総合的生活）」を提唱し, 労働生活・家庭生活・地域生活・余暇生活の正しい位置付けとバランスを重視している（田村, 2009：47）。

このように, 4元論では, 仕事と家庭と社会（地域）を軸に, 自分（余暇）も加えた4つの生活を設定する。役割が増えてくるに従って並立やバランスを重視している。

(ⅴ) 5元論

三隅は働くことの意味（Meaning of Working Life）に関する国際リサーチ・チームに参画し「働くことは人間にとって何か」を問い直した。仕事・家庭・地域社

表2－3　人生における優先度　　　　　（単位：％）

	仕事	家族	レジャー・遊び	自己研鑽	ボランティア・地域活動
1番目	17	60	12	1	0
2番目	36	24	23	16	1
3番目	23	9	31	30	7
4番目	16	5	21	24	24
5番目	7	1	12	9	67

出典：勤労者リフレッシュ事業振興財団，2003年，『平成14年度　勤労者のボランティアに関する意識調査　調査研究結果報告書』，勤労者リフレッシュ事業振興財団，p.93

会・レジャー・宗教という5つの主要な生活領域に対して，それぞれの重要度に応じ，合計100点を配分するという方法で仕事中心性を測定し，日本の仕事中心性が最も高いこと，日本以外の国では家庭中心性が一番高いこと，日本では地域社会や宗教の比率が低いこと，を明らかにした（三隅，1987：3-16）。

具体的には，日本の他にアメリカ，オランダ，ベルギー，イスラエルで調査を行ったところ，生活領域における仕事の配分がアメリカは25％，イスラエルは28％，オランダ・ベルギーは30％であるのに対し，日本は36％と突出して高かった。地域社会と宗教については，アメリカは地域社会10％，宗教14％と高く，日本は地域社会5％，宗教4％と低かった。また，生活の満足度についても，日本以外は74～87％が満足しているのに対し，日本は24％にとどまっており，不満足の比率も10％と最多であり，著しく低いことがわかった。

勤労者リフレッシュ事業振興財団は2002年に実施した「勤労者のボランティア活動に関する意識調査研究」の中で，仕事，家族，レジャー・遊び，自己研鑽，ボランティア・地域活動の5つの項目をあげ，それぞれの人生における優先度を勤労者に尋ねた。その結果，①家族②仕事③レジャー・遊び④自己研鑽⑤ボランティア・地域活動という順位となった（表2－3）（勤労者リフレッシュ事業振興財団，2003：93-94）。

武石はワーク・ライフ・バランスとは仕事の生活の調和を図ることであるとした上で，「仕事と生活」を「仕事と家庭」と捉え，ワーク・ライフ・バランスは育児をしている女性のための施策であると矮小化されることに懸念を表明し，仕事と家庭に加えて，趣味や学習や地域学習など様々な生活の場面があると述べて

いる（武石，2007：4）。

男女共同参画会議・仕事と生活の調和（ワーク・ライフ・バランス）に関する専門調査会が2007年7月に取り纏めた「ワーク・ライフ・バランス推進の基本的方向（ポイント）」によると，ワーク・ライフ・バランスとは，仕事，家庭生活，地域生活，個人の自己啓発など，様々な活動について，自らが希望するバランスで展開できる状態のことをいい，①男性も女性も，あらゆる世代の人のためのもので②人生の段階に応じて自ら希望する「バランス」を決められるもので③「仕事の充実」と「仕事以外の生活の充実」の好循環をもたらし，ひいては多様性を尊重した活力ある社会の構築につながるものと整理している。ワーク・ライフ・バランスが実現した姿とは様々な活動を自ら希望するバランスで展開できる状態とした上で，仕事，家庭生活，地域生活，自己啓発，健康・休養の5つの要素を提示している（男女共同参画会議・仕事と生活の調和（ワーク・ライフ・バランス）に関する専門調査会，2007：1）。

このように，5元論では，仕事，家庭にレジャーや健康・休養といった自分，ボランティア・地域活動といった社会，さらに自己研鑽・自己啓発といった学習の観点が加わる。三隅は宗教を加えるがこれは国際比較という特殊性と考えられる。日本においては宗教の値が低かったことを考慮すると，日本国内のみのワーク・ライフ・バランスの実態を把握する際には宗教を含めなくてよいと考える。

（vi）多元論

内閣府が例年実施している「国民生活に関する世論調査」の中で「充実感を感じる時」という設問を設けているが，そこでは仕事，家庭，趣味・スポーツ，休養，友人，勉強・教養，社会活動という7つの項目が示されている。2013年の調査によると①家族②休養③友人④趣味・スポーツ⑤仕事と続き，⑥勉強・教養⑦社会活動はやや水をあけられている（表2-4）（内閣府大臣官房政府広報室，2013：表12-2）。

荒金・小崎・西村は仕事と生活のバランスの現状を把握するためにワーク・ライフ・バランス・ダイアグラムを提案し，生活を①配偶者・パートナー，②家族，③友人，④お金，⑤仕事，⑥社会貢献・地域活動，⑦自己啓発・学習，⑧余暇・趣味，⑨身体の健康，⑩心の健康という10分野に細分化した（荒金・小崎・西村，2007：168）。

表2-4　充実感を感じる時　（単位：％）

	2010年	2011年	2012年	2013年
家族との団らん	49.5	50.2	51.3	49.9
ゆったりと休養	41.8	42.2	43.8	44.5
友人や知人と会合・歓談	41.6	43.5	44.5	43.9
趣味やスポーツ	42.1	42.8	43.8	41.6
仕事	33.4	33.2	33.2	31.7
勉強や教養	12.6	13.1	13.4	13.4
社会奉仕や社会活動	8.7	9.0	9.7	9.1
その他・わからない	2.1	2.0	1.8	2.0

出典：内閣府大臣官房政府広報室, 2013年, 「国民生活に関する世論調査（平成25年6月調査）」, 表12-2（http://www8.cao.go.jp/survey/h25/h25-life/zh/h12-2.csv）（検索日：2013年8月15日）

　このように多元論は，多種多様な分類を試みており，ワーク・ライフ・バランスの要素を考える上で有益な示唆を与えてくれる。

（ⅶ）先行研究のまとめ

　先行研究は示唆に富んでいるが，基軸となるのは「仕事」と「家庭」と「社会」である。仕事人，家庭人，社会人としての役割は最も基本的なものであり，それ以外では「学習」と「余暇[3]」が多い（表2-5）。

（2）ワーク・ライフ・バランス5元論

（ⅰ）赤岡・渡辺（峻）の系譜

　本書では会社生活・家庭生活・社会生活・学習生活・自分生活のワーク・ライフ・バランス5元論を提唱したい。これは，既述の赤岡の3元論，渡辺（峻）の

（3）　アリストテレスは「余暇は人間の幸福のために欠かせないものである」と考えた。余暇とは，自分のしたいことをするための自由な時間であり，思考し，感じ，反省し，創造し，学習する能力を引き出してくれる人間であることの最も素晴らしい経験である（Ciulla, 2000：192＝キウーラ, 2003：341）。一方で，近代化＝産業化の波が，人間を労働と遊び（＝余暇）の二分法に駆り立て，能率至上主義から労働優位のシステムが構築され，遊び（＝余暇）が労働に隷属しているという危惧も存する（菊野, 2003：19-22）。

第2章 ワーク・ライフ・バランスとは何か

表2-5 ワーク・ライフ・バランスの座標軸に関する先行研究

座標軸		仕事	家庭	社会	学習	自分	余暇	健康	その他
2	小野(1993)	○	—	—	—	—	—	—	非仕事
2	パク(2002)	○	○	—	—	—	—	—	
2	荒金・小崎・西村(2007)	○	—	—	—	—	—	—	私(的)生活
2	労働政策研究・研修機構(2007)	○							
3	小野(1993)	○					○		
3	赤岡(1993)	○	○	○					
3	西川ほか(1995)	○	○	○					
4	渡辺(峻)(2009)	○	○	○	—	○	—	—	
4	田村(2009)	○	○	○		○			
5	三隅(1987)	○	○	○			○	—	宗教
5	勤労者リフレッシュ事業振興財団(2003)	○	○	○			○		
5	武石(2007)	○	○	○			○		
5	男女共同参画会議(2007)	○	○	○				○	
[5]	ワーク・ライフ・バランス5元論(本書の主張)	◎	◎	◎	◎	◎	—	—	
多	内閣府大臣官房政府広報室,(2013)	○	○	○		—	○	○	友人
多	荒金・小崎・西村(2007)	○	○	○					お金

4元論を継承し,さらに「学習生活」加えたものである。

　赤岡は,労働の人間化を超えて,3つの生活,すなわち労働生活,家庭生活,社会生活の充実が必要であると主張する。労働者である前に人間であり,人間としての生活の一部に労働生活がある。親の世代から子の世代へ受け継がれていく家庭を構成し,さらに企業関係者以外にも地域社会や趣味・スポーツなどへの参加を通して様々な交流がある。人は労働生活・家庭生活・社会生活において自分が一定の位置を占め,尊重され,自己を実現していくことにより,生きがいを感じていく(赤岡,1993：93,110)。

　渡辺(峻)は,赤岡の3元論を敷衍しつつ,それらに職業生活・社会生活・家庭生活からも相対的に区別され解放された一人ひとりの自分生活[4]を加えた4つの生活の充実が求められていると主張する。いまや職業生活にのみ生きがいを求

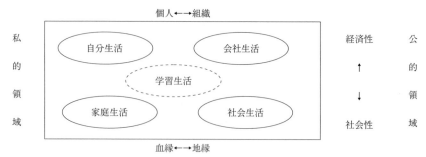

図2-2　5つの生活の位置づけ

出典：筆者作成

める「仕事人間・会社人間」の時代は終焉しつつあり，現代の企業社会における個々人は，その自己実現欲求・成長欲求の範囲・場面を社会的に大きく拡張・拡大し，自己の価値観・職業意識を明確にし「自由と自己責任」を媒介に4つの生活のあり方を選択・実現し，如何なる生き方・働く方をするかを自律的・自覚的に意思決定していく（渡辺（峻），2009：25，42-47）。

（ⅱ）ワーク・ライフ・バランス5元論

赤岡・渡辺（峻）はいずれも自己実現や生きがいという軸を有し仕事中心性[5]に拘泥されない幅広い見地からワーク・ライフ・バランスを捉える有益な視座を与えてくれるものであるが，本書ではさらに「学習生活」を付加したい。

5元論を概念化したものが次の図2-2である。私的領域と公的領域，個人と組織，経済性と社会性，血縁と地縁などの軸で分類すると，自分生活・家庭生活・会社生活・社会生活を4隅に置くことができる。学習生活は4つの生活と関わっており，言わば中央に位置する。ともすると学習は4つの生活を客体として支援するものとして捉えられがちであるが，主体としてワーク・ライフ・バラン

---

(4)　渡辺（峻）は職業生活・家庭生活・社会生活から相対的に区別され解放された一人ひとりの生活を「自分生活」と規定する（渡辺（峻），2009：42）。先行研究では「余暇」「レジャー」「健康・休養」などが示されているが，筆者は会社（仕事）生活・家庭生活・社会生活・学習生活の4つの生活以外の自分のための動的な時間と静的な時間を包含して「自分生活」と捉え，調査においては「趣味・レジャー，友人とのつきあい，休息など」と例示した。
(5)　仕事の中心性とは「働くこと」が日常生活の中で中心的な位置を占めていることを指している（三隅，1987：14）。

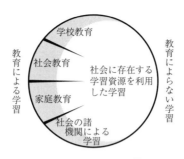

図2-3　生涯学習の構造
出典：関口礼子「今なぜ生涯学習がクローズアップされるのか」関口礼子・西岡正子・鈴木志元・堀薫夫・小池源吾, 2009年,『新しい時代の生涯学習［第2版］』, 有斐閣, p.10

スの一翼を担うものと考える。

(ⅲ) 学習生活の意義

　学習生活をワーク・ライフ・バランスの要素の1つと設定する意義について考察する。

　人間は生涯に渡って学び続け自己を成長させていく。例えば『論語』の「吾れ十有五にして学に志す。三十にして立つ。四十にして惑わず。五十にして天命を知る。六十にして耳順う。七十にして心の欲するところに従って，矩を踰えず」という記述には学びによる人間形成の視点が内包されている（堀・三輪, 2006：13）。

　ここで学習とは学校教育に限定されたものではなく社会教育や家庭教育，さらには社会に存在する学習資源を利用した学習も含めて広く捉えた生涯学習という意味である（図2-3）。香川は生涯学習を「人々が自発的意思に基づいて，自己の充実・生活の向上・職業能力の向上のために，自ら学ぶ内容を選び取り，充実した人生を送ることを目指して生涯にわたって行う学習」と定義する（香川, 2008：3）。

　学習すること自体が人生の根幹のテーマの1つである。ハンセンは人生の役割は「仕事・学習・余暇・愛」（Labor, Learning, Leisure, Love）の4つの要素が統合されなければならないと考えたが，学習が重要な一角を占めている（Hansen, 1997：87＝ハンセン, 2013：129）。学習のない生活の中では人生はいつしか味気ないもの，貧しいものに変容しかねない（宮城, 2002：110-112）。佐伯は学ぶという

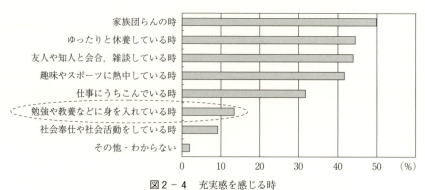

図2-4 充実感を感じる時
出典：内閣府大臣官房政府広報室，2013年，「国民生活に関する世論調査（平成25年6月調査）」，表12-2，(http://www8.cao.go.jp/survey/h25/h25-life/zh/h12-2.csv)（検索日：2013年8月15日）

ことの意味は，本当の自分とは何か，を探し求める「自分探しの旅」であると指摘する（佐伯，1995：10）。

　2014年の「生涯学習に関する世論調査」によると，「この1年くらいの間に生涯学習をしたことがある」と答えた人は57.1％に達していた。該当者に，「何のために生涯学習をしているか」を聞いたところ，「その学習が好きであったり，人生を豊かにするため」を挙げた者の割合が59.4％と最も多く，以下，「健康の維持・増進のため」が48.8％，「他の人との親睦を深めたり，友人を得るため」が42.3％，「自由時間を有効に活用するため」が34.6％，「家庭・日常生活に活用するため」が32.4％，「仕事や就職の上で生かしている」が33.6％，「地域や社会をよりよくするため」が22.1％などの順となっていた（複数回答）。人生の豊かさにするために生涯学習を行っているという回答が第1位となっており，自分生活，家庭生活，会社生活，社会生活を客体として支援するのみならず，学習生活そのものに主体としての意義があることを示している（内閣府大臣官房政府広報室，2012：表2-1，図3）。

　前述の通り「国民生活に関する世論調査」の中に「充実感を感じる時」という質問があるが，「家族団らんの時（49.9％）」「ゆったりと休養している時（44.5％）」「友人や知人と会合，雑談している時（43.9％）」「趣味やスポーツに熱中している時（41.6％）」「仕事に打ち込んでいる時（31.7％）」と並んで「勉強や教養などに力を入れている時（13.4％）」も掲げられている（図2-4）。

第2章 ワーク・ライフ・バランスとは何か

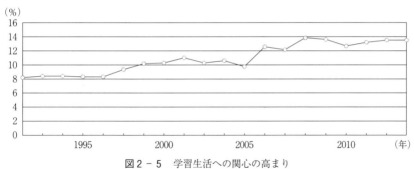

図2-5 学習生活への関心の高まり

出典：内閣府大臣官房政府広報室，2013年，「国民生活に関する世論調査（平成25年6月調査）」，表12-2（http://www8.cao.go.jp/survey/h25/h25-life/zh/h12-2.csv）（検索日：2013年8月15日）

「勉強や教養などに力を入れている時」を学習生活と置き換えて時系列に辿ると，学習生活への関心は着実に増加している（図2-5）。

3 ワーク・ライフ・バランスの現状

（1）先行調査

内閣府が行った「仕事と生活の調和（ワーク・ライフ・バランス）に関する意識調査」の結果を概観する。

生活の中での「仕事」「家庭生活」「地域・個人の生活」の優先度について，「仕事」優先を希望とする人は2.0％にすぎないが，現実には半数近くの人が「仕事」優先となっている（表2-6）（内閣府仕事と生活の調和推進室，2008：4）。

「仕事」「家庭生活」「地域・個人の生活」の優先度について，希望する生活と現実の生活が一致している人は15.2％に留まり，希望と現実には大きな乖離がある（内閣府仕事と生活の調和推進室，2008：6）。

「仕事」「家庭生活」「地域活動」「学習・趣味・スポーツなど」「休養」の時間が十分取れているかについて，「仕事」は約7割，「家庭生活」は約6割，「休養」は約5割となっている一方，「学習・趣味・スポーツなど」は約4割，「地域活動」は約2割と他に比べて少ない（図2-6）（内閣府仕事と生活の調和推進室，2008：8）。

ワーク・ライフ・バランス度を点数にすると，平均51.2点であった（内閣府仕

表2-6　生活の中での優先度　　（単位：％）

	希望	現実
「仕事」優先	2.0	48.6
「家庭生活」優先	18.5	19.3
「地域・個人の生活」優先	3.8	2.0
「仕事」と「家庭生活」優先	24.7	11.5
「仕事」と「地域・個人の生活」優先	4.9	2.9
「家庭生活」と「地域・個人の生活」優先	9.0	1.8
「仕事」「家庭生活」「地域・個人の生活」優先	30.7	2.3
わからない	6.3	11.6

出典：内閣府仕事と生活の調和推進室，2008年，「仕事と生活の調和（ワーク・ライフ・バランス）に関する意識調査」，p.4（http://wwwa.cao.go.jp/wlb/research/pdf/wlb-net-svy.pdf）（検索日：2013年8月20日）

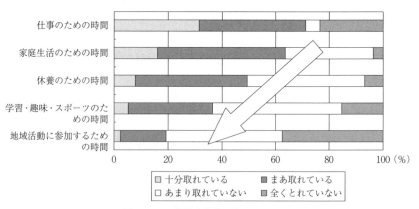

図2-6　時間は十分に取れているか

出典：内閣府仕事と生活の調和推進室，2008年，「仕事と生活の調和（ワーク・ライフ・バランス）に関する意識調査」，p.8（http://wwwa.cao.go.jp/wlb/research/pdf/wlb-net-svy.pdf）（検索日：2013年8月20日）

事と生活の調和推進室，2008：10）。

　このように「仕事と生活の調和（ワーク・ライフ・バランス）に関する意識調査」からは仕事過多の現状や，希望と現実の不一致，「仕事」「家庭生活」「休養」「学習・趣味・スポーツなど」に比べ「地域活動」に参加する時間が不足していること，ワーク・ライフ・バランスの満足度は決して高くないことがわかる。

第**2**章 ワーク・ライフ・バランスとは何か

表2－7　回答者の世代・性別分布

n＝512	20代	30代	40代	50代	合計
男性	74	75	79	80	308
女性	51	50	50	53	204
合計	125	125	129	133	512

出典：安齋徹，2007年，「企業人のキャリアとボランティアに関する意識調査」

表2－8　回答者の属性

属性	―	人数	比率	―	人数	比率
性別	男性	308	60.2%	女性	204	39.8%
婚姻	未婚	254	49.6%	既婚	258	50.4%
子供	なし	318	62.1%	あり	194	37.9%

出典：安齋徹，2007年，「企業人のキャリアとボランティアに関する意識調査」

（2）調査の目的と方法

　筆者はワーク・ライフ・バランス5元論の実効性を確認し，分析するために独自の調査を行った。

　調査は2007年12月にWebアンケート調査によって行った。対象は東京都の企業在勤者で，我が国における労働者の分布に準じて，男性：女性は3：2，20代から50代までの分布は均等とした。

　①名称：企業人のキャリア[6]とボランティアに関する意識調査
　②実施期間：2007年12月21日〜25日
　③対象：東京都の企業在勤者
　④方法：gooリサーチを利用したWebアンケート調査
　⑤有効回答数：512名（表2－7，表2－8，図2－7，図2－8）

（6）　調査の時点では「生き方」という意味で「キャリア」という語を用いていたため，「キャリア・バランス」「人生バランス」という用例もあったが，本書では「ワーク・ライフ・バランス」という使い方に統一している。

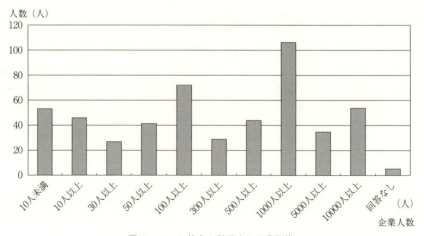

図2-7 回答者が勤務する企業規模
出典：安齋徹，2007年，「企業人のキャリアとボランティアに関する意識調査」

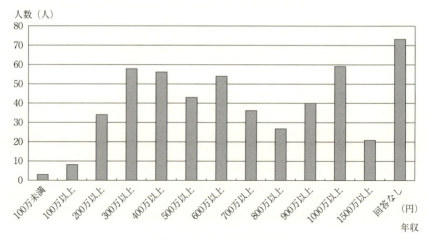

図2-8 回答者の年収
出典：安齋徹，2007年，「企業人のキャリアとボランティアに関する意識調査」

（3）質問項目

　ワーク・ライフ・バランス5元論について，会社生活・家庭生活・社会生活・学習生活・自分生活を以下のように例示し，現実と理想[7]を時間でなく価値[8]において百分率で配分するよう求めた。さらに，それに付随してワーク・ライフ・

バランスの満足度,働くことに対する価値観,ボランティア経験など様々な質問を行った。

　①会社生活（仕事,会社でのつきあいなど）
　②家庭生活（家族,親族とのつきあいなど）
　③社会生活（ボランティア,地域活動,社会貢献など）
　④学習生活（自己啓発,資格取得,生涯学習など）
　⑤自分生活（趣味・レジャー,友人とのつきあい,休息など）

（4）調査結果

　まずワーク・ライフ・バランス5元論について全体の結果を示した後,属性別,働くことに対する価値観別,ボランティア経験別,バランス満足度別に結果を示す。また現実の生活と理想の生活にどれほどの違いがあるか確認するために,現実への配点と理想への配点の差を求め,この差を現実と理想のGAPと呼ぶことにする。

（ⅰ）全体

　全体として,現実においては会社生活と家庭生活が約30％で拮抗し,自分生活

---

(7)　ワーク・ライフ・バランスへの関心の高まりとは取りも直さず現状では不十分であることを示している。仕事と生活の調和推進官民トップ会議が2010年6月に制定した「仕事と生活の調査推進のための行動指針」においても2020年における数値目標が設定されるなどワーク・ライフ・バランスの実現は長期的な課題であると認識されている。したがって,ワーク・ライフ・バランス5元論においても現実と理想のGAPを質問することによって現実の葛藤の所在と程度を明らかにすることができる。西川らは3元論に基づいたライフ・スタイルの分析において,現状の生き方はどのようになっているのか,どのようにありたいと思っているのか,希望する生き方と現実の生き方は接近しているのか,もし乖離しているならばどこがどのように満たされないのか,という観点から現実と理想の差異を示す調査を行っている（西川・田井中・森下・三戸・田尾・北川・島田,1995：36-37）。

(8)　百分率で配分する先行研究において「それぞれの領域は,現在,あなたの生活の中でどのくらい重要でしょうか。それを示すために,合計100点となるように配点して下さい」（三隅,1987：15）と質問されているが,ここで重要性は「時間」ではなく「価値」において測られるものであると筆者は解釈している。確かに,ワーク・ライフ・バランスの実現に向けては,長時間になりがちな職業生活時間（労働時間）の絶対的・相対的な短縮化が不可欠（渡辺（峻）,2009：85）であり,「時間」を切り口に政策的課題を検討していく意義を認めているが,「ワーク・ライフ・バランス＝生き様」と捉える本章では行動思考様式のベースとなる個人の価値観に着目している。

表2-9 ワーク・ライフ・バランスの現実と理想

n＝512	会社生活	家庭生活	社会生活	学習生活	自分生活
現実	30.0%	29.8%	6.5%	10.5%	23.2%
理想	23.6%	30.0%	9.6%	12.5%	24.3%
GAP（現実－理想）	＋6.4%	▲0.2%	▲3.2%	▲2.0%	▲1.1%

出典：安齋徹，2007年，「企業人のキャリアとボランティアに関する意識調査」

表2-10 性別

【男性】

n＝308	会社生活	家庭生活	社会生活	学習生活	自分生活
現実	30.0%	29.6%	7.1%	11.0%	22.3%
理想	23.4%	30.8%	10.2%	12.1%	23.4%
GAP（現実－理想）	＋6.4%	▲1.2%	▲3.2%	▲1.2%	▲1.1%

【女性】

n＝204	会社生活	家庭生活	社会生活	学習生活	自分生活
現実	29.9%	30.0%	5.5%	9.9%	24.7%
理想	23.9%	28.7%	8.7%	13.2%	25.5%
GAP（現実－理想）	＋6.0%	1.4%	▲3.1%	▲3.3%	▲0.9%

出典：安齋徹，2007年，「企業人のキャリアとボランティアに関する意識調査」

が約23％，学習生活は約10％，社会生活は約6.5％と差が開いた。理想においては，家庭生活が約30％で，次いで自分生活と会社生活が24％前後で拮抗し，学習生活は12.5％，社会生活は9.6％と劣位であった。現実と理想のGAPでは，会社生活で理想を現実が大きく上回っており，その差をほかの4つの生活で埋め合わせている。家庭生活はほぼ現実と理想が一致しており，自分生活，学習生活，社会生活の順にGAPが開いていることが明らかになった（表2－9）。

(ⅱ）属性別

性別では，女性は家庭生活においても理想を現実が上回り負担がかかっている。その分，社会生活と学習生活の現実の水準を下げて調整しているが女性の学習生活の理想水準は高く，強い学習意欲を持ちながら満たされていない（表2－10）。

男性の世代別では，20代は家庭生活の比重が低い分会社生活の比重が高く，会

第2章 ワーク・ライフ・バランスとは何か

表2-11 男性の世代別

【20代】

n＝74	会社生活	家庭生活	社会生活	学習生活	自分生活
現実	31.0%	22.0%	7.2%	12.7%	27.1%
理想	24.0%	26.4%	9.2%	13.1%	27.4%
GAP（現実－理想）	＋7.0%	▲4.4%	▲1.9%	▲0.4%	▲0.3%

【30代】

n＝75	会社生活	家庭生活	社会生活	学習生活	自分生活
現実	30.3%	30.4%	5.2%	10.8%	23.2%
理想	22.3%	31.1%	9.6%	14.3%	22.7%
GAP（現実－理想）	＋8.1%	▲0.7%	▲4.4%	▲3.4%	＋0.5%

【40代】

n＝79	会社生活	家庭生活	社会生活	学習生活	自分生活
現実	28.5%	32.0%	6.6%	11.3%	21.5%
理想	22.3%	33.0%	9.9%	10.7%	24.0%
GAP（現実－理想）	＋6.2%	▲1.0%	▲3.3%	＋0.6%	▲2.5%

【50代】

n＝80	会社生活	家庭生活	社会生活	学習生活	自分生活
現実	30.3%	33.6%	9.1%	9.2%	17.8%
理想	24.9%	32.5%	12.2%	10.6%	19.9%
GAP（現実－理想）	＋5.4%	＋1.1%	▲3.1%	▲1.4%	▲2.1%

出典：安齋徹，2007年，「企業人のキャリアとボランティアに関する意識調査」

社生活のオーバーワークを家庭生活の不足で補っている。30代では家庭生活への欲求が高まり現実も追随する一方，会社生活の比重を下げ社会生活・学習生活の比重を上げたいが現実には儘ならない。40代では様々な役割が増えることから自分生活において現実＜理想となる。50代では自分生活の比重がさらに低下し社会生活への欲求が高まる（表2-11）。

　女性の世代別では，20代は男性に比べ家庭生活の比重が高く会社生活の比重が低い。30代では理想に比べて会社生活の比重が高く働く女性の苦悶が窺われる。40代では働き盛りとなり家庭生活よりも会社生活への欲求が高まるが現実には家

表 2 - 12　女性の世代別

【20代】

n = 51	会社生活	家庭生活	社会生活	学習生活	自分生活
現実	26.7%	28.3%	4.7%	11.8%	28.5%
理想	22.1%	28.2%	8.4%	14.6%	26.7%
GAP（現実－理想）	+4.6%	+0.1%	▲3.7%	▲2.9%	+1.9%

【30代】

n = 50	会社生活	家庭生活	社会生活	学習生活	自分生活
現実	31.0%	29.1%	4.9%	9.7%	25.4%
理想	22.2%	29.9%	7.9%	13.6%	26.4%
GAP（現実－理想）	+8.8%	▲0.8%	▲3.0%	▲3.9%	▲1.0%

【40代】

n = 50	会社生活	家庭生活	社会生活	学習生活	自分生活
現実	30.7%	31.9%	6.3%	8.6%	22.5%
理想	27.5%	26.9%	8.9%	12.2%	24.5%
GAP（現実－理想）	+3.2%	+5.0%	▲2.6%	▲3.6%	▲2.0%

【50代】

n = 53	会社生活	家庭生活	社会生活	学習生活	自分生活
現実	31.2%	30.8%	6.2%	9.4%	22.4%
理想	23.9%	29.6%	9.4%	12.5%	24.6%
GAP（現実－理想）	+7.4%	+1.1%	▲3.2%	▲3.0%	▲2.3%

出典：安齋徹，2007年，「企業人のキャリアとボランティアに関する意識調査」

庭生活の負担がピークとなる現実と理想のGAPが拡大する。50代になると会社生活の現実＞理想のGAPが拡大する（表2－12）。

　婚姻状況別では，未婚の場合自分生活の比重が高く家庭生活の比重が低い。既婚の場合家庭生活の比重が高く現実＞理想となり，自分生活の比重が低い（表2－13）。

　子供の有無で家庭生活と自分生活の比重には大きな差がある。子供がいない場合は自分生活，子供がいる場合は家庭生活に理想以上のかなりの比重をかけている。子供がいない場合学習生活の水準が高く，子供がいる場合社会生活の水準が

第2章 ワーク・ライフ・バランスとは何か

表2-13 婚姻状況別

【未婚】

n＝254	会社生活	家庭生活	社会生活	学習生活	自分生活
現実	30.7%	23.1%	6.2%	11.6%	28.4%
理想	23.6%	25.2%	9.1%	13.7%	28.4%
GAP（現実－理想）	＋7.1%	▲2.2%	▲2.9%	▲2.0%	▲0.0%

【既婚】

n＝258	会社生活	家庭生活	社会生活	学習生活	自分生活
現実	29.3%	36.4%	6.7%	9.4%	18.2%
理想	23.6%	34.6%	10.1%	11.5%	20.2%
GAP（現実－理想）	＋5.7%	＋1.8%	▲3.4%	▲2.0%	▲2.0%

出典：安齋徹，2007年，「企業人のキャリアとボランティアに関する意識調査」

表2-14 子供の有無

【子供なし】

n＝318	会社生活	家庭生活	社会生活	学習生活	自分生活
現実	30.7%	25.8%	6.0%	11.5%	26.4%
理想	24.0%	26.9%	9.5%	13.3%	26.3%
GAP（現実－理想）	＋6.2%	▲1.1%	▲3.5%	▲1.8%	＋0.2%

【子供あり】

n＝194	会社生活	家庭生活	社会生活	学習生活	自分生活
現実	29.6%	36.3%	7.2%	8.9%	18.0%
理想	23.0%	34.9%	9.8%	11.3%	21.0%
GAP（現実－理想）	＋6.6%	＋1.4%	▲2.6%	▲2.3%	▲3.0%

出典：安齋徹，2007年，「企業人のキャリアとボランティアに関する意識調査」

高い。一方で会社生活にはほとんど差が見られなかった（表2-14）。

(ⅲ) 働くことに対する価値観別

働くタイプ[9]を①生計維持型，②人間関係型，③働きがい型，④全力投球型，⑤自己成長型，の5種類に分けてどのタイプに近いかを質問した。全体の約40%は生計維持型で生計を維持するために働いている。次いで24%が働きがい型で働きがいを重視している。人間関係型と自己成長型が各々16%で，よりよい人間関

表2-15 働くタイプ別

【生計維持型】(40.6%)

n=208	会社生活	家庭生活	社会生活	学習生活	自分生活
現実	28.3%	31.9%	6.5%	9.1%	24.1%
理想	21.7%	31.8%	9.3%	11.4%	25.7%
GAP(現実-理想)	+6.6%	+0.1%	▲2.8%	▲2.3%	▲1.6%

【人間関係型】(16.0%)

n=82	会社生活	家庭生活	社会生活	学習生活	自分生活
現実	28.3%	30.9%	8.0%	9.9%	23.0%
理想	23.17%	30.9%	10.1%	12.3%	23.5%
GAP(現実-理想)	+5.1%	▲0.1%	▲2.1%	▲2.4%	▲0.5%

【働きがい型】(24.4%)

n=125	会社生活	家庭生活	社会生活	学習生活	自分生活
現実	33.4%	28.6%	5.6%	11.3%	21.2%
理想	26.7%	29.1%	9.7%	12.9%	21.7%
GAP(現実-理想)	+6.7%	▲0.5%	▲4.1%	▲1.6%	▲0.5%

【全力投球型】(1.8%)

n=9	会社生活	家庭生活	社会生活	学習生活	自分生活
現実	51.1%	23.3%	3.3%	7.8%	14.4%
理想	35.0%	31.7%	6.7%	7.8%	18.9%
GAP(現実-理想)	+16.1%	▲8.3%	▲3.3%	0.0%	▲4.4%

【自己成長型】(16.0%)

n=82	会社生活	家庭生活	社会生活	学習生活	自分生活
現実	29.2%	25.3%	6.7%	14.0%	24.8%
理想	23.5%	25.3%	10.4%	15.3%	25.6%
GAP(現実-理想)	+5.7%	0.0%	▲3.7%	▲1.3%	▲0.8%

【わからない】(1.2%)

n=6	会社生活	家庭生活	社会生活	学習生活	自分生活
現実	18.3%	36.7%	3.3%	10.0%	31.7%
理想	15.0%	33.3%	5.8%	15.8%	30.0%
GAP(現実-理想)	+3.3%	+3.3%	▲2.5%	▲5.8	▲1.7%

出典:安齋徹,2007年,「企業人のキャリアとボランティアに関する意識調査」

表2-16 ワーク・ライフ・バランス満足度

【満足】

n＝29	会社生活	家庭生活	社会生活	学習生活	自分生活
現実	30.3%	31.2%	6.2%	12.1%	20.2%
理想	26.4%	30.5%	8.8%	12.6%	21.7%
GAP（現実－理想）	＋3.4%	＋0.7%	▲2.6%	▲0.5%	▲1.6%

【やや満足】

n＝139	会社生活	家庭生活	社会生活	学習生活	自分生活
現実	30.0%	31.0%	6.5%	10.0%	22.6%
理想	24.2%	32.8%	9.2%	11.4%	22.5%
GAP（現実－理想）	＋5.8%	▲1.8%	▲2.7%	▲1.4%	＋0.1%

【普通】

n＝20	会社生活	家庭生活	社会生活	学習生活	自分生活
現実	28.0%	30.2%	6.9%	10.2%	24.8%
理想	22.2%	29.7%	10.7%	12.5%	25.0%
GAP（現実－理想）	＋5.8%	＋0.6%	▲3.8%	▲2.3%	▲0.2%

【やや不満】

n＝137	会社生活	家庭生活	社会生活	学習生活	自分生活
現実	32.2%	28.1%	6.0%	10.6%	23.2%
理想	24.8%	28.2%	9.0%	13.0%	25.0%
GAP（現実－理想）	＋7.3%	▲0.0%	▲3.0%	▲2.5%	▲1.8%

【不満】

n＝44	会社生活	家庭生活	社会生活	学習生活	自分生活
現実	30.3%	28.6%	6.6%	12.6%	21.8%
理想	21.5%	27.7%	9.5%	14.9%	26.4%
GAP（現実－理想）	＋8.8%	＋1.0%	▲2.9%	▲2.3%	▲4.6%

出典：安齋徹，2007年，「企業人のキャリアとボランティアに関する意識調査」

係の中で働きたい，あるいは，仕事を通じて成長したい，と考えている。仕事に全力投球したいという全力投球型は1.8%と僅少であった。働くタイプ別にワーク・ライフ・バランスを分析すると，生計維持型の家庭生活の比重がやや高いこと，人間関係型の社会生活の比重がやや高いこと，働きがい型の会社生活の比重がかなり高いこと，全力投球型の会社生活の比重が突出して高いこと，自己成長

型の学習生活の比重が高いこと，が判明し，働くことに対する価値観とワーク・ライフ・バランスは整合していると考えられる（表2－15）。

(iv) ワーク・ライフ・バランス満足度

満足度別にワーク・ライフ・バランスを分析すると，全体的に現実と理想のGAPが小さい人ほど満足度が高いこと，満足度の高い人ほど会社生活のGAPが小さく家庭生活の比重が会社生活より大きいこと，満足度が高くても必ずしも自分生活の比重が高いとは限らないこと，そしていずれの階層でも社会生活への希求が高いこと，が明らかになった（表2－16）。

4　ワーク・ライフ・バランスの本質

人間は総合的な存在であり，「心」「身体」「自然および社会という環境」の3つの要素を体現する存在である（田村，2009：45）。

人間には3つの特性がある。第1に自律性である。人間は自由と責任を内包する人格である。この人格ゆえに意志の自由を持ち，他方で道徳的責任と自己を人格的に発展させる責任を負う。第2に他律性である。人格的発展は自分が自分以外のすべてのものとの関わりによって生かされていることの自覚から生まれる。自分の存在の根拠が自分の中にないこと，すなわち他律性の自覚がすべてのものに対する連帯の自覚につながり，他者や環境との共生社会という意識を深める。第3に全人性である。人間は理性的・経済的であるばかりでなく，工作的・遊戯的・欲求的な全人的存在である（田村，2009：46）。

こうした人間観から会社人間モデルの生活は反省されるが，それは労働や企業

（9）　働くタイプについて，三隅は①仕事上の経済的・物的労働条件にもっぱら関心のある「賃労働型」②親和的な人間観を持つ「人間関係志向型」③仕事に対する精神的充足感を重要視する「働きがい志向型」④仕事に邁進する「仕事一辺倒型」の4つに類型化した（三隅，1987，pp.66-68）。太田は仕事人を，①プロフェッショナルと呼ばれる「知的専門職型」②企業の中で組織的活動に参加しながらも身分的には独立した形で働き業績に応じた収入を得る「半独立型」③個人の成果がそのまま市場価値を持つ訳ではないが個人の組織に対する貢献度がある程度明確な「ビジネス専門職型」④比較的定型化された仕事に携わり汎用性のある知識や標準化されたスキルを用いて働く「エキスパート型」⑤人々への奉仕や社会への貢献に価値を置く「奉仕者型」の5つに分類した（太田，1999：56-64）。

を軽視し，アンチ労働，アンチ企業ということではない。「心，身体，環境が一体化する生活」「自律的・他律的・全人的な存在としての生活」すなわち「ホリスティック・ライフ（総合的生活）」との関連で，会社生活・家庭生活・社会生活・学習生活・自分生活を正しく位置づけることが大切である。会社生活・家庭生活・社会生活・学習生活・自分生活のバランスを重視し，事物に対する考え方や人間観および社会観を具体的生活に即して転換することが必要不可欠である。いずれの生活場面においてもその時々の全力を尽くすというメリハリのある生活がホリスティック・ライフにほかならない。アウグスティヌスによれば，将来は「希望のいま」として現在に集約され，過去も「追憶のいま」として現在に集約されているから，「ここで，いま」を徹底的に充実させることが「生のあかし」となる。道元によれば，すべての有（存在）は今ここに現前している。それゆえ存在は時間であり「有時」である。過去も未来も「今経験し実践している時」であると解される。ホリスティック・ライフの倫理観は，アウグスティヌスや道元の教説と符合するが，さらに豊かさや幸福の尺度を物質的な繁栄に求めないという倫理観にもつながる。トータルな存在である各人の総合性や個性がどの程度発揮される社会であるか，こうした基準が幸福や豊かさの社会的基準として求められることが望ましい[10]（田村，2009：47-49）。

5　座標軸とホリスティック・ライフ

本章ではワーク・ライフ・バランスに関する一定の座標軸を提示することを試み，その上でワーク・ライフ・バランスの本質について考察した。

第1に，これまでの様々な先行研究（2元論・3元論・4元論・5元論・多元論）を概観した上で，会社生活・家庭生活・社会生活・学習生活・自分生活という5つの生活を要素とするワーク・ライフ・バランス5元論を提唱した。

第2に，ワーク・ライフ・バランス5元論の実効性を確認するために調査を

---

(10)　世界最大級の金融グループHSBCの会長であるグリーンは，人間は自分のコミットメントを生活の異なる領域に分散してバランスをとる義務と責任がある，と述べている。異なる領域として，家族・仕事・友人関係・社会・自己を掲げている（Green, 2009：178＝グリーン，2010：224）。

行った。全体として，現実においては会社生活と家庭生活が約3割で拮抗し，自分生活が23％，学習生活は約1割，社会生活は約6.5％と差が開いた。理想においては，家庭生活が約3割で，次いで自分生活と会社生活が24％前後で拮抗し，学習生活は12.5％，社会生活は9.6％と劣位であった。現実と理想のGAPでは，会社生活で理想を現実が大きく上回っており，その差をほかの4つの生活で埋め合わせていた。家庭生活はほぼ現実と理想が一致しており，自分生活，学習生活，社会生活の順にGAPが開いていることが明らかになった。

第3に，ワーク・ライフ・バランスの本質について考察した。人間は総合的な存在であり，ワーク・ライフ・バランスの本質は「心，身体，環境が一体化する生活」「自律的・他律的・全人的な存在としての生活」すなわちホリスティック・ライフ（総合的生活）である。いずれの生活場面においてもその時々の全力を尽くすというメリハリのある生活がホリスティック・ライフにほかならない。トータルな存在である各人の総合性や個性がどの程度発揮される社会であるか，こうした基準が幸福や豊かさの社会的基準として求められることが望ましく，ワーク・ライフ・バランスは，大きな意味で，個人と企業と社会のあり方を問うものである。

本章では，昨今，脚光を浴びているワーク・ライフ・バランスの座標軸として，会社生活・家庭生活・社会生活・学習生活・自分生活という5元論を提唱し，その実効性を調査で確認した。その上で，ワーク・ライフ・バランスの本質は「心，身体，環境が一体化する生活」「自律的・他律的・全人的な存在としての生活」すなわちホリスティック・ライフ（総合的生活）である。そうした座標軸と認識をベースに企業人のあり方を探究していきたい。

第3章
新たな行動思考様式の誕生
―― バランスのとれた社会化した自己実現人モデル ――

1　新たな行動思考様式の模索

（1）閉塞感ただよう21世紀

　夢と希望に溢れているはずの21世紀。現実には人間関係の希薄化や経済環境の悪化が進み閉塞感がただよっている。日本は今なお世界有数の国内総生産を誇る経済大国であり経済的に豊かで物質的には充足しているが，心の豊かさやゆとりが不足し生活満足度はむしろ低下している。足元の景気低迷という要因はあるものの，こうした傾向は長期的なトレンドとして確認されている。

　例えば「国民生活選好度調査」において，1人当たり実質GDPの推移と生活全般についての平均満足度（生活満足度）[1]を比べているが，1人当たり実質GDPは上昇傾向にあるが，生活満足度はほぼ横ばいとなった（図3－1）。

　「国民生活に関する世論調査」によると，今後の生活の見通しを「悪くなっていく」と答えた人は1991年の9.6％から2013年の24.7％まで増加トレンドにあり，一方で「良くなっていく」と答えた人は1991年の24.0％から2012年の8.5％まで減少トレンドにある。1970年代から1980年代にかけて基本的に「良くなっていく」が「悪くなっていく」を上回っていたが，1990年代半ばに「悪くなっていく」が「良くなっていく」を追い越した。ここ数年「良くなっていく」は一桁台に低迷しており，「悪くなっていく」と「良くなっていく」の差は縮まる兆しが

（1）　生活満足度は「あなたは生活全般に満足していますか。それとも不満ですか。（○は一つ）」と尋ね，「満足している」から「不満である」までの5段階の回答に，「満足している」＝5から「不満である」＝1までの得点を与え，各項目ごとに回答者数で加重した平均得点を求め，満足度を指標化したものである。

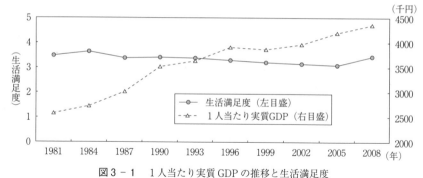

図3-1　1人当たり実質GDPの推移と生活満足度
出典：内閣府国民生活局，2009年，「平成20年度国民生活選好度調査」，p.9（http://www5.cao.go.jp/seikatsu/senkoudo/h20/20senkou_02.pdf）（検索日：2013年8月15日）

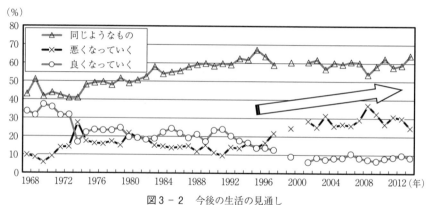

図3-2　今後の生活の見通し
出典：内閣大臣官房政府広報室，2013年，「国民生活に関する世論調査（平成25年6月調査）」，図31（http://www8.cao.go.jp/survey/h25/h25-life/zh/z31.html）（検索日：2013年8月15日）

見られない。バブル崩壊後の経済の低迷なども一因ではあるが，将来の生活に対する見通しの悲観論が楽観論を上回っている（図3-2）。

（2）新たな行動思考様式の模索

　現代社会のパラダイム転換を促し，21世紀社会をダイナミックに創造していくためにはどのような生き方を模索していけばよいのだろうか。会社組織と一体化・同化し企業組織内の狭い人間関係に拘泥され職業生活を中心に滅私奉公的な

生き方・働き方をする会社人間・仕事人間モデルが終焉しつつある(渡辺(峻):2009, 42-44)中,本章では企業人の豊かで充実した行動思考様式を探求する。

2　行動思考様式のモデル

(1) 先行研究のレビュー

まず様々な先行研究を概観する。

(ⅰ) 市民性に支えられた主体的職業人

梅澤は21世紀に向けたサラリーマンの新しい生き方を考察している[2]。経済発展の基調が変化し人事制度が大きく転換しているが,それ以前に日本の社会そして広くは世界が日本企業人の行動思考様式に疑問を呈している。啓発された市民として主体性と市民性を身につけることによって,サラリーマンの仕事は企業にとって創造的なものとなり,社会にとって有意義なものとなる。また当のサラリーマン自身が,充実した人生への期待と豊かな生活への思いを強く抱き,会社人間・仕事人間からの解放を志向している。また,家庭のことや地域のこと,そして自分自身の生き方そのものに目を向ける必要を感じている(梅澤, 1997: 1-2)。

新しい企業人像について様々なコンセプト[3]が提起されているが,基本的に2つの視点に集約できる。第1は自分を確立するという点であり,自分の意見を主語付きで語り,自らの個性を発揮した生き方をする。第2は人生における多面的な生き方を大事にしている点であり,自分というものをしっかりと掲げ,仕事と生活の両面において,あるいは公的と私的な両場面において,様々な模索と挑戦が要請される(梅澤, 1997: 182-183)。

梅澤はサラリーマンの新しい生き方として「3軸サラリーマン[4](スリーフィット・カンパニーマン)」すなわち「市民性に支えられた主体的職業人」を提唱する。

---

(2) 梅澤は,時代が我々に新しい生き方を迫り,多くの日本人が21世紀をどう生きるか思案し,サラリーマンもまた自らの新しいあり方を真剣に模索している,と述べている(梅澤, 1997: 165-166)。
(3) 例えば「個立化」「自立型社員」「自律的仕事人」「独立仕事人」「個性派社員」「市民派会社人」「地域社会人間」「マルチ社員」「活私奉公型社員」などである(梅澤, 1997: 182)。

```
A. 職業：仕事術の習得，成果実現への意欲と行動，チームプレー
       (専門性)        (貢献性)         (協働性)
B. 市民：社会規範の共有，家族と地域に根を張る，社会参加
       (公共人)       (家庭人・地域人)     (社会人)
C. 主体：人生享受の市政，生存意義の探索，個性の発揮
       (生涯発想)      (使命感)        (自己実現)
```

図3-3 3軸サラリーマンの構成要件
出典：梅澤正，1997年，『サラリーマンの自画像』，ミネルヴァ書房，p.185

構成要素は職業・市民・主体の3つである。第1の職業は，専門性を身につけ，良質の成果をあげて社会的期待に応えられる仕事人という視点であり，仕事への習熟，成果の実現，チームプレーが要件となる。第2の市民は，社会と主体的に関わり，地域を愛し，家族を育む個人という視点であり，社会規範の共有，家族と地域に根を張る，社会参加が要件となる。第3の主体は，自分なりの世界観を築き，有意義に人生を生きようとする主体人間という視点であり，人生享受の姿勢，生存意義の探求，個性の発揮が要件となる（図3-3）（梅澤，1997：184-188）。

第1の職業という要素についていえば，それは「専門性を身につけ，良質の成果をあげて社会的期待に応える仕事人」という視点からのものである。次の3つが要件となる。

①仕事への習熟―能力開発に努め，独自の専門性を身につけて仕事の達人になる。

②成果の実現―所期の業績を達成し，市場・顧客・組織・社会の期待に応える

---

(4) 3軸の発現の仕方を8つのパターンに分類している。
```
Aタイプ  職業性×  市民性×  主体性×  未機能潜在型
Bタイプ  職業性×  市民性○  主体性×  浮遊逃避型
Cタイプ  職業性○  市民性×  主体性×  視界狭隘型
Dタイプ  職業性×  市民性×  主体性○  実績未成就型
Eタイプ  職業性○  市民性○  主体性×  行動先行型
Fタイプ  職業性×  市民性○  主体性○  市民活動没入型
Gタイプ  職業性○  市民性×  主体性○  仕事全力投球型
Hタイプ  職業性○  市民性○  主体性○  高次元顕在型
```
3軸サラリーマンがどれ位存在するのか1994年に埼玉県の既婚の男子社員を対象に調査を行った結果，Aタイプは約3割，Hタイプは約2割であった（梅澤，1997：190-199）。

③チームプレー――他者と積極的にかかわり，協働の成果・相乗の効果を志向する（梅澤，1997：185）

　第2の市民という要素についていえば，「社会と主体的にかかわり，地域を愛し，家族をはぐくむ個人」という視点からのものである。次の3要件からなる。
①社会規範の共有――社会秩序を尊重し，公共のルールや社会規範に準拠して行動する
②家族と地域に根を張る――家族の成長を喜び，近隣の人々との交流を深める
③社会参加――ボランティア精神のもと自然保護や社会・文化の発展に積極的に関与する（梅澤，1997：186）

　第3の主体性という要素についていえば，これは「自分なりの世界観を築き，有意義に人生を生きようとする主体人間」という視点からのもの。次の3つの要件に即して概念化されている。
①人生享受の姿勢――人生への抱負を抱き，生活に対して前向きの姿勢で臨む
②生存意義の探求――生きることの意味を追求し，自らの使命や役割を自覚する
③個性の発揮――自分なりの世界観と健全な思想をもち，固有の存在性を確立する（梅澤，1997：187-188）

　職業性と市民性と主体性の3つを兼ね備えた企業人こそこれから求められるサラリーマンの理想像である。自分の価値観をしっかり持ち，社会人・家庭人としても他人の模範となる存在であり，企業にあっても創造性豊かな仕事をし素晴らしい成果をあげる企業人が増えることによって日本社会の好循環が期待できる（梅澤：1997：195）。

（ⅱ）社会化した自己実現人

　渡辺（峻）は，近年の企業社会の発展に伴い「社会化した自己実現人」モデルが創出されていると主張する。

> 企業活動の国際化・情報化の進展の結果，社会的ネットワークとその組織がますます大規模で複雑になるとともに，個々人に一層の自立性・自主性，さらに自覚・責任感・自己啓発が不可欠にされる。今，そのような個人のあり方が，急速かつ広く普及しつつある（渡辺（峻），2007：27）。

特定企業の複雑な組織格差構造のなかで競争原理に駆り立てられる「忠誠心あふれる会社人間」であるよりは，流動化する外部の労働市場を媒介に，自己の価値観や職業意識に適応する職域とジョブを求め，広い視野から自己啓発・自己実現・能力開発する「良き社会人・地域人・家庭人としての個人」すなわち「社会化した自己実現人」であることを「選択」し，社会的なフィールドのなかでキャリア・デザインし，ライフ・プランを立てることを求めている（渡辺（峻），2007：28）。

　他社や他分野での通用する職業的諸能力（エンプロイアビリティ）の習得とともに，自己の価値観や職業意識を明確にして，それに基づいた働き方（キャリア・プランニング）や生き方（ライフ・プランニング）を自覚的に選択し得る能力が不可欠なものとして要求されている（渡辺（峻），2007：28）。

　今日の日本型企業社会そのものが，多様に「自立した個人」を客観的に育成し再生産しているとすれば，企業組織側の意図に関係なく，むしろその意図に反して，個々人の企業組織への集団主義的な忠誠心・帰属感は確実に薄れていくだろう。個人の側は，経営家族主義と企業別労働組合に庇護された「会社人間」として「仕事にのみ生きがい」を感じて自己を燃焼させるよりも，個々人の職業意識や政治哲学を大事にし，「良き社会人・地球人・家庭人としての個人」「社会化した自己実現人」であることを多数派が「選択」するだろう（渡辺（峻），2007：30）。

　かくして，もはや企業組織内の狭い人間関係に拘泥することなく，広い社会的ヒューマン・ネットワークを媒介することによって，職業生活・家庭生活・社会生活・自分生活という4つの生活の充実を求め，そのような欲求に動機づけられ，意思決定し，行動する人間モデルとして「社会化した自己実現人」を提唱する（渡辺（峻），2007：2, 31）。

　その第1の特徴は自分の仕事と暮らしを自己管理する自律人自己実現人である。近年のIT化の進展は個々人が情報を共有するフラット型ネットワーク組織を普及させたが，個々人の自主性・自立性・自覚・責任感・意欲への依存を高め，裁

量労働制・在宅勤務・テレワークなど，個々人に仕事と暮らしの自己管理，過労死しない労働時間管理，心身の自己管理の能力が要求されている（渡辺（峻），2007：250-251）。

　第2の特徴は自分の生き方・働き方（ライフ・プラン，キャリア・プラン）を自己決定する自律人自己実現人である。集団主義的な長期ストック型の画一的管理システムの一端が崩れる中，企業内外の社会的な広がりの中で自己の価値観・職業意識に即してキャリア・プラン，ライフ・プランを立て，自由と自己責任で自己実現の職を選択して生きることが要求されている（渡辺（峻），2007：251）。

　第3の特徴はエンプロイアビリティを身につけ労働移動する自律人自己実現人である。労働市場の流動化が進展する中，他社や他分野でも通用する能力が重視され，社会人大学院，各種資格試験，ビジネスキャリア制度などへの関心が増大し，自己責任で能力開発する個人が増加している（渡辺（峻），2007：251）。

　第4の特徴は自分の仕事と暮らしの諸権利を自分で守る自律人自己実現人である。特定企業での長期雇用や企業別労働組合を前提にせず，政治的に自立し，自己の仕事と暮らしの権利侵害に一人でも闘う自覚的・民主的な個人が創出され，個別労働紛争制度の利用者も増加している（渡辺（峻），2007：251-252）。

　このような「社会化した自己実現人」は，もはや職業生活のみを重視する狭い視野の会社人間・仕事人間ではなく，彼らは職業生活・家庭生活・社会生活・自分生活という「4つの生活」の並立・自己実現を求め，またそれに動機づけられる個人である（表3-1）（渡辺（峻），2007：252）。

　渡辺（峻）は，個人・企業・社会とのバランス・共生を考慮した視野の広いマネジメントを展開しなければ，いかなる組織も未来がなく，「社会化した自己実現人」に照応する社会化した人材マネジメントの導入の必要性と必然性を教えている。いわゆるワーク・ライフ・バランスは，その一環でしかないが，現代の労働過程の社会化の進展は，そのような歴史的段階に到達しており，私たちは新しい企業社会の地平をそこに展望することができる，と総括する（渡辺（峻），2007：257）。

（ⅲ）自己実現至上主義

　渡辺（聰）は『グローバル時代の人的資源論』でグローバルな視座と歴史的な視点という大きなフレーム・ワークの中で仕事の意義を問い直し，仕事の第一義

表3-1　会社人間モデルと社会化した自己実現人モデルの比較

	会社人間モデル	社会化した自己実現人モデル
	伝統的な旧い考え方	これからの新しい考え方
①	集団主義的な管理	個人主義的な管理
②	単線型の管理システム	複線型の管理システム
③	画一硬直的な管理	柔軟で多様な管理
④	仕事中心の管理	仕事と家庭の両立の管理
⑤	わが社中心の管理	個人・企業・社会のバランスの管理
⑥	男中心の管理	男女共同参画の管理
⑦	「カネ」を重視した管理	「やりがい」「生きがい」を重視した管理
⑧	人権無視の専制主義の管理	人権尊重の民主主義の管理

出典：渡辺峻, 2007年, 『「組織と個人」のマネジメント』, 中央経済社, p.92

的意味は自己実現であるとする「自己実現至上主義」が世界的規模で台頭していると指摘する。

　　人々の仕事や組織に対する考え方は，現実の社会経済的構造の変化と深い相互関係の中で，徐々にではあるが確実に，しかも全世界的規模で変化している。経済発展途上期のまだ生活水準が低かった時代には，多くの人々にとって労働の目的は，家族みんなが食べていき，雨風を凌ぐ住みかを確保するための物質的報酬を得ることであった。また，後の高度成長期の消費主義全盛の頃には，人生の目的は豊かな消費生活の享受であり，労働はそのための手段にすぎないと考えられる傾向があった。しかし，ここ30―40年間にわたる産業構造の変化とそれに伴う職業構造の変化，および物質的構造の変化，および物質的生活水準の向上は，人々が仕事に対して抱く期待と欲求に大きな変化をもたらした。現在では，労働人口のかなりの部分が，仕事に対して物質的報酬以上のものを期待しており，彼らにとって仕事は自負心を満足し，生きがいを与え，自己発展のプロセスとなるものでなければならない。すなわち，仕事は人々の自己実現の欲求に応えるものでなければならない（渡辺（聰），2008：ⅰ）。

第**3**章　新たな行動思考様式の誕生

　グローバル化の進展により国際競争が激化していることに加え，現在の企業には30年前には想像もつかなかった多様な役割が求められている。株主，顧客，従業員，近隣住民，地域社会など，様々なステイク・ホルダー（利害関係集団）が，利益率の向上，高配当，顧客満足度の向上，福利厚生の充実，地球環境への配慮，地域との共生など相矛盾する要求を掲げ，企業に圧力を加えている（渡辺（聡），2008：iii-iv）。

　ますます厳しくなる経営環境において，人的資源政策の重要性が改めて認識されるようになったが，世界的潮流として共通する価値観の変化が起きている。第1に「支配モデル」から「協働モデル」への転換である。かつては，決定し命令を下す経営者と命令に従う労働者という役割分担が明確であったが，中間管理者層の増大，オートメーション化の進行などにより，二極分化の構造は過去のものとなった。また，世界中の多くの国々によって民主主義と平等の思想が普及した。その結果，個人のモチベーションを高め，より大きなコミットメントを引き出すことが有効であり，人間の尊厳と自己実現，自己充足の源泉として改めて仕事が捉え直されるようになった。第2に市場主義の優勢と効率の追求である。現在世界の多くの国々では経済の効率を達成するための最も確実な方法は市場競争であり，株主資本利益率の向上が経営における至上命令であると信奉されている。その結果，仕事の成果を公正に評価し，その評価に基づく処遇をする成果主義が浸透している。第3に持続可能性である。人間の経済活動は地球との共存を前提としなければならないという考え方は多くの先進国において一般的になっている。企業は同時に人間の持続可能性にも取り組まなければならない。ワーク・ライフ・バランスやファミリー・フレンドリーな施策が求められている。以上「公正」「効率」「持続可能性」の3つの方向性は相互に矛盾する要因を含んでいるが，諸々の社会的・倫理的束縛条件を考慮しつつ，様々なステイク・ホルダーが掲げる要求に如何にバランスよく応えていくか，が問われている。その意味では「収益の強大化」ではなく，諸々の要請の和解の上に立った「収益の最適化」が求められ，この最適収益を上げ続けるために，人的資源政策を含む多大な経営努力が求められている（渡辺（聡），2008：17-30）。

　人々の仕事や組織に対する考え方は，ここ30～40年間にわたる脱工業化の進行とそれに伴う職業構造の変化，および物質的生活水準の向上により，全世界的規

模で変化している。それは自己実現至上主義の台頭である。自己実現至上主義とは，仕事の第一義的意味は自己実現であるとする仕事観であり，仕事は何よりもまず生きがいを与え，自己成長のプロセスとなるものでなければならないという考え方である。経済発展途上期のまだ生活水準が低かった時代には，多くの人々にとって労働の目的は，生理的欲求および安全の欲求を日々何とか満足していくための物質的報酬を得ることであった。また後の高度成長期の消費主義全盛の時代には，人生の目的は豊かな消費生活の享受であり，労働はそのための手段と考えられる傾向があった。しかし，ここ数十年間にわたる産業構造の変化とそれに伴う就業構造の変化（情報・知識・サービス業を中心とする第3次産業に従事する人口の割合が増加し，第1次および第2次産業に従事する人口の割合が減少している。また，製造業の縮小に伴い，ブルーカラー人口の割合が縮小している）は，人々の仕事の内容に変化をもたらし，長期的な賃金水準の上昇とそれに伴う物質的生活水準の向上は，人々が仕事に抱く期待と欲求に変化をもたらした。労働人口のかなりの部分が，仕事に対して物質的報酬以上のものを期待しており，彼らにとって仕事とは自負心を満足し，人生に意義を与える重要なものとなっている。価値として自己実現を重視する個人は，自分の内的可能性の発展を最大にするような仕事環境を求め，そのためには収入その他の報酬を犠牲にすることを厭わない（渡辺（聰），2008：65-76）。

　さらに，自己実現至上主義は5つの要因によって特徴づけられる。第1に獲得型個人主義である。一言で言えば「自分の人生は自分で決める」ということである。自分自身で考え，自分自身で判断し，自分自身で決定を下す権利，そして自分に最も適していると自分自身が考える人生を歩む権利はすべての人に与えられた基本的な権利である。この権利を侵害する如何なる権威も真の権威ではあり得ず，抵抗されなければならないとする考え方である。第2に権利主張主義である。以前は，組織の権利が個人の権利に優先するという考え方が一般的であったが，現在では組織の権利よりも個人の権利を重視する傾向が強くなっている。企業で働く社員の間では，受ける資格のある権利は積極的に享受すべきであるという意識が浸透しており，こうした恩典は積極的に利用される傾向にある。第3に反権威主義である。権威主義とは盲目的に権威に服従し，極端で不寛容，偏狭な行動を志向し易い心理的傾向をいうが，工業化の進行によって生活水準が向上し，教

育が普及するに従って，権威主義的な価値観や行動は次第に減少する傾向にある。第4に脱物質主義である。豊かさが一定の水準を超えると人々は収入や経済的成果よりも生活の質を重視するようになる。個人のレベルで脱物質主義が浸透すると，人は物質的目標のためには働かなくなる。第5に自然共生主義である。天然資源の枯渇，有害な廃棄物や大気汚染による環境破壊，砂漠化，地球の温暖化という問題が起こり，「自然は制御されるべき対象である」という考え方に疑問が呈されるようになった。地球上の天然資源は有限であり，自然を保全し，回復できる範囲内で自然と共生しながら生産活動を行うという「持続可能な成長」の概念が支配的になった（渡辺（聰），2008：76-92）。

3　バランスのとれた社会化した自己実現人モデル

（1）先行研究の意義と限界

　上記の主張には共通点も多く新たな行動思考様式を示唆するものとして現代的意義がきわめて高いと考えるが，一方で仕事の中心性や経営視点という枠組みを前提にしている。

　渡辺（聰）はモチベーション理論や人的資源論などの理論的な発展や国際的な意識調査というグローバルな視座，そしてポストモダン化（産業化，富裕化などのすべての先進社会に共通な産業構造および社会構造に由来する価値観の変化）の進行と価値観の収斂という歴史的な視点を踏まえて「自己実現至上主義」を導き出した。激化する経営環境の中での人的資源政策の必要性という捉え方をしており，「成功はそれまでにように熾烈な競争を戦い抜くことによって勝ち取られた組織内の地位と，家庭で営まれる英雄的スケールの消費生活によって評価されるのではなく，自分の能力によって適度に挑戦的な仕事を見出し，新しい，もっと「文化的」なライフ・スタイルを採用することを意味するようになった。すなわち，再定義された「成功」は，第一義的には仕事を通じての自己実現を意味するようになった。自己実現至上主義者にとっては，たとえ余暇活動が生活全般における満足の源泉としてかなり大きなウェイトを占めたとしても，仕事がやはり大きな満足の源泉である。」（渡辺（聰），2008：75）と仕事の中心性を強調している。

　渡辺（峻）は会社人間モデルの生成・発展・終焉という歴史的な視点や企業社

会を取り巻く様々な環境変化，そして職業意識・ライフ・スタイルを含めた個人の価値観の変遷を踏まえて「社会化した自己実現人」モデルを提唱している。個人の側の自己実現欲求の範囲・場面が社会的に拡張・拡大し，「社会化した自己実現人」として登場しているとすれば，それに照応して組織の側の人材マネジメントのあり方も大きく変わらなければ個人を組織統合することができない。いまや個人の側の職業生活＋家庭生活＋社会生活＋自分生活における自己実現欲求を充足する「社会化した人材マネジメント」で対応しなければ，個々人をモラールアップさせ，組織目標の達成に貢献させられない段階に到達している（中略）。社会化した自己実現人に照応する「社会化した人材マネジメント」は「4Lの充実」（ワーク・ライフ・バランス）で個人を動機付けるので，当然のことながら個々人のモチベーションを刺激し，組織への貢献意欲を高め，生産性を向上させる，したがって企業組織にとって競争力の強化になる。その点は，今日ではほぼ共通認識である（渡辺（峻），2007：252, 254）として，新しい「働かせ方」としての効能も強調している。

梅澤は職業社会学の視点や企業文化の調査研究，そして丹念な文献調査を踏まえて「市民性に支えられた主体的職業人」という企業人像を提言している。自分の価値観をしっかり持ち，社会人・家庭人としても模範となる存在であり，企業にあっても創造性豊かな仕事を遂行し素晴らしい成果をあげる企業人が増えることによって日本社会の好循環を期待しているが，「職業はややもすると労働を提供して経済的報酬を獲得する活動として受けとめられている。そのためか，技を磨いて何かをなしとげるという要素が追いやられているようだ。自己の専門性を駆使して社会的課題の達成に寄与するという視点が，これからのサラリーマン論にも組み込まれる必要があろう」（梅澤，1997：186）とあくまで職業を通じた社会的役割の実現という捉え方をしている。

（2）ワーク・ライフ・バランス5元論
既述の通り，本書ではワーク・ライフ・バランス5元論に依拠している。
①会社（仕事）生活：仕事，会社でのつきあいなど
②家庭生活：家族，親族とのつきあいなど
③社会生活：ボランティア，地域活動，社会貢献など

④学習生活：自己啓発，資格取得，生涯学習など
⑤自分生活：趣味・レジャー，友人とのつきあい，休息など

その点,「働く個々人は，職業生活中心の24時間ではなくて（企業戦士的な働き方ではなくて），職業生活・家庭生活・社会生活・自分生活をふくめた4つの生活（＝4L）のバランスと充実を求めて成長するだろう（渡辺（峻），2007：31）」「サラリーマンは，ある特定の機関に雇用される組織人なのであるが，それ以前のこととして公共人であり，具体的には家庭人，地域人，日本人，国際人，地球人なのである（梅澤，1997：185）」という視点に賛同する。

（3）バランスのとれた社会化した自己実現人モデルの提唱

現代社会のパラダイム転換を促し，21世紀社会をダイナミックに創造していくための生き方を模索する趣旨から「市民性に支えられた主体的職業人」「社会化した自己実現人」「自己実現至上主義」をベースに，「バランスのとれた社会化した自己実現人」モデルを提唱する。仕事のみならず人生における様々な役割のバランス調整は難しい課題であり葛藤もつきないが，そのバランスこそ人生観や価値観の現れであり，生き様そのものである。ワーク・ライフ・バランスは狭義には仕事と家庭の調和となりがちであるが，広義には人生における様々な役割をバランスよくこなしながら豊かで充実した人生を歩んでいくという意味が包含されていると考える。

マクレガーがマズローの欲求の階層モデルに基づいて提示した人間観・人間行動モデルがX理論Y理論である。本来的に労働を嫌い経済的動機で労働し，指示されたことしか実行しない低次欲求を持つ人間がX理論モデルである。これに対し，労働は自己の能力を発揮し，自己実現を満たす楽しいものであり自分で目標を設定して努力する高次欲求を強く持つ人間がY理論モデルである。この理論は，個人の自己実現欲求を満たすことでモチベーションを刺激して，それによって利益・収益の拡大という企業組織の目標に個人を統合して目標を達成する方法として有名である（McGregor, 1960：33-34, 47-48＝マクレガー, 1970：38-40, 54-55）（長須, 2001：235）。

X理論Y理論はあくまで仕事のモチベーションに関する経営者視点の人間観であるが，筆者は，「バランスのとれた社会化した自己実現人」モデル，仕事の

みならず社会・家庭・学習・自分にも視野を広げた自律人を提言したい。企業組織や労働の枠組みから解き放たれたZ理論とも言うべきものであり，本書では「タイプZ」と命名する。

4　アンケート調査

（1）調査方法
（ⅰ）調査目的
　新たな行動思考様式として「バランスのとれた社会化した自己実現人」を提唱したが，とかく観念的になりがちのテーマであるので，現代日本における企業人の意識を把握し，「バランスのとれた社会化した自己実現人」モデル（＝タイプZ）を実際に抽出し，その特徴を浮き彫りにするために調査を行った。
（ⅱ）調査目的
　　　①名称：企業人のキャリアとボランティアに関する意識調査
　　　②実施期間：2007年12月21日〜25日
　　　③対象：東京都の企業在勤者
　　　④方法：gooリサーチを利用したWebアンケート調査
　　　⑤有効回答数：512名

（2）調査結果
（ⅰ）行動思考様式の抽出
　以下の設問をベースに行動思考様式を分類した。このうち，各々肯定的に回答した人（バランスの①②，社会化（社会貢献志向）の①，自己実現の①②）の分布状態を調べた。
　「バランス」「社会貢献」「自己実現」の3条件を満たすグループが512名中57名から構成されており本書では「タイプZ」と命名する（表3-3）。
（ⅱ）ワーク・ライフ・バランス
　ワーク・ライフ・バランス5元論に基づくと，タイプZは意外なほど会社生活に没頭していた。現実・理想共に家庭生活・自分生活が全体平均より高く，社会生活・学習生活が全体平均より高かった（表3-4）。

第 3 章 新たな行動思考様式の誕生

表 3 – 2 回答者の世代・性別分布

n = 512	20代	30代	40代	50代	合計
男性	74	75	79	80	308
女性	51	50	50	53	204
合計	125	125	129	133	512

出典：安齋徹，2007年，「企業人のキャリアとボランティアに関する意識調査」

【ワーク・ライフ・バランス満足度】あなたは，上記のバランス（注：会社生活・家庭生活・社会生活・学習生活・自分生活）の現状に満足していますか。
　①満足である
　②やや満足である
　③普通
　④やや不満である
　⑤不満である
【社会貢献志向】社会の一員として何か社会のために役立ちたいと思っていますか。
　①思っている
　②あまり考えていない
　③わからない
【自己実現の達成度】あなたは現在自己実現ができていると思いますか。
　①実現できている
　②やや実現できている
　③普通
　④やや実現できていない
　⑤実現できていない

表 3 – 3 ワーク・ライフ・バランスの満足度など

バランス	○	○	○	×	○	×	×	×	合計
社会貢献	○	○	×	○	×	○	×	○	
自己実現	○	×	○	○	×	×	○	×	
人数	57	32	40	34	39	132	20	158	512名

出典：安齋徹，2007年，「企業人のキャリアとボランティアに関する意識調査」

（ⅲ）働くことの重要性
　タイプZは働くことも重要視し，働くタイプは「働きがい型」と「自己成長

表3-4 ワーク・ライフ・バランス

【タイプZ】

n=57	会社生活	家庭生活	社会生活	学習生活	自分生活
現実	34.0%	26.6%	8.5%	11.8%	19.1%
理想	26.8%	29.2%	11.0%	13.5%	19.6%
GAP（現実－理想）	+7.3%	▲2.6%	▲2.5%	▲1.8%	▲0.4%

【全体】

n=512	会社生活	家庭生活	社会生活	学習生活	自分生活
現実	30.0%	29.8%	6.5%	10.5%	23.2%
理想	23.6%	30.0%	9.6%	12.5%	24.3%
GAP（現実－理想）	+6.4%	▲0.2%	▲3.2%	▲2.0%	▲1.1%

出典：安齋徹，2007年，「企業人のキャリアとボランティアに関する意識調査」

表3-5 働くことの重要性とタイプZ比率

【働くことの重要性】あなたにとって働くことはどれくらい重要なことですか。

	全体	タイプZ	比率	全体平均比	差異
最も重要なこと	43	8	18.6%	+67.1%	◎
重要なこと	226	34	15.0%	+35.1%	◎
やや重要なこと	101	9	8.9%	▲20.0%	▲
小計	370	51	13.8%	+23.8%	○
普通	121	6	5.0%	▲55.5%	▲▲
やや取るに足らないこと	12	0	0.0%	▲100.0%	▲▲
取るに足らないこと	6	0	0.0%	▲100.0%	▲▲
最も取るに足らないこと	3	0	0.0%	▲100.0%	▲▲
全体	512	57	11.1%	0.0%	―

型」が多い（表3-5，表3-6）。

（iv）人生の意義

　タイプZは社会志向，挑戦志向，創造志向，奉仕志向が強い。特に社会志向と挑戦志向は際立って高い。かっこよさや独自性への憧れもある。一方で，享楽志向，安定志向，平穏志向，経済志向，自然志向，成功志向はは全体平均より低い（表3-7）。

表3-6 働くタイプとタイプZ比率

	全体	タイプZ	比率	全体平均比	差異
働きがい型	125	20	16.0%	+43.7%	◎
生計維持型	208	14	6.7%	▲39.5%	▲▲
自己成長型	82	13	15.9%	+42.4%	◎
人間関係型	82	9	11.0%	▲1.4%	
全力投球型	9	1	11.1%	▲0.2%	
わからない	6	0	0.0%	▲100.0%	▲▲
合計	512	57	11.1%	0.0%	―

(注)差異は全体平均との差異(以下同様)

30%以上	20%以上	20%~▲20%	▲20%以下	▲30%以下
◎	○	(無印)	▲	▲▲

出典:安齋徹,2007年,「企業人のキャリアとボランティアに関する意識調査」

(ⅴ)社会活動の重要性

タイプZは社会活動を重要視している(表3-8)。

(ⅵ)ボランティア経験

ボランティア経験者におけるタイプZの比率はきわめて高く,ボランティア活動を日常的に行っていることが窺われる(表3-9)。

(ⅶ)属性

世代別では全体として20代が少なく,30代が多い。男女別では男性の方がタイプZの比率が高い。男性では30代・40代・50代が多く,女性では20代・40代・50代が少ない。これは20代は家庭生活の比率が低くバランスが整っていないこと,タイプZは仕事に対するコミットメントが高く男性の30代から50代がこれに該当すること,女性の40代から50代は逆に家庭生活の比重が高くバランスがとり難いこと,からではないかと推察される(表3-10)。

(ⅷ)家族構成別

独身よりも既婚者,子供がいない人よりもいる人,共働きしていない人よりしている人の方がタイプZの比率が高い。これは様々な役割を担うことによりタイプZの比率が高くなる可能性を含意している(表3-11)。

表3-7 人生の意義とタイプZ比率

【人生の意義】あなたは人生を通じて何を実現したいですか。あてはまるものを5つまでお選び下さい。

	全体	タイプZ	比率	全体比	差異
社会のために役立ちたい	131	31	23.7%	112.6%	◎
充実感を味わいたい	238	29	12.2%	9.5%	―
自分自身が成長したい	212	27	12.7%	14.4%	―
様々なことにチャレンジしたい	132	25	18.9%	70.1%	◎
専門性を磨きたい	137	17	12.4%	11.5%	―
円滑な人間関係を築きたい	113	16	14.2%	27.2%	○
楽しく過ごしたい	230	16	7.0%	-37.5%	▲▲
安定した生活を送りたい	217	15	6.9%	-37.9%	▲▲
創造性を発揮したい	87	13	14.9%	34.2%	◎
人のために尽くしたい	78	12	15.4%	38.2%	◎
友人を増やしたい	76	11	14.5%	30.0%	◎
かっこよく生きたい	49	11	22.4%	101.6%	◎
お金を稼ぎたい	159	11	6.9%	-37.9%	▲▲
のんびり暮らしたい	159	9	5.7%	-49.2%	▲▲
他の人と違うことがしたい	36	7	19.4%	74.7%	◎
自然に親しみたい	83	4	4.8%	-56.7%	▲▲
リーダーシップを発揮したい	30	4	13.3%	19.8%	―
成功したい	62	4	6.5%	-42.0%	▲▲
他人から誉められたい	23	3	13.0%	17.2%	―
責任ある地位につきたい	14	2	14.3%	28.3%	○
累積	2266	267	11.8%	5.8%	―

出典：安齋徹, 2007年,「企業人のキャリアとボランティアに関する意識調査」

(ix) 企業規模

　勤務する企業の規模における差異はあるものの，必ずしも大きい企業に勤める人のタイプZの比率が高くなる訳ではない（図3-4）。

(x) 年収

　年収別では年収が高くなるに従ってタイプZの比率が高くなる傾向が認められる。「衣食足りて」という現実を示唆している（図3-5）。

第3章 新たな行動思考様式の誕生

表3-8 社会活動の重要性とタイプZ比率

【社会活動の重要性】あなたにとって社会や人のために活動することはどれくらい重要なことですか。

	全体	タイプZ	比率	全体比	差異
最も重要なこと	15	7	46.7%	319.2%	◎
重要なこと	106	23	21.7%	94.9%	◎
やや重要なこと	151	16	10.6%	-4.8%	―
小計	272	46	16.9%	51.9%	◎
普通	181	10	5.5%	-50.4%	▲▲
やや取るに足らないこと	31	0	0.0%	-100.0%	▲▲
取るに足らないこと	22	1	4.5%	-59.2%	▲▲
最も取るに足らないこと	6	0	0.0%	-100.0%	▲▲
全体	512	57	11.1%	0.0%	―

出典:安齋徹,2007年,「企業人のキャリアとボランティアに関する意識調査」

表3-9 ボランティア経験とタイプZ比率

【ボランティアの経験】これまでにボランティアの経験はありますか。

	全体	タイプZ	比率	全体比	差異
頻発的・継続的にある	36	12	33.3%	199.4%	◎
単発的・偶発的にある	143	24	16.8%	50.8%	◎
1回だけある	22	3	13.6%	22.5%	◎
小計	201	39	19.4%	74.3%	◎
ないが興味はある	184	12	6.5%	-41.4%	▲
ないし興味もない	127	6	4.7%	-57.6%	▲
合計	512	57	11.1%	0.0%	―

出典:安齋徹,2007年,「企業人のキャリアとボランティアに関する意識調査」

(3) 分析

　ワーク・ライフ・バランス5元論に基づくと,タイプZは意外なほど会社生活に没頭していた。現実・理想共に家庭生活・自分生活が全体平均より高く,社会生活・学習生活も全体平均より高かった。働くことも重要視し,働くタイプは「働きがい型」と「自己成長型」が多い。人生の意義としては社会志向,挑戦志向,創造志向,奉仕志向が強い。特に社会志向と挑戦志向は際立って高い。かつ

表3-10　年代・性別のタイプZ比率

		全体	タイプZ	比率	全体比	差異
年代	20代	125	11	8.8%	−21.0%	▲
	30代	125	16	12.8%	15.0%	―
	40代	129	15	11.6%	4.4%	―
	50代	133	15	11.3%	1.3%	―
性別	男性	308	40	13.0%	16.7%	―
	女性	204	17	8.3%	−25.1%	▲
男性	20代	74	8	10.8%	−2.9%	―
	30代	75	10	13.3%	19.8%	―
	40代	79	11	13.9%	25.1%	○
	50代	80	11	13.8%	23.5%	○
女性	20代	51	3	5.9%	−47.2%	▲▲
	30代	50	6	12.0%	7.8%	―
	40代	50	4	8.0%	−28.1%	▲
	50代	53	4	7.5%	−32.2%	▲▲

出典：安齋徹，2007年，「企業人のキャリアとボランティアに関する意識調査」

表3-11　家族構成別のタイプZ比率

		全体	タイプZ	比率	全体比	差異
婚姻	独身	254	23	9.1%	−18.7%	―
	既婚	258	34	13.2%	18.4%	―
子供	あり	194	26	13.4%	20.4%	○
	なし	318	31	9.7%	−12.4%	―
共働き	している	138	19	13.8%	23.7%	○
	していない	120	15	11.7%	4.8%	―
	不明	254	23	9.1%	−18.7%	―

出典：安齋徹，2007年，「企業人のキャリアとボランティアに関する意識調査」

こよさや独自性への憧れもある。

　働くことの重要性でみると，「最も重要なこと」「重要なこと」「やや重要なこと」「普通」という順に，タイプZが並んでいる（図3-6）。

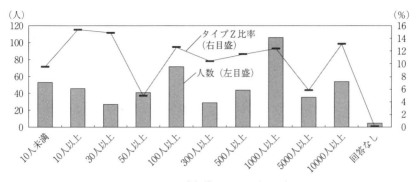

図3-4　企業規模別のタイプZ比率
出典：安齋徹，2007年，「企業人のキャリアとボランティアに関する意識調査」

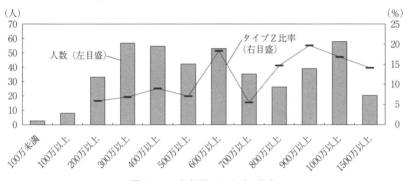

図3-5　年収別のタイプZ比率
出典：安齋徹，2007年，「企業人のキャリアとボランティアに関する意識調査」

　社会活動の重要性でも「最も重要なこと」「重要なこと」「やや重要なこと」「普通」という順に，概ねタイプZが並んでいる。特に社会活動を「最も重要なこと」と考える人におけるタイプZの比率（47%）は過半に迫っている（図3-7）。

　ボランティア経験ではタイプZの比率は「頻発的・継続的」「単発的・偶発的」「1回」「ないが興味あり」「ないし興味なし」の順になっている（図3-8）。

　このように，働くことの重要性や社会活動の重要性という価値観やボランティア経験という行動特性がタイプZの形成過程に大きく関わっていることが窺われる。特に，社会活動を「最も重要」と考える人のタイプZの比率は47%と過

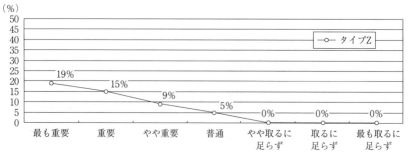

図3-6 働くことの重要性
出典：安齋徹，2007年，「企業人のキャリアとボランティアに関する意識調査」

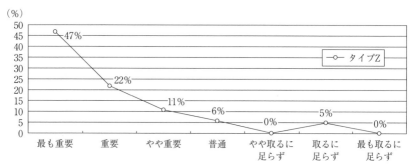

図3-7 社会活動の重要性
出典：安齋徹，2007年，「企業人のキャリアとボランティアに関する意識調査」

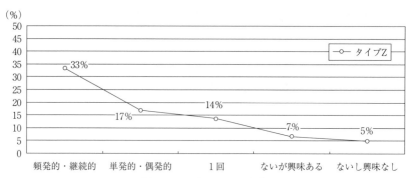

図3-8 ボランティア経験
出典：安齋徹，2007年，「企業人のキャリアとボランティアに関する意識調査」

半に迫り、「重要」と考える人のタイプＺの比率は22％に達している。「頻発的・継続的」なボランティア経験者におけるタイプＺの比率は33％、「単発的・頻発的」なボランティア経験者におけるタイプＺの比率も17％に達している。

　属性や家族構成では、男性の30代、40代、50代、女性の30代、既婚、子供あり、共働きのタイプＺの比率が全体平均より高い。仕事に一定のコミットをした上で様々な役割をこなしているタイプＺ像が浮かび上がってくる。現実的には年収が上がるに連れてタイプＺの比率が高まる傾向があり、経済的な規基盤も重要な要素となっている。

（4）まとめ

　第１に「バランスのとれた社会化した自己実現人」モデルの存在を実証することができた。「バランスのとれた社会化した自己実現人」モデルを「タイプＺ」と命名し、アンケート調査で抽出した結果、512名中57名の11.1％が該当した。第２に「バランスのとれた社会化した自己実現人」の特質である。①人生の意義として社会志向・充実志向・成長志向・挑戦志向が強いこと、②会社生活へのコミットメントが高いこと、③ボランティア経験比率が高いこと、が明らかになった。第３に「バランスのとれた社会化した自己実現人」の属性としては、男女別では男性が多く、世代別では全体として20代が少なく30代が多い。男性では30代・40代・50代が多く、女性では20代・40代・50代が少ない。家族構成別では、未婚よりも既婚者の比率が高く、共働きしていない人よりも共働きしている人、子供のいない人よりもいる人の比率が高い。但し、属性や家族構成による感応度はさほど高くない。一方で、企業規模による差異はほとんど認められないが、年収が多くなるに従ってタイプＺの比率が高い傾向が認められた。「衣食足りて」という現実を示している。第４に「バランスの取れた社会化した自己実現人」の形成過程における価値観やボランティア経験の重要性である。特に働くことや社会活動を重要視するという価値観と豊富なボランティア経験という行動因子がタイプＺの比率と強い相関を示していた（図３－９）。

　現代社会のパラダイム転換を促し、21世紀社会をダイナミックに創造していくための担い手として本書では「バランスのとれた社会化した自己実現人」モデルを提唱するが、調査の結果おぼろげながらではあるもののその輪郭を浮き彫りに

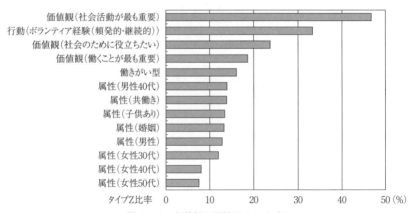

図3−9 価値観や属性別のタイプZ
＊価値観や属性の中から高い比率の項目を抽出したもの
出典：安齋徹，2007年，「企業人のキャリアとボランティアに関する意識調査」

することができた。性別・世代という属性や家族構成，勤務先の規模よりも，社会志向・充実志向・成長志向・挑戦志向という人生観，働くことや社会活動を重要視するという価値観，そしてボランティア経験という行動因子がその形成に比較的強い影響を与えていた。タイプZは会社生活にも一定のコミットメントを示しており，豊かで充実した行動思考様式を持った企業人が市民社会と企業社会の両立に寄与する可能性を示唆している。

5 インタビュー調査

(1) 調査の概要
(ⅰ) 調査目的
「企業人のキャリアとボランティアに関する意識調査」から「バランスのとれた社会化した自己実現人」モデルを抽出したが，一人ひとりのライフストーリーの文脈の中で「バランスのとれた社会化した自己実現人」の形成過程をきめ細かく丁寧に捉え直していく必要があり，実在の人物像を把握し，そうした行動思考様式の形成過程を明らかにするためにインタビュー調査を行った。
(ⅱ) 調査方法

第3章　新たな行動思考様式の誕生

表3-12　インタビュー対象者の概要

面接者	現勤務先	性別	年代	ボランティア経験
Aさん	非営利団体*	女性	30代	あり
Bさん	非営利団体	女性	20代	あり
C氏	民間企業	男性	30代	あり
Dさん	非営利団体	女性	30代	あり
E氏	民間企業	男性	20代	あり

＊かつて民間企業に勤務

①実施期間：2008年5月～6月
②対象：筆者の人的ネットワークを通じて「企業人のキャリアとボランティアに関する意識調査」を配布し，4（2）と同様の基準で「バランスのとれた社会化した自己実現人」モデルに該当し，かつ，インタビュー調査の了承が得られた5名に対しインタビュー調査を実施した。非営利団体への勤務者も含まれるが，所属する組織＝会社とおきかえて調査には回答してもらった（表3-12）。
③方法：意識調査の結果をもとに，現在の行動思考様式とその形成過程を中心に約1時間の面接を実施した。過去から現在までを思い起こし，できるだけ自由に話してもらった。

（2）インタビュー結果
（i）Aさん（図3-10）
　Aさんは中学・高校が奉仕活動に熱心な学校であったことから「社会とどう関わるか」「自分のミッションは何か」を強く意識するようになった。大学時代1年間の米国留学を経験した。大学の制度もあったが英語の点数が低く親になかなか言えなかったが，思い切って相談したところ，「そんなに行きたいのなら大学を休学して行けばいい」と認めてくれて「ありがたかった」と親の理解にも支えられた。それまでは社会と関わりたいのだが自分で踏み出す勇気もなく不平不満ばかり言っていたが，米国での生活を通じて自分で動き出さないと何も始まらないことを痛感した。他力本願ではなく自ら行動することの大切さを学んだこと

ワーク・ライフ・バランス：					
	会社生活	家庭生活	社会生活	学習生活	自分生活
現実	18%	20%	22%	16%	24%
理想	20%	20%	20%	20%	20%
GAP	▲2%	±0%	+2%	▲4%	+4%
自己実現	1位	3位	2位	5位	4位

働くタイプ：働きがい型：働きがいを感じていたい
人生の意義：社会志向，専門志向，挑戦志向，成長志向，充実志向
ボランティア経験：頻発的・継続的
ボランティアの分野：地域活動・街づくり，国際交流・国際協力，災害・救援活動，教育・学習，人権擁護・平和推進
ボランティアを通じて学んだこと：社会の真実を見つめる心，自己成長，生命や人権の尊重，価値観の多様性，社会の現状，行動することの大切さ，共生社会のあり方
ボランティアを通じて高まった資質・能力：考える力，学ぶ力，生きる力，行動力，積極性，責任感，幅広い視野
ボランティアの影響：人生のバランス感，自己観，職業観，職業選択，人間観，世界観・社会観
ボランティア経験がキャリア（＝生き方）に与えた影響：中学・高校時代から奉仕活動という形でボランティア活動をするようになり，社会生活を送る上でそれは当然のことと捉えるようになった。私にとっての社会人とは「社会をよりよい方向へ動かす力」であり，仕事と社会への還元は切り離すことができないものである。会社生活を筆頭にあげたのは，仕事を通して社会に還元していきたいと思うからである。(傍点は筆者)

図3-10 Aさんのアンケート結果

が収穫であった。米国で市民と一緒に公園を作るボランティアにも参加した。

　社会人になること＝社会を動かす力になることであると認識して臨んだ就職活動では，世界とのつながりへの希求もあり外資系企業に就職した。しかし，実際に勤務して，社会とのつながりが感じられなかった。お金のために働くとか，仕事は収入源として割り切り余暇を楽しめばいいという考えもあるが，長時間拘束されることが嫌で退職した。次に非営利団体へ転職したが，関わる人達が成長していく姿をみてやりがいがあった。そのころ社会ともう少し関わらないといけないと感じ，社外の勉強会に入り教育を通して社会とつながりたいと思った。海外の子供達の教育を支援するNGOの活動にも関わった。ところが，不況の影響で

非営利団体の人員削減の対象になった。「リストラはかなりきつかった。二度とあって欲しくないが,結果的に良かった」と思う。学んだことも大きかった。どん底で泣いていた。「何で私が」と思った。会社は守ってくれないということがわかった。それ以上に大きかったのは途方もない時間ができた。そこから悶々と色々なことを考え,雌伏の時に通信制で教職を取得した。その後非営利団体に就職し,もっと勉強したいと思い,働きながら社会人大学院に進学した。そこでは,主婦・サラリーマン・中小企業の社長・高校の校長など様々な出会いがあった。

　ボランティアは中学・高校で始め奉仕活動として当然のことと感じていたがどちらかというとやらされていた。やらなければいけないと思っていた。その後何だか偽善的に見えて嫌だと捉えていた時期もあったが,「ボランティは楽しい」という見方に出会い衝撃を受けた。今はボランティアをやりながら,色々な人としゃべり,色々なことを学び,新しい概念や情報に出会ったりするのが楽しいと肩の力を抜いて溌剌と関わっている。

　自分の自己実現のあり方は社会とどう関わって生きていくかということと考えており,社会との関わりが自己実現の根幹であるが,社会は人からできており,社会自体が沢山の人の集合体であると捉えた上で,「ボランティアって人のつながりだと思う。人のつながりが人を成長させていく」とボランティアの意義を個人の成長にも転化している。「社会の力になるのよ,あなた達,とは思っていない。ボランティア活動や市民活動が人生の手段になる」「成長や視野の広がりに役立つ」「その時気がつかなくても10年くらい経って気づき,影響を与えればと願っている」「引っかき傷を残せればなあ,と思う」「いつかつながっていけばいい」という熟成された人生観に到達している。

（ⅱ）Bさん（図3-11）

　Bさんは幼少時からおかしいことはおかしいと言い,いじめられている子を助けて自分もいじめられてしまうタイプだった。家庭も同じような価値観で友達を大切にするようによく言われていた。子供が好きで高校時代は幼稚園の先生になりたいという気持ちがあった。高校時代に2ヶ月ほど米国に短期留学をした。ホームステイ先がトリニダード・トバコの家庭だった。家族全員黒人だったがすごくよくしてもらったが,ショッピングセンターに連れて行ってもらったときに警察官から何回も職務質問を受けたことがあった。「IDカードを見せろ」と言わ

ワーク・ライフ・バランス：					
	会社生活	家庭生活	社会生活	学習生活	自分生活
現実	10%	20%	30%	20%	20%
理想	15%	30%	15%	20%	20%
GAP	▲5%	▲10%	+15%	±0%	+0%
自己実現	3位	2位	1位	5位	4位

働くタイプ：生計維持型：生計を維持するために働いている
人生の意義：社会志向，奉仕志向，成長志向，享楽志向，充実志向
ボランティア経験：頻発的・継続的
ボランティアの分野：教育・学習，子供・青少年育成，人権擁護・平和推進
ボランティアを通じて学んだこと：社会の真実を見つめる心，正義感や公平さ，生命や人権の尊重，価値観の多様性，社会の現状，共生社会のあり方
ボランティアを通じて高まった資質・能力：コミュニケーション力，考える力，学ぶ力，マネジメント力，行動力，忍耐力，決断力，課題設定力，問題解決力，役割を理解する力，積極性，責任感，きちんとした批判精神，幅広い視野
ボランティアの影響：人生のバランス感，人生観・価値観，自己実現感，自己観，職業観，職業選択，人間観，世界観・社会観
ボランティア経験がキャリア（＝生き方）に与えた影響：ボランティア活動への参加により①社会問題の存在への認知，②社会・人を見る視点を得ると同時に，そのような社会問題は社会構成員全体で対応しなくてはならないと考えるに至った。（傍点は筆者）

図3-11　Bさんのアンケート結果

れて，別にやましいこともないし，彼はそれを拒否した。警察官の当たりが強くてあまり詳しいことはわからないが，何となく雰囲気でこの人が黒人なのでこういう風に言われているのだろうなと肌で感じるところがあり，人種差別への憤りを感じた。

大学では経済を専攻したがもともとやりたいことではなかったので勉強に対する楽しみは感じなかったが，住んでいた地域に飲み友達的な外国人の方が多く，住居差別や留学生の場合アルバイトができないとか，日本語に問題がなくても仕事がなかなかみつからないとか，生きていく上で基本的な住むところを見つける，仕事を探す，という問題を抱えていた。そういうところで私達とはまったくスタートラインが違う，そういうことがあるのだと恥ずかしながら初めて知ったこ

第3章 新たな行動思考様式の誕生

とから何か改善できないかという漠然とした気持ちが湧き上がり，たまたま大学の間，時間もあるし，何かできないかな，と思ってネットサーフィンしていたら外国人の子供達を支援するNGOを発見した。

軽い気持ちで参加したNGOであったが，担当した子供が学校でのいじめを苦に知らないうちに帰国するという事態が発生し大きな衝撃を受けた。Bさんの前で明るく振る舞う子供からは微塵も想像できなかった。もしかすると何らかのSOSを出していたかもしれないと深く反省し，その件をきっかけに子供を見る目が変わってきた。色々な問題を抱えている子供に関わることへの責任感が高まり，思春期の多感な時期の子供や人生の岐路に立たされているような子供に関わることに対してすごく重く考えるようになった。モチベーションが上がり，ボランティア活動の意義を再構築した。

企業で働くことにはあまり魅力を感じなかったこともあり就職活動はうまくいかなかった。ちょうどその頃頑固でアクが強いが情熱に溢れるNGOの創業者が闘病生活に入ったこともあり，NGOの事務局の仕事を引き継ぎながら，日中は非営利団体で働いている。仕事で得られる楽しさとNGOで得られる楽しさは別の種類のものであると感じる。人と接して，人の成長を近くで見ることができたり，お手伝いできるということはすごく幸せなことだと思う。ボランティアは生身の人間に接することで学びの場であると思う。無理やりやっても駄目なので，自力で辿り着いてくれないと，言われてやるだけでは効果は薄いと，自分の芯や核を持った主体的な取り組みを祈念している。

NGOに一番集中しているものの，最近では日中の非営利団体での仕事も楽しくなってきた。人から頼られるとすごくやる気が高まってくる性格で非営利団体でも色々なことを任されて充実感がある。仕事も広がり見えてくる世界が変わってきたと活躍するフィールドが拡大する途上にある。

(ⅲ) C氏（図3-12）

C氏は研究者や留学生の多い先進的な街で育ち，外国との交流が感覚的に近かったと言う。サッカーが好きでワールドカップを観て海外を身近に感じていた。小学生時代のサッカーの指導者は非常に教育的でサッカー選手である前に一人の人間であるという考えが根底にあった。挨拶ができなかったり，礼儀を重んじないと，試合に出られなかった。父親は研究者で海外出張も多く，趣味を活かした

ワーク・ライフ・バランス：					
	会社生活	家庭生活	社会生活	学習生活	自分生活
現実	30%	0%	40%	10%	20%
理想	30%	0%	40%	10%	20%
GAP	±0%	±0%	±0%	±0%	±0%
自己実現	3位	4位	1位	5位	2位

働くタイプ：人間関係型：よりよい人間関係の中で働きたい
人生の意義：社会志向，挑戦志向，垂範志向，享楽志向
ボランティア経験：頻発的・継続的
ボランティアの分野：自然・環境，国際交流・国際協力，災害・救援活動，教育・学習，芸術・文化，子供・青少年育成
ボランティアを通じて学んだこと：社会貢献の精神，色々な人と共に生きる喜び，正義感や公平さ，生命や人権の尊重，自然や環境の大切さ，美しいものに感動する心，国際的視点，価値観の多様性，働く意味，社会の現状，行動することの大切さ，ボランティアの存在，共生社会のあり方，年齢・性別・国籍などを超えたニュートラルな人間関係の築き方
ボランティアを通じて高まった資質・能力：コミュニケーション力，自己表現力，考える力，学ぶ力，生きる力，マネジメント力，行動力，忍耐力，決断力，課題設定力，問題解決力，役割を理解する力，積極性，人間性，創造性，感受性，責任感，きちんとした批判精神，幅広い視野，その他
ボランティアの影響：人生のバランス感，人生観・価値観，自己実現観，自己観，人間関係，職業観，職業選択，人間観，世界観・社会観，自然観，その他
ボランティア経験がキャリア（＝生き方）に与えた影響：前職も今の仕事もボランティアの関係の人からの紹介です。世代・性別・国籍などを超えた付き合いができるようになったことは，社会人になってもかけがいのないものです。時間があるときにどんどんボランティアやNPOに関わるといいと思う。（傍点は筆者）

図3-12 C氏のアンケート結果

研究活動も実践していた。母親は専業主婦から政治家になり，選挙活動ではボランティアに支えられていた。小学校5年のときの担任の先生が「君たちは世の中に出るとリーダーシップを取る人間」になるのだと繰り返し聞かされた。エネルギーに溢れた先生でぐいぐい惹き付ける魅力があった。ずっと記憶の底に沈んでいたが今思うとあの言葉はいい言葉であったと思う。

　大学時代の友人から「向いていると思うけどどう」と誘われたことをきっかけに国際英語協力のボランティアに参加した。海外への志向性があり面白そうだと

第3章　新たな行動思考様式の誕生

直感的に思った。もともと子供が好きで人間全般に興味があった。年齢に拘わらず色々な人と話をしたりするのが好きだった。ボランティアでは世界中の子供たちと一緒にキャンプをし，ゲームをしたり，ディスカッションを通じて，お互いの違いを受容していった。

就職活動はほとんどしなかった。一般的な会社と呼ばれる組織に所属して何かをやるというイメージはなかった。よくわからないが仕方がないから働いてみようという程度であった。ある会社の人事の方はとても評価してくれた。これは嬉しいなと思ったのが「社長面接に行くか行かないか，君が決めてくれ」と言われ意気に感じた。結局ボランティア仲間の縁で海外と関わりのある会社に就職した。責任を持たされ海外に行かせてもらったが，この活動が社会を良くしているのか，わからない部分があり，転職した。人材，最後はそこに尽きると思う。わかればわかるほど，行き着くところは人である教育であるというのが現状の自分の結論である。

仕事とボランティアの両立について「実はワーク・ライフ・バランスという言葉は好きではない。自分で勝手に作った造語であるが，よく公私混同するなと言われるが，公私合一したい」と思う。お互いがより良い人生の役に立つのであれば，仕事だろうがボランティアであろうが関係ないだろうというのが根本的にある。ボランティアのおかげで今があると感じている。ボランティアはその場自体がニュートラルな関係になる。ボランティアを通じて責任感を持ち，真剣に考えるという経験を通して成長がある。よいものを残して次世代に引き継ぐのが使命であると，個人の社会的役割を強く意識している。

(iv) Dさん (図3-13)

Dさんは中学2年生のときにたまたま入ったクラブ活動でボランティアに出会った。先生が熱心で，貧困や戦争などしっかりメッセージとして伝える一方，文化祭では地道な寄付活動を実践した。高校生になり進路を考えるに当たりその時の充実感を思い出し，福祉を学ぼうと考え，福祉を学ぶならアメリカであるという進学雑誌の記事に感化された。社会が好きで英語は嫌いだったが新し物好きであった。母親は決めるときは決めないと駄目だとサポートしてくれた。父親は実直な仕事人であった。

アメリカでは猛勉強した。朝の5時に起きて，夜の2時に寝て，3時間しか寝

ワーク・ライフ・バランス：

	会社生活	家庭生活	社会生活	学習生活	自分生活
現実	45%	35%	5%	10%	5%
理想	40%	40%	5%	10%	5%
GAP	+5%	▲5%	±0%	±0%	±0%
自己実現	1位	2位	4位	3位	5位

働くタイプ：自己成長型：仕事を通じて成長したい
人生の意義：社会志向，創造志向，挑戦志向，垂範？志向，享楽志向
ボランティア経験：頻発的・継続的
ボランティアの分野：国際交流・国際協力，高齢者福祉，子供・青少年育成
ボランティアを通じて学んだこと：社会貢献の精神，社会の真実を見つめる心，他人を思いやる心，自己成長，美しいものに感動する心，価値観の多様性
ボランティアを通じて高まった資質・能力：学ぶ力，生きる力，マネジメント力，問題解決力
ボランティアの影響：人生観・価値観，自己実現観，世界観・社会観
ボランティア経験がキャリア（＝生き方）に与えた影響：ボランティアを通じて人のためというよりは，自分を見直す機会を提供してくれている。「なぜ自分はこれを持っているのに，相手はないのだろう」という素朴な質問を自問自答していく中で，気づくことが多い。また今仕事が非営利団体ということもあり，ボランティア＝キャリアとなっている。またマネジメントが中心のポジションにいるため，一般企業で必要とされるスキルを学ぶ必要性が高い。仕事を通じてそのスキルアップしていることも，やりがいの一つである。(傍点は筆者)

図3-13　Dさんのアンケート結果

なかった。折角アメリカに来たのだからやらなければいけないと思った。授業で学ぶことも多かったが，インターンやボランティアを通じてネットワークの大切さを学んだ。社会を変えるためには一人ではできないので，ネットワークを構築していくことの重要性を痛感した。卒業後は大学の学生課で1年間勤務した。今度は国際協力を学ぶために大学院に進学した。とにかく外で行動せよという行動・実践型の教育を徹底的に受けた。生き延びるとはどういうことかを体感させるプログラムも多かった。海外で仕事をするとハプニングもあるが，知恵を絞ってまずは生きていく。いい仕事をするには，如何なる状況下でもベストを尽くす必要がある。だんだんと逞しくなった。

国際協力のジレンマは広い世界のどこで何をやるかである。たまたまアジアン

第3章 新たな行動思考様式の誕生

ワーク・ライフ・バランス：					
	会社生活	家庭生活	社会生活	学習生活	自分生活
現実	33%	32%	5%	20%	10%
理想	25%	25%	5%	25%	20%
GAP	+8%	+7%	±0%	▲5%	▲10%
自己実現	1位	2位	3位	4位	5位

働くタイプ：自己成長型：仕事を通じて成長したい
人生の意義：貢献志向，挑戦志向，垂範？　志向，成長志向，充実志向
ボランティア経験：単発的・偶発的
ボランティアの分野：国際交流・国際協力，高齢者福祉，障害者福祉，スポーツ・レクリエーション，子供・青少年育成
ボランティアを通じて学んだこと：他人を思いやる心，自己実現の喜び，自己成長，色々な人と共に生きる喜び，正義感や公平さ，生命や人権の尊重，美しいものに感動する心，国際的視点，価値観の多様性，働く意味，行動することの大切さ
ボランティアを通じて高まった資質・能力：コミュニケーション力，行動力，忍耐力，問題解決力，役割を理解する力，人間性，感受性
ボランティアの影響：人生のバランス感，人生観・価値観，自己実現観，自己観，人間関係
ボランティア経験がキャリア（＝生き方）に与えた影響：今まで色々なボランティアをやってきたので，正直その場所ごとに自分に与えてきた影響は違うと思う。全体に通して言える部分としては，やはり「自己実現」という部分である。ボランティア活動を通して，考えて悩んで成長してきた部分が大きいと今は感じている。現在社会人として仕事をしているが，正直仕事に対する姿勢というものは，ボランティアの時との違いはない。どちらが一生懸命にやっていたという事もないし，ボランティアであろうとなかろうと「その場でできる事を精一杯悔いのないように実施する」という基本はいつも変えずにやってきたつもりである。そして，「今の自分に足りない部分」を具体的に考えて，改善している部分も今と変わらない。通常の会社員であっても，ボランティア職員であっても，やっぱり考えている人は考えているし，周りを巻き込める人は巻き込める。そうでない人は，どこの場所でも同じだと思う。（傍点は筆者）

図3-14　E氏のアンケート結果

の留学生と出会って親しくしていたが，家族が病気で帰国を余儀なくされた。それをきっかけにカンボジアのことをとことん知りたいと研究に邁進した。友人が幼少時に難民キャンプで関わったアジアのNGOにインターンでも行くことになった。そのNGOが自国の文化や言語を大事にしていることにも共感した。結

表3-13 ワーク・ライフ・バランス

	会社生活	家庭生活	社会生活	学習生活	自分生活
現実	27.2%	21.4%	20.4%	15.2%	15.8%
理想	26.0%	23.0%	17.0%	17.0%	17.0%
GAP	+1.2%	▲1.6%	+3.4%	▲1.8%	▲1.2%

表3-14 人生の意義

	Aさん	Bさん	C氏	Dさん	Eさん	ポイント
貢献志向	○	○	○	○	—	4
挑戦志向	○	—	○	○	—	4
成長志向	○	○	—	—	○	3
充実志向	○	○	—	—	○	3
奉仕志向	—	○	—	—	○	2
垂範志向	—	—	○	○	—	2
享楽志向	—	○	○	—	—	2
専門志向	○	—	—	—	—	1
創造志向	—	—	—	○	—	1

局の大学院卒業後もそのままアジアの NGO に勤務（現在は日本勤務）することになった。Dさんにとっては働くことと国際協力は同義語である。

働くことと社会的活動が一緒であるが，習慣的に外に出て行くようにしており，勉強会やセミナーを積極的に受講している。日々の出会いから気づきが生まれる。自称「成長マニア」でフットワークが軽く，好奇心旺盛な行動派である。

（ⅴ）E氏（図3-14）

高校時代に運動部で部長を務め部員に働きかけて結果を出すことを通じて人のために尽くすことが自分の成長につながった。サラリーマンは机に向かうイメージで，自分は対人職がいいと考え，福祉の学校に進んだ。水泳部の先生は色々な経験をさせたかったのか地域の活動の手伝いもさせられた。

アルバイトやスポーツのインストラクターが楽しかったので学校には注力しなかったが，実習は楽しかった。学校を辞めて現場に行こうとも思ったが，先生から辞めたら何も残らないと指導された。卒業後は就職をせずに，1年間のボラン

第 **3** 章　新たな行動思考様式の誕生

表 3 - 15　ボランティア経験

	Aさん	Bさん	C氏	Dさん	E氏	ポイント
頻発的・継続的	○	○	○	○	―	4
単発的・偶発的	―	―	―	―	○	1

表 3 - 16　ボランティアの分野

	Aさん	Bさん	C氏	Dさん	E氏	ポイント
国際交流・国際協力	○	―	○	○	○	4
子供・青少年育成	―	○	○	○	○	4
教育・学習	○	○	○	―	―	3
高齢者福祉	―	―	―	○	○	2
災害・救援活動	○	―	○	―	―	2
人権擁護・平和推進	○	○	―	―	―	2
障害者福祉	―	―	―	―	○	1
スポーツ・レク	―	―	―	―	○	1
自然・環境	―	―	○	―	―	1
芸術・文化	―	―	○	―	―	1
地域・街づくり	○	―	―	―	―	1

表 3 - 17　ボランティア体験

	ボランティア経験
Aさん	中高での奉仕活動，海外の子供達の教育支援，国際関係の雑誌販売
Bさん	日本在住の外国人の子供支援
C氏	子供による国際英語協力，健康福祉
Dさん	中学のボランティアクラブ，難民支援
E氏	フリースクール，不登校の子供のワークキャンプ

　ティアに応募し，フリースクールに派遣された。1年間ボランティアの同期は60人で，色々な経験，色々な価値観の人達との出会いに大いに感化された。
　フリースクールでは，一つ屋根の下で暮らしながら，規則正しい生活を送った。朝起きて，昼は作業し生活する力を養った。地域とのかかわりもあった。生活の

表3-18 ボランティアを通じて学んだこと

	Aさん	Bさん	C氏	Dさん	E氏	ポイント
価値観の多様性	○	○	○	○	○	5
生命や人権の尊重	○	○	○	—	○	4
自己成長	○	—	—	○	○	3
正義感や公平さ	—	○	○	—	○	3
社会の真実を見つめる心	○	○	—	○	—	3
美しいものに感動する心	—	—	○	○	○	3
社会の現状	○	○	○	—	—	3
行動することの大切さ	○	—	○	—	○	3
社会貢献の精神	—	—	○	○	—	2
他人を思いやる心	—	—	—	○	○	2
共生社会のあり方	○	○	—	—	—	2
色々な人と共に生きる喜び	—	—	○	—	○	2
国際的視点	—	—	○	—	○	2
働く意味	—	—	○	—	○	2
自己実現の喜び	—	—	—	—	○	1
ボランティアの存在	—	—	○	—	—	1
その他	—	—	○	—	—	1

リズムが身につき社会的なルールも会得し，子供が変わっていく姿を目の当たりにした。当初は居心地の悪さを感じていたが，自分の居心地が悪いと子供達にも気持ちが伝わらないと諭され，だんだん楽しくなっていった。ひきこもりの子と夜明けまで無言で過ごしたことがあったが，その子に「ありがとう」と言われ，話すことだけがコミュニケーションではないと学んだ。1年が経過し全国に散らばっていった同期と再会したが，これから先のことが明確になり，積極的になっていた。

次いで，不登校の子供をワークキャンプに連れて行くNPOの専従スタッフになった。いきなり海外のキャンプに行くと短期間で子供たちが変わることに衝撃を受けた。海外では言葉はできなくとも何かは通じることを学んだ。NPOでは早朝に起床し土方をしながら働き，夕方戻って語り合った。やりがいや成長は実

表3-19 ボランティアを通じて高まった資質・能力

	Aさん	Bさん	C氏	Dさん	E氏	ポイント
学ぶ力	○	○	○	○	—	4
行動力	○	○	○	—	○	4
問題解決力	—	○	○	○	○	4
生きる力	○	—	○	○	—	3
コミュニケーション力	—	○	○	—	○	3
考える力	○	○	○	—	—	3
積極性	○	○	○	—	—	3
役割を理解する力	—	○	○	○	—	3
マネジメント力	—	○	○	○	—	3
幅広い視野	○	—	○	○	—	3
忍耐力	—	○	○	—	○	3
責任感	○	○	○	—	—	3
感受性	—	—	○	—	○	2
決断力	—	○	○	—	—	2
課題設定力	—	○	○	—	—	2
人間性	—	—	○	—	○	2
きちんとした批判精神	—	○	○	—	—	2
自己表現力	—	—	○	—	—	1
創造性	—	—	○	—	—	1
その他	—	—	○	—	—	1

感していたが，社会に出ていないことが気になった。会社には長くいないでいずれ戻ってくるが，社会に出てみようと思った。

　折角ならつらい仕事をしてみようと"アポなしピンポン"のセールスのある会社に勤めた。最初はまったく売れずに悩んだが先輩に，水泳のインストラクター同様に売り込みではなく教えてあげるのだと示唆され開眼した。やがて研修担当になり，今は会社中心の生活である。会社のCSR活動を通じてNPOとの架け橋になれたら嬉しい。これまでも出会いがすべてと言っても過言ではない。思いやりや成長そして自己実現はボランティアにも会社にもあると，ボランティア一

表3-20 ボランティアの影響

	Aさん	Bさん	C氏	Dさん	E氏	
人生観・価値観	—	○	○	○	○	4
人生のバランス感	○	○	○	—	○	4
自己実現観	—	○	○	○	○	4
自己観	○	○	○	—	○	4
世界観・社会観	○	○	○	○	—	4
人間観	○	○	○	—	—	3
職業観	○	○	○	—	—	3
職業選択	○	○	○	—	—	3
人間関係	—	—	○	—	○	2
自然観	—	—	○	—	—	1
その他	—	—	○	—	—	1

表3-21 バランスのとれた社会化した自己実現人の形成過程

要素	形成過程
仕事	人材教育の大切さ（C氏）／人の成長の支援（E氏）
家庭	留学への理解（Aさん）／正義観のある家庭（Bさん）／公私合一の実践（C氏）／実直な親（Dさん）／決断を後押ししてくれた親（Dさん）
社会	ボランティアの楽しさ（Aさん）／外国人の子供の支援ボランティア（Bさん）／国際英語協力のボランティア（C氏）／中学でのボランティア体験（Dさん）／フリースクールでの1年間のボランティア（E氏）／海外キャンプのNPO（E氏）
学習	奉仕活動に熱心な学校（Aさん）／社外勉強会（Aさん）／通信過程（Aさん）／社会人大学院（Aさん）／米国短期留学（Bさん）／米国大学（Dさん）／米国大学院（Dさん）
自分	サッカー（C氏）／アジアの友人との出会い（Dさん）／成長マニア（Dさん）／水泳（E氏）

色の生活から会社生活に転化しているが軸は一貫している。

(3) まとめ

「バランスのとれた社会化した自己実現人」モデルに該当する実在の人達のアンケート調査およびインタビュー調査を通じて次のような知見を得た。

一人ひとりの価値観や置かれている環境が異なるのでワーク・ライフ・バラン

第3章 新たな行動思考様式の誕生

表3-22 ボランティア経験が生き方に与えた影響

Aさん	ボランティア活動をすること＝社会生活を送る上でそれは当然のこと。私にとっての社会人とは「社会をよりよい方向へ動かす力」であり，仕事と社会への還元は切り離すことができないものである。
Bさん	ボランティア活動への参加により①社会問題の存在への認知，②社会・人を見る視点を得ると同時に，そのような社会問題は社会構成員全体で対応しなくてはならないと考えるに至った。
C氏	世代・性別・国籍などを超えた付き合いができるようになったことは，社会人になってもかけがいのないものである。時間があるときにどんどんボランティアやNPOに関わるといいと思う。
Dさん	ボランティアを通じて人のためというよりは，自分を見直す機会を提供してくれている。「なぜ自分はこれを持っているのに，相手はないのだろう」という素朴な質問を自問自答していく中で，気づくことが多い。また今仕事が非営利団体ということもあり，ボランティア＝キャリアとなっている。
E氏	今まで色々なボランティアをやってきたので，正直その場所ごとに自分に与えてきた影響は違うと思う。全体に通して言える部分としては，やはり「自己実現」という部分である。ボランティア活動を通して，考えて悩んで成長してきた部分が大きいと今は感じている。仕事であろうとボランティアであろうと「その場でできる事を精一杯悔いのないように実施する」という基本はいつも変えずにやってきたつもりである。そして，「今の自分に足りない部分」を具体的に考えて，改善している部分も変わらない。

スにはバラツキがあるが，社会生活に対するコミットメントが高い。理想17.0%に対して現実20.4%（＋3.4%）は，全体の理想9.6%に対する現実6.5%（▲3.2%），タイプZの理想11.0%に対する現実8.5%（▲2.5%）を絶対値で凌駕し，GAPも現実が理想を上回った（表3-13）。

人生の意義としては，貢献志向と挑戦志向が高く，成長志向と充実志向が続いている。インタビュー調査からも，社会貢献自体をとりたて特別視せずむしろ当たり前のこととして受容しているすがすがしさが印象に残った。好奇心旺盛で積極的に行動していく姿勢も各人に共通していた（表3-14）。

5人はボランティア経験が豊富であった。関わり方は様々であるが，ボランティアが人生を変えたと思われる事例が多かった。特に，ボランティアの指導者や主催者が情熱的で魅力的な場合に大きな感化を受けており，単にボランティア経験だけでなく志の高い人との出会いと合わさることによって効果は倍加する。

ボランティア経験は即座に影響を及ぼすのではなく，挫折体験や自己の変容によって深化していく（表3－15）。

　5人のボランティアの分野は様々であったが，比較的国際交流・国際協力や子供・青少年育成が多かった。異なる文化や世代との交流が啓発を与えていた（表3－16，表3－17）。

　ボランティアを通じて学んだこととして「価値観の多様性」を全員が掲げている。これまで自分が生きてきた世界と異なる文化や世代と出会い，多様な価値観の存在を体得していく。「生命や人権の尊重」が続くが，政治的・社会的な弱者を支援するボランティアが多く人権意識に目覚めることを示唆している（表3－18）。

　ボランティアを通じて高まった資質・能力としては「学ぶ力」「行動力」「問題解決力」が多かった。問題を感知し，行動し，解決していくという確かなプロセスを想起させる。インタビューした5人は，ボランティアに受身で参加するのではなく，感受性豊かで社会的課題を解決していくために能動的に行動していく性向が顕著である。続く「生きる力」「考える力」「コミュニケーション力」「マネジメント力」「役割を理解する力」「忍耐力」「責任感」は，人間が生活をしていく上での基礎的能力である（表3－19）。

　ボランティア経験が与えた影響としては，「世界観・社会観（世界や社会の見方）」「自己観（自己についての意識）」「自己実現観（自己実現についての意識）」「人生（職業・家庭・社会・学習・自分）のバランス感」「人生観・価値観」を掲げる人が多かった。世界や社会の見方が変わり，自己についての意識が変わり，自己実現の意識が変わり，人生のバランス感が変わる。改めてボランティアは「生き方の探求行為」であることを痛感させられる（表3－20）。

　「バランスのとれた社会化した自己実現人」の溌剌とした人生観はどのように形成されていくのか。一人ひとりが様々な体験を積み重ね，試行錯誤を繰り返しながらも着実に成長している。人生観の形成に関わる要素は奇しくもキャリア5元論の「仕事」「家庭」「社会」「学習」「自分」に散りばめられていることを再確認した（表3－21）。

　ボランティア経験がなくてはならない存在感を有している。国際交流・国際協力や子供・青少年育成など社会的な課題が山積している領域でのボランティア経

験を通じて世界観・社会観が変わり，ボランティアを通じて異世代で多様な価値観を有する情熱に溢れた魅力的な人々から大いに感化される。挫折体験を乗り越えて成長し，感謝されることで自己が変容し，自分自身の存在意義を再確認する。そうして目指すべき自己実現に向けてよりよいワーク・ライフ・バランスを主体的に調整・修正していく。「バランスのとれた社会化した自己実現人」の形成過程の中でボランティアは重要な役割を果たしていると実感した（表3-22）。

6 価値観やボランティア経験の影響

　本章では企業人の豊かで充実した行動思考様式を探求した。
　第1に，「市民性に支えられた主体的職業人」「社会化した自己実現人」「自己実現至上主義」という先行研究を概観した。
　第2に，現代社会のパラダイム転換を促し，21世紀社会をダイナミックに創造していくための行動思考様式として「バランスのとれた社会化した自己実現人」モデルを提唱した。
　第3に，「バランスのとれた社会化した自己実現人」モデルの存在を実証するためにアンケート調査を実施した。その結果，512名中57名の11.1％が該当した。「バランスのとれた社会化した自己実現人」の特質として，①人生の意義として社会志向・充実志向・成長志向・挑戦志向が強いこと，②会社生活へのコミットメントが高いこと，③ボランティア経験比率が高いこと，が明らかになった。性別・世代という属性や家族構成，勤務先の規模よりも，社会志向・充実志向・成長志向・挑戦志向という人生観，働くことや社会活動を重要視するという価値観，そしてボランティア経験という行動因子がその形成に比較的強い影響を与えていた。「バランスのとれた社会化した自己実現人」は会社生活にも一定のコミットメントを示しており，豊かで充実した行動思考様式を持った企業人が市民社会と企業社会の両立に寄与する可能性を示唆していた。
　第4に，一人ひとりのライフストーリーの文脈の中で「バランスのとれた社会化した自己実現人の形成過程をきめ細かく丁寧に捉え直していくためにインタビュー調査を実施した。インタビュー調査からも「バランスのとれた社会化した自己実現人」モデルの形成過程においてボランティア経験が重要な役割を果たし

ていることが明らかになった。国際交流・国際協力や子供・青少年育成など社会的な課題が山積している領域でのボランティア経験を通じて世界観・社会観が変わり，ボランティアを通じて異世代で多様な価値観を有する情熱に溢れた魅力的な人々から大いに感化される。挫折体験を乗り越えて成長し，感謝されることで自己が変容し，自分自身の存在意義を再確認する。そうして目指すべき自己実現に向けてよりよいワーク・ライフ・バランスを主体的に調整・修正していく事例を多く確認することができた。

　閉塞感ただよう現代社会のパラダイム転換を促し，21世紀社会をダイナミックに創造していく行動思考様式として「バランスのとれた社会化した自己実現人」を提唱したが，アンケート調査とインタビュー調査を通じて，その存在を実証し，社会志向・充実志向・成長志向・挑戦志向という人生観，働くことや社会活動を重要視するという価値観，そしてボランティア経験という行動因子がその形成に比較的強い影響を与えていることを明らかにした。

第4章
企業人のボランティア活動
――現状調査と分析――

1 ボランティア経験

『平成12年版 国民生活白書』では「ボランティアが深める好縁」をテーマに掲げている。ほぼ全文をボランティア活動に費やしている画期的なものである（興梠，2003：83）。冒頭に次のように書かれている。

> 日本でも，1995年の阪神・淡路大震災を契機に，ボランティア活動への関心が高まっている。これには歴史的な社会変化を感じさせるものがある。世界的に進行する知恵の社会への移行の中で，ボランティア活動が「次の時代」の基本的な人間関係を規定する主要な要因になる可能性がある。今年の国民生活白書が，ボランティア活動を主題として取り上げたのは，このような予感と問題意識を持ってのことだ（経済企画庁，2000：1）。

翌2001年は国連が提唱する「ボランティア国際年」であった。国連の問題意識は，第1に，社会，経済，文化，人道，平和構築の分野における優先課題に取り組むために，ボランティア活動がかつてなく必要とされていること，第2に，ボランティア活動をサービスとして提供するために，より多くの活動者が必要であること，である。そうした問題意識に基づいて，ボランティア国際年には4つの目的を掲げている。①ボランティアに関する理解を深めること，②ボランティア活動の環境整備，③ボランティアの情報交換に資するネットワークの構築，④ボランティア活動の促進である（経済企画庁，2000：10）。

ところで，ボランティア活動は女性では主婦，男性では定年退職者が多くを占

めるとされている[1]が、ボランティア活動を行っているのは主婦や定年退職者に限らない。『平成12年版　国民生活白書』でも、3番目の担い手として常勤雇用者を掲げている（経済企画庁，2000：15）。現代日本の雇用環境、経営環境、社会環境の変化の中で企業人の価値観や行動様式も多様化しており、会社組織と同化し、滅私奉公の精神で自分の生涯を捧げるこれまでの会社人間モデルが終焉し、新たに幅広い社会的ネットワークを構築しながら生きがい・成長・自己実現を求め、職業生活・家庭生活・社会生活・学習生活・自分生活の5つの生活の並立・充実に動機づけられ意思決定し自立的に行動する「バランスのとれた社会化した自己実現人」モデルが台頭している。

　企業人が、時間的には限られるかもしれないがボランティア活動に取り組み、その結果視野を広げ、生き方を問い直し、より豊かで充実した人生を送れるような21世紀社会を構築していくことができたら素晴らしいと考える[2]。本書で提唱する「バランスのとれた社会化した自己実現人モデル」を手がかりに、企業人を対象にボランティア経験の生き方への影響を探求するのが本章の狙いである。

2　ボランティア活動の意義

（1）ボランティアとは

　我が国ではこれまでボランティア[3]と言うと、何らかの困難を抱えている人達を助けてあげる篤志家たちの善意な行動という見方が一般的であった。しかし、1986年に設立された日本ボランティア学会によれば、「ボランティア活動とは、自ら行動し、相互主体的に考え、他者との共同性を求める生き方の探求行為である」とされている。我が国でも、弱者に施しをしてあげる行為ではなく、共に援け合うことで、互いに助けられ、癒され、生きていることの喜びを実感できる行為と考え活動する人が増えている（門脇，2001：285）。

（1）「ボランティアが深める好縁」をテーマとする「平成12年版　国民生活白書」ではその背景として、主婦については近所付き合いや子育てを通じて社会に参加する機会が多いこと、あるいは子育てが一段落して時間的に余裕が生まれた人が多いこと、主婦の高学歴化が進んでいること、社会参加意欲が高まっていること、定年退職者については、時間的に余裕ができたことのほかに、社会参加意欲が高まっていること、を挙げている。（経済企画庁，2000：16）

第4章 企業人のボランティア活動

　仁部はボランティアの特質を以下のように整理し,「自発性」「無償性」「社会性」が中心的な意味を持つと指摘した上で,ボランティア活動を「自発的で無償・無給の社会的活動」と定義している（表4－2）（仁部,2006:6-7）。
　長沼は「自発性」「無償性」「公共性」「先駆性」の4つの特性について表4－3,表4－4のように分析した上で,「ボランティア活動の概念形成では,個々

---

(2) 我が国のボランティア活動率を諸外国と比較すると,①アメリカ,イギリスに比べて低い,②特に30代前半までの若い世代で低い,という特徴がある（経済企画庁,2000:17）。企業人のボランティア活動への参加が進むと,アメリカやイギリスと比べて低いボランティア活動参加率が高まる可能性がある（表4－1）。

表4－1　ボランティア活動参加率

	米国 (1998年)	英国 (1997年)	日本 (1996年)	オランダ (1998年)	フランス (1996年)	ドイツ (1996年)	韓国 (1999年)
活動参加率	55.5%	48.0%	25.3%	24.0%	23.4%	18.0%〜16.0%	13.0%

出典：経済企画庁,2000年,『平成12年版　国民生活白書』,大蔵省印刷局 p.18 第1－1－10表

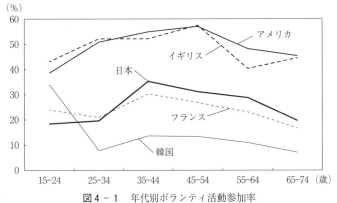

図4－1　年代別ボランティ活動参加率
出典：経済企画庁,2000年,『平成12年版　国民生活白書』,大蔵省印刷局 p.19 第1－1－11図

(3) 長沼はボランティアの定義の多義性を分析している。その結果,ボランティアの概念について以下のようにまとめている。
　①語源と特性を記述：「自由意志」または3つ又は4つの特性を挙げて説明
　②変容を記述：奉仕からボランティアへの言葉の移行,活動の広がりから概念の広がりへ
　③対立概念の共存と多様性：自発と強制,無償と有償,他者視点と自己実現など（長沼,2008：28,41-42）

表4-2 ボランティアの特質

生涯学習審議会の答申（1992年）にある「ボランティアの基本理念」	自発性	公共性	無償性	先駆性
中央社会福祉協議会の意見具申（1993年）にある「ボランティアの基本的性格」	自発性	公益性	無給性	創造性
東京ボランティア・市民活動センターボランティア活動の4原則	自発性 主体性	社会性 連帯性	無償性 無給性	創造性 開拓性 先駆性

出典：仁部智子，2006年，「若年者のボランティアとキャリア開発の関係」，法政大学政策科学研究所ワーキングペーパー 2006-1，p.6

表4-3 ボランティア活動の4特性の検討

	パラドックス	アンチテーゼ
自発性	自発的に関わった結果，つらい立場に立たされる	言われたことだけをやればいいという価値観に対する
無償性	無償であることを尊べば尊ぶほど一方的な活動になる	経済的価値に限定されている社会に対する
公共性	公共に存在する対立をそのまま持ち込む	公的なものと私的なものの区別に対する
先駆性	サービス型とアクション型が混在している	現状維持の価値観に対する

出典：長沼豊，2008年，『新しいボランティア学習の創造』，ミネルヴァ書房，p.57

の特性を保障する活動内容だけでなく，4特性の『適度な』バランスこそ重要である」（長沼，2008：60）と総括している。

　渥美は「ボランティアは，自発的に，無償で活動する」という表現の中に，新しい市民社会の担う主体としての自立した個人という理想像や自発的に社会貢献すべきという道徳観が持ち込まれることへの危惧を表明している。むしろ「ただ傍にいること」こそ大切であり，公共性のためとか，何らかの有用性を備えた手段でなく，それ自体が生の充溢であり歓喜であり，ボランティアには近代社会の価値を超えた新しい生のあり方が垣間見えると指摘している（渥美，2001：60-65）。

　西山はボランタリズム（voluntarism）を「個人の選択的意思に基づき，他者との連帯をめざす，人々の主体的・創造的・自律的な行為」と定義する。これまでの無償性・自発性・自己犠牲・アマチュアリズムなどの捉え方には懐疑的で，

表4-4 特性を制限した場合の名称例

	自発性	無償性	公共性	先駆性	名称例
【一つ欠けた場合】	○	○	○		奉仕活動
	○	○		○	自己啓発活動
	○		○	○	有償サービス活動
		○	○	○	社会貢献活動
【二つ欠けた場合】	○	○			趣味的活動
	○		○		アルバイト
	○			○	発明，研究活動
		○	○		動員型サービス，勤労奉仕
		○		○	勉強
			○	○	企業による経済活動
【二つが強調された場合】	◎	○	○	○	主体的活動
	○	◎	○	○	奉仕活動
	○	○	◎	○	社会貢献活動
	○	○	○	◎	市民運動・市民活動

出典：長沼豊，2008年，『新しいボランティア学習の創造』，ミネルヴァ書房，p.58

「他者との関わりのなかで，人間の「生」の固有性，そのかけがえのなさに徹底的にこだわる「支えあい」をさす概念」であるサブシステンス（subsistence）[4]という視座に着目している（西山：2007：ⅱ）。

　仁平は近年のボランティア活動の特徴として社会正義への意志ではなく，自己実現したい，自分探しをしたい，いろいろな世界を経験したい，という動機に基づくものが多く，すなわちサラリーマンや主婦や学生といった自分本来の役割では十分満たされていないことが背景にあると捉える。近代社会では自明性が喪失し，すべての意味が絶えず問い直される。人々に生きる意味や指針を与えてくれていたこれまでの伝統や慣習が疑問に付される。家族や学校や会社の良き一員で

（4）　サブシステンスは人間の存在や「かけがえのなさ」と深く関わり，人間の実存の次元における他者との「支えあい」という結びつきを捉える概念である。人間の存在に関わる根源的な営みであり，人間本来の実践としての「働き」を基盤として，他者との対話的な相互関係を捉える（西山：2007：38）。

あることが，よりよい生活や幸せにつながるという信頼が崩壊し，自分のアイデンティティが問い直され，現状の生活をただ維持することへの不安が生じる。そうした中で，日常生活とは別の世界，人間関係，価値観に触れることのできるボランティア活動が魅力的な選択肢として浮上してくると指摘する（仁平：2006：130-131）。

田中は自己と社会の循環的発展という観点から捉え，ボランティアは社会形成の活動によって発生する再帰的循環[5]や直接体験を通して，空間軸・時間軸における人々のつながり，自然のつながり，市民による地球・社会の刷新・運営などを高く評価する価値観を得て，そこから自らの世界観，ひいてはアイデンティティを獲得すると述べている（田中，2011：234-235）。

生の充溢や生の固有性という指摘，そして多様な価値観・人間関係との出会いによる既存の役割を超えたアイデンティティの再構築という視点から，まさに「生き方の探求行為」としてのボランティアの特質が浮き彫りにされる[6]。

（2）ボランティア経験の意義

ボランティア経験の意義についてはこれまで様々な調査がなされている。阪神・淡路大震災における災害ボランティア活動に関する調査によると，自己変革の達成よりも，人間性や社会，そして自然についての認識が改まったことを意義して挙げる人が多かった（表4-5）（高木・玉木，1996：28-29）。

学生ボランティア活動に関する調査によると，65％の学生が満足しており，満足の理由として，楽しかった，物の見方・考え方が広がった，友人・知人を得ることができた，が上位を占めている（表4-6）（日本学生支援機構，2006：3，15）。

勤労者のボランティア活動に関する調査によると，自分自身に及ぼすメリットや効果について，視野が広がる，地域社会への帰属度や関心が高まる，生きがい推進にプラスに働く，などが多く，仕事の面でもいい影響を与える，は少なかった（表4-7）（勤労者リフレッシュ事業振興財団，2003：21）。

（5） 活動成果からの反作用とそれを受けたボランティアの省察が循環的に連なっていくことをいう（田中，2011：234）。
（6） ボランティアが国家システムにとってコストも安上りで実効性も高い巧妙な動員に陥りかねない危険性を有していることを危惧する見解も存する（中野，2001：259）。

第4章　企業人のボランティア活動

表4－5　ボランティア経験による変化

n＝149（A），44（B）	救援ボランティア（A）	会員ボランティア（B）
人間性の認識変化	67.1%	72.7%
社会の認識変化	62.4%	75.0%
自然の認識変化	46.3%	63.6%
共感性を得た	24.2%	38.6%
責任感を得た	15.4%	18.2%
忍耐力を得た	5.4%	9.1%
その他	7.8%	4.5%
得たことなし	2.7%	2.3%

（注）救援ボランティア：ボランティア団体の呼びかけに応じたボランティア
　　　会員ボランティア：災害前から活動していたボランティア
出典：髙木修・玉木和歌子，1996年，「阪神・淡路大震災におけるボランティア」，『関西大学社会学部紀要28巻1号』所収，関西大学，p.29

表4－6　ボランティア活動の満足の理由

n＝473（2005年），296（1997年）	2005年	1997年
楽しかった	75.5%	（項目なし）
物の見方・考え方が広がった	66.6%	69.6%
友人や知人を得ることができた	56.0%	59.1%
人間性が豊かになった	42.3%	51.4%
知識や技能が身についた	42.1%	41.6%
生活に充実感ができた	38.7%	41.9%
相手から感謝された	36.2%	（項目なし）
思いやりの心が深まった	30.4%	37.8%
福祉や社会の課題に対する理解が深まった	25.4%	30.7%
地域の役に立った	23.0%	22.3%
困っている人の役に立った	20.1%	24.3%

（注）ボランティア活動に「満足している」と回答した学生の満足理由（2005年：全体730人中満足473人，1997年：全体521人中満足296人）
出典：日本学生支援機構，2006年，『学生ボランティア活動に関する調査報告書』，日本学生支援機構，p.15

表4-7 ボランティアのメリットや効果

n = 2753	
視野が広がる	66.9%
地域社会への帰属度や関心が高まる	46.4%
生きがい推進にプラスに働く	44.4%
発想が柔軟になる	30.4%
生涯学習の促進になる	25.4%
仕事の面でもいい影響を与える	14.7%

出典：勤労者リフレッシュ事業振興財団, 2003年,『平成14年度 勤労者のボランティアに関する意識調査 調査研究結果報告書』, 勤労者リフレッシュ事業振興財団, p.21

表4-8 高齢女性におけるボランティア活動の影響

n = 123（4つ以内）	
自分と違う考えが理解可能になった	52.8%
生活に張りができた	37.4%
経験を積み自信がわいた	29.1%
自分を客観視できるようになった	27.6%
意見をはっきり言えるようになった	22.8%
一生つきあえる友人ができた	21.1%
教養が高まった	13.8%
仕事がどんなものかわかった	12.6%
健康になった	7.9%
高齢期への恐れがなくなった	7.3%
若返った	5.7%
家族から苦情が出た	3.3%
活動が信用に繋がり就職した	2.4%
無理をして体調を崩した	2.4%
リハビリの効果があった	1.6%
その他	3.3%

出典：宮崎冴子, 2002年,「生涯学習・ボランティア活動に関する心理学的考察」,『東京経営短期大学紀要 第10巻 2002年3月』所収, 東京経営短期大学, p.47

表4-9　ボランティア経験の有無による学生の意識の相違

	ボランティア経験者	ボランティア未経験者
重要だと 考えるもの	豊かな人間性 新しい人との出会い 社会勉強	自分がやりたいことの発見 技術を身に付けること よりよい地域や社会 進学や就職
望む ライフスタイル	多くの人との交流がある生活 心身の健康な生活 何かを創り出している生活 自然に囲まれた生活	安定感のある生活 こだわりのある生活 優雅な生活
仕事を通して 実現して いきたいこと	自分自身が成長していきたい 人に喜んでもらいたい 日々充実感を味わってもらいたい	専門性を磨きたい

出典：粟屋仁美，2006，「就業とボランティアの関連性」，『比治山大学短期大学部紀要』所収，第41号，p.6，比治山大学

　高齢女性のボランティア活動に関する調査によると，自分と違う考えが理解可能になった，生活に張りができた，経験を積み自信がわいた，自分を客観視できるようになった，などが多く，精神的・社会的な自立を促進し生きがい作りに貢献している（表4-8）（宮崎，2002：46-47）。

（3）ボランティア経験の生き方への影響

　ボランティア経験の有無によって，人生観や価値観に違いが生じるであろうか。
　粟屋は学生を対象にした調査を通じてボランティア経験者と未経験者の考え方の相違点についてまとめている（表4-9）（粟屋，2006：6）。

　　ボランティア活動の経験者は生きることや人生に対し第三者への貢献を重んじ，自分自身に対しても高次元の成長を望んでいる。一方未経験者は効率性や合理性を重んじている。これは生まれつきの考え方の相異もあろうが，ボランティア活動の経験により，「行動力」「責任感」「積極性」「コミュニケーション力」「考える力」などが養成され，「他人を思いやる心」の重要性に気づき，「自己成長」を実感し，「ボランティア精神」や「公共

性や社会性の意識」,「生命や人権を尊重する心」,「人により価値観が違う」などを認識できるという意識改革がなされている。また未経験者はボランティア活動をしない理由に, 情報不足, 忙しさ, 自分の意思とのミスマッチをあげ, 強い要因が働かないと経験できない（粟屋, 2006：6-7）。

ボランティアに関わったことのある, あるいは関わろうとする学生には「人に喜んでもらいたい」を「仕事を通して実現していきたいこと」に望んでいる。ボランティアに関わったことがない学生は経済的な面を重んじている。ボランティアに関わる学生は自分以外の人の役に立つことを仕事を通して実現しようと考え, ボランティアに関わらない学生は経済的な充実を図ろうと考えている。このようにボランティア活動の経験がある学生とない学生では人間観, 人生観, 将来観に大きな差異があることがわかっている（粟屋, 2006：7）。

ボランティア活動は, 学生たちが日常通学している大学・短大とは存在を異にする場合が多いため, 多種多様な出会いがある。主催団体がどのような目的でどんな人が作ったのかを学生は把握する必要がある。この時点で社会性は育まれる。そして自分がボランティアとして関わる事業が何なのか, どのような意義があるのかを理解し, 自分の役割を明確にして取り組むことになる。「ボランティア活動をしよう」と行動した時点で主体性が目覚めていることに加え, アルバイトとは違うのだから指示待ち人間ではことが進まず, いっそうの行動力, 積極性が求められる。どんな人がどのように動いているか, 関わっているか全体像を把握し, 自分はどのように動き誰に相談したらよいかを見極める。価値観や社会的立場の相異する人たちと時間を共に過ごすことで, 視野が広がり, 人と連携することの難しさと重要性を体感する。人の役に立ちたいと考えて始めたボランティアであったが, 多くの人によって支えられ自分が助けられていることに気づく中で, 自尊感情・他人を思いやる気持ちが育まれる（粟屋, 2006：8）。

ボランティア経験者は, 成長志向・充実志向・関係志向が強く, ボランティア

第4章　企業人のボランティア活動

未経験者は専門志向・安定志向・経済志向が強い。

3　アンケート調査

(1) 調査目的

　先行研究は調査対象を学生に限定しているが，ボランティアは世代や立場を超えて実践できるものである。キャリアは職業選択に留まらず「働き方」や「生き方」につながる概念であり，働くことを主軸としつつボランティア活動に勤しんでいる企業人も多数存在することから，改めてボランティア経験の生き方への影響を考察するために調査を実施した。

(2) 調査方法

　調査は，2007年12月にWebアンケート調査によって行った。対象は東京都の企業在勤者で，我が国における労働者の分布に概ね準じて，男性：女性は3：2，20代から50代までの分布は均等とした。

　　①名称：企業人のキャリアとボランティアに関する意識調査
　　②実施期間：2007年12月21日〜25日
　　③対象：東京都の企業在勤者
　　④方法：gooリサーチを利用したWebアンケート調査
　　⑤有効回答数：512名

(3) 調査結果

(ⅰ) ボランティア経験

　約40%がボランティアを経験している。頻度別には「頻発的・継続的」が7%，「単発的・偶発的」が28%，「1回だけ」が4%であった。約60%が未経験者であるが，「経験ないが興味あり」が36%で，「経験ないし興味もなし」は25%であった（表4-10）。

(ⅱ) ボランティアからの学び

　全体として，「他人を思いやる心」が41%と圧倒的に多かった。次いで「ボランティア精神（28%）」「行動することの大切さ（27%）」「社会貢献の精神（23%）」

表4-10 ボランティア経験

【ボランティアの経験】これまでにボランティアの経験はありますか。

n＝512	人数	比率
頻発的・継続的にある	36	7.0%
単発的・偶発的にある	143	27.9%
1回だけある	22	4.3%
小計	201	39.3%
ないが興味はある	184	35.9%
ないし興味もない	127	24.8%
合計	512	100.0%

出典：安齋徹，2007年，「キャリアとボランティアに関する意識調査」

「自己成長（22%）」，さらには「色々な人と共に生きる喜び（20%）」「社会の現状（20%）」「ボランティアの存在（17%）」「価値観の多様性（15%）」が続いた。ボランティア活動の頻度によって，「行動することの大切さ」「色々な人と共に生きる喜び」「社会の現状」「ボランティアの存在」「価値観の多様性」「社会の真実を見つめる心」「共生社会のあり方」「自己実現の喜び」が高まっており，ボランティア経験を積み重ねることによって自分と社会を見つめ直し視野を広げていることが窺われる（表4-11）。

(ⅲ) ボランティアから習得したスキル

全体では，ボランティア経験者の3分の1が「コミュニケーション力（33%）」と回答し，以下「考える力（30%）」「行動力（29%）」「責任感（24%）」「幅広い視野（24%）」「人間性（22%）」「積極性（19%）」が続いた。ボランティア経験の頻度によって「コミュニケーション力」「責任感」「忍耐力」「役割を理解する力」「感受性」「生きる力」「自己表現力」「問題解決力」が高まっており，ボランティア経験を積み重ねることによって思考力・行動力・協働力を身につけていることが窺われる（表4-12）。

(ⅳ) ボランティアの影響

全体として，「人生観・価値観（32%）」と「人間観（31%）」が拮抗していた。以下，「人間関係（22%）」「ワーク・ライフ・バランス感[7]（21%）」「世界観・社会観（21%）」「自己観（19%）」が続き，「職業観（8%）」や「職業選択（7%）」

第4章 企業人のボランティア活動

表4-11 ボランティアを通じて学んだこと

【ボランティアを通じて学んだこと】ボランティアを通じて学んだことは何ですか。当てはまるものをすべてお答え下さい。

n=201 ◎=頻度に応じて増加	頻発的・継続的		単発的・偶発的		1回		合計	
	人数	比率	人数	比率	人数	比率	人数	比率
他人を思いやる心	13	36%	58	41%	11	50%	82	41%
ボランティア精神	10	28%	42	29%	5	23%	57	28%
◎行動することの大切さ	15	42%	35	24%	4	18%	54	27%
社会貢献の精神	9	25%	36	25%	2	9%	47	23%
自己成長	8	22%	36	25%	1	5%	45	22%
◎色々な人と共に生きる喜び	14	39%	23	16%	3	14%	40	20%
◎社会の現状	10	28%	28	20%	2	9%	40	20%
◎ボランティアの存在	9	25%	24	17%	2	9%	35	17%
◎価値観の多様性	10	28%	20	14%	1	5%	31	15%
◎社会の真実を見つめる心	6	17%	20	14%	2	9%	28	14%
生命や人権の尊重	10	28%	13	9%	5	23%	28	14%
自然や環境の大切さ	6	17%	15	10%	3	14%	24	12%
◎共生社会のあり方	7	19%	14	10%	2	9%	23	11%
◎自己実現の喜び	6	17%	14	10%	1	5%	21	10%
正義感や公平さ	2	6%	15	10%	1	5%	18	9%
◎国際的視点	5	14%	12	8%	1	5%	18	9%
美しいものに感動する心	3	8%	4	3%	2	9%	9	4%
◎働く意味	2	6%	7	5%	0	0%	9	4%
自尊感情	0	0%	4	3%	1	5%	5	2%
その他	1	3%	2	1%	0	0%	3	1%
人数	36	100%	143	100%	22	100%	201	100%

出典：安齋徹，2007年，「キャリアとボランティアに関する意識調査」

(7) 実際の調査では「人生バランス感」という表記であったが，本書全体の整合性の観点から「ワーク・ライフ・バランス感」とした。

表4-12 ボランティアを通じて高まった資質・能力

【ボランティアを通じて高まった資質・能力】ボランティアを通じて高まった資質・能力は何ですか。当てはまるものをすべてお答え下さい。

n＝201 ◎＝頻度に応じて増加	頻発的・継続的 人数	頻発的・継続的 比率	単発的・偶発的 人数	単発的・偶発的 比率	1回 人数	1回 比率	合計 人数	合計 比率
◎コミュニケーション力	20	56%	44	31%	3	14%	67	33%
考える力	19	53%	35	24%	7	32%	61	30%
行動力	9	25%	43	30%	7	32%	59	29%
◎責任感	10	28%	35	24%	4	18%	49	24%
幅広い視野	13	36%	30	21%	6	27%	49	24%
◎忍耐力	11	31%	33	23%	2	9%	46	23%
人間性	8	22%	35	24%	2	9%	45	22%
積極性	11	31%	24	17%	4	18%	39	19%
◎役割を理解する力	11	31%	24	17%	3	14%	38	19%
◎感受性	10	28%	23	16%	1	5%	34	17%
学ぶ力	4	11%	22	15%	3	14%	29	14%
◎生きる力	5	14%	16	11%	2	9%	23	11%
◎自己表現力	6	17%	14	10%	2	9%	22	11%
◎問題解決力	7	19%	13	9%	1	5%	21	10%
◎きちんとした批判精神	6	17%	11	8%	1	5%	18	9%
決断力	6	17%	8	6%	2	9%	16	8%
課題設定力	7	19%	5	3%	1	5%	13	6%
マネジメント力	8	22%	3	2%	1	5%	12	6%
創造性	1	3%	2	1%	1	5%	4	2%
その他	0	0%	4	3%	2	9%	6	3%
人数	36	100%	143	100%	22	100%	201	100%

出典：安齋徹,2007年,「キャリアとボランティアに関する意識調査」

は少なかった。ボランティア活動の頻度によって高まる項目は全体と概ね同様であるが各々の比率は格段に高まっており，ボランティア経験を積み重ねることによって見方・考え方や生き方の根幹に深く影響を与えていることが窺える。なお，頻発的・継続的なボランティア活動者の場合「職業選択」にも一定の影響（19%）

表4-13 ボランティアの影響

【ボランティアの影響】ボランティア経験はあなたのワーク・ライフ・バランス感，人生観・価値観や人間関係などに影響を与えましたか。当てはまるものをすべてお答え下さい。

n＝201	頻発的・継続的		単発的・偶発的		1回		合計	
◎頻度に応じて増加	人数	比率	人数	比率	人数	比率	人数	比率
◎人生観・価値観	14	39%	47	33%	4	18%	65	32%
◎人間観	15	42%	45	31%	3	14%	63	31%
◎人間関係	14	39%	28	20%	2	9%	44	22%
◎ワーク・ライフ・バランス感	12	33%	27	19%	4	18%	43	21%
◎世界観・社会観	15	42%	25	17%	2	9%	42	21%
◎自己観	12	33%	23	16%	4	18%	39	19%
◎自己実現観	9	25%	13	9%	1	5%	23	11%
自然観	1	3%	14	10%	3	14%	18	9%
職業観	3	8%	12	8%	1	5%	16	8%
◎職業選択	7	19%	6	4%	0	0%	13	6%
特になし	2	6%	31	22%	7	32%	40	20%
その他	0	0%	1	1%	0	0%	1	0%
人数	36	100%	143	100%	22	100%	201	100%

出典：安齋徹，2007年，「キャリアとボランティアに関する意識調査」

が認められた（表4-13）。

(v) ボランティア経験の生き方への影響

ボランティア経験が生定的な意見も存するものの，それぞれの人生を悔いなく生きることの大切さ，人のためにき方にどのような影響を与えたか，自由に記述してもらった。キャリアへの影響に否何かをすることの大切さ，自己中心でない生き方，心の豊かさ，謙虚さ，誠実さ，やさしさなどの「人生観・価値観」，人間の強さの実感，人間関係の広がり，コミュニケーション力などの「人間観・人間関係」，視野の広がり，複眼志向，社会との関わり，社会性などの「世界観・価値観」，仕事がすべてではないこと，所属する社会において仕事以外の役割をたくさんもつことによって強くなること，ワーク・ライフ・バランスの再考などの「人生のバランス感」，仕事に対する責任感などの「職業観・職業選択」をはじめ，大半はボランティア経験がキャリア（＝生き方）に好影響を与えているこ

表4-14 ボランティア経験の影響（自由記述）

ボランティア経験はあなたのキャリア（＝生き方）にどのような影響を与えましたか，自由に記述してください。
A．肯定的な意見
①人生観・価値観
「結婚など，人生において最も重要なことのいくつかがそれを通して影響を受けたと思う。学校や，会社で働いただけでは得られない何かはかなり得られたと思う」「人にはそれぞれの人生があり，人はそれを悔いのないように生きることが大切である」「生活の一部。自分の存在感を実感できる」「考え方に影響を与えたと思う」「魂を磨いてくれる」「今まで自分の利益の為になることしか考えられなかったが他人の為に何かをすることの大切さを学んだ。これから子を持ち親になっていくので人の為に何かできる子を育てて生きたい」「人のマイナス面を見るのではなく，プラスの面を見て学ぶこと。そして，見た目や先入観での偏見を捨て，どんな人とも一人の人間として誠実に接し，謙虚に人から学び，自分自身を豊かにすることで，社会貢献していける事を学んだ。様々な面で新しい気づきを与えてくれた」「常に社会貢献への意識を持つようになった」「多くの今まで接点のなかった人たちと知り合い，視野が広がるのと同時に社会の中の自分を見つめる良い機会になった」「やさしさ」「無償の行いということの潔さ」「自分を成長させ，相手も何かを感じる」「心の豊かさ」
②人間観・人間関係
「楽しく人と付き合い，積極性が高まった」「まわりを振り向く余裕ができた」「人との接し方について考えさせられた」「常に他者の存在を意識すること」「人間について考える力が人間関係の動かし方を学んだ」「違う分野の友人を得た」「人間とは実に弱く，小さなものであるという実感。それがゆえに日一日を充実させて生きなければという決意」「多くの今まで接点のなかった人たちと知り合い，視野が広がるのと同時に社会の中の自分を見つめる良い機会になった」「常に様々な人が様々な形で生きていることを強く認識できるようになった」「人種にこだわらないコミュニケーションが楽にできるようになった」「他人を思いやれるようになった。人の意見を聴けるようになった」「コミュニケーションをとるための勉強をはじめた」「色々な人がいることを実感させられました」「これからも人のためにかかわっていきたいと思った」「すべてにおいて自然・人とともに生きていること」「偏見が無くなったと思います」「障害者とは特別な人ではなく。交通事故などで，自分や家族も障碍者となる。その時に，動き始めるのではなく，今，関わり合う必要がある」「障害者との共生とは，相手が助けて欲しいときに助けられる社会的な理解だと思う。相手にもプライドがあり，助けてあげようなどというおごった考えは迷惑がられることもある」
③世界観・社会観
「一人で生きていけるわけではなく，社会といろいろな形で関わらざるを得ないのだということを再確認し，視野が広がった」「新しい視点で物事を見ることができるようになった。複眼思考ってやつですかね」「幅広い視野をもつことができるようになった」「社会性」「物の見方が変わった」「視野が広がった」「考え方を含めた視野の広げる事の重要性を学んだ」「広い意味で人間，社会を知ることが

できた」「国際的な分野への関心が高まった」「社会の仕組みについて多少は考えるようになった」「ニュースの見方が変わった」「物を考えるようになった」「普段触れることのないことなので，いろいろ考えさせられた」「郷土愛や愛国心についての認識・理解」「きちんと考えるようになった」
④人生のバランス感
「仕事がすべてではない。人間は人間の真のふれあいの中で学び，成長するものである」「自分は，所属する社会において，仕事以外の役割をたくさんもつことによって強くなる」「ライフ・ワーク・バランスについて再考した」「いろいろな選択肢を示唆した」「すべて同じ地位で社長も平社員もない公平感」
⑤職業観・職業選択
「中学時代にボランティアサークルに所属していました。内申書の点数稼ぎという邪な理由で入ったのですが，初めて老人ホーム訪問に行った時，あまりの環境の悪さに衝撃を受けました。現在建築関係の仕事をしていますが，あの時の経験が職業選択に大きな影響を与えたと思います」「仕事に対する責任感が増した」
B. 否定的な意見
「あまり影響はない」「キャリアには影響を与えていない」「小さい頃すぎて，あまり影響はなかった」「すがすがしさを感じたが，キャリアに影響を受けるほどではなかったように感じる」「自己中心的な人がますます嫌いになりました」

出典：安齋徹，2007年，「キャリアとボランティアに関する意識調査」

とを示唆していた（表4-14）。

4 ボランティア経験の生き方への影響

上記の調査から，ボランティア経験による生き方への影響をさらに分析してみたい。

（1）自己実現の達成度

自己実現の達成度はボランティア経験がある方が高く，未経験者の方が低い。ボランティア経験のある人の中でも，頻度に応じて自己実現の達成度が高くなる。特に頻発的・継続的なボランティア活動者の56％（「実現」と「やや実現」の合計）が自己実現を達成できていると回答している（図4-2）。

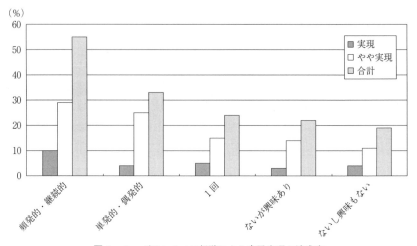

図4-2 ボランティア経験による自己実現の達成度
出典:安齋徹, 2007年,「キャリアとボランティアに関する意識調査」

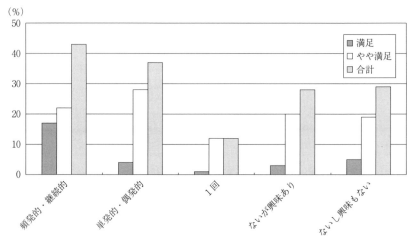

図4-3 ボランティア経験によるワーク・ライフ・バランスの満足度
出典:安齋徹, 2007年,「キャリアとボランティアに関する意識調査」

(2) ワーク・ライフ・バランスの満足度

ワーク・ライフ・バランスの満足度もボランティア経験があるほど高いという緩やかな傾向を示している。ボランティア経験のある人の中でも,頻度に応じて

ワーク・ライフ・バランスの満足度は高くなる。頻発的・継続的なボランティア活動者の44％，単発的・継続的なボランティア活動者の39％がワーク・ライフ・バランスに満足（「満足」と「やや満足」の合計）している。但し，1回の人の満足度は必ずしも高くない（図4-3）。

5　「触媒」としての強い影響

　本章では，企業人を対象にボランティア経験の生き方への影響を探求した。
　第1に，ボランティア活動の意義を確認した。様々な言説から，生の充溢や生の固有性という指摘，そして多様な価値観・人間関係との出会いによる既存の役割を超えたアイデンティティの再構築という視点から，まさに「生き方の探求行為」としてのボランティアの特質が浮き彫りにされた。では，ボランティア経験の有無によって人生観や価値観に違いが生じるであろうか。先行研究は学生を対象とした調査を通じてボランティア経験者は生きることや第三者への貢献を重んじ，自分自身に対しても高次元の成長を望んでいるが，一方未経験者は効率性や合理性を重んじていることを明らかにしていた。
　第2に，企業人を対象にアンケート調査を実施した。その結果，約4割がボランティアを経験していた。頻度別には「頻発的・継続的」が7％，「単発的・偶発的」が28％，「1回だけ」が4％であった。約6割が未経験者であったが，「経験ないが興味あり」が36％で，「経験ないし興味もなし」は25％であった。「ボランティア経験はあなたのワーク・ライフ・バランス，人生観・価値観や人間関係などに影響を与えましたか」という問いに対しては，ボランティア経験の頻度によって，「人生観・価値観」「人間観」「人間関係」「ワーク・ライフ・バランス」「世界観・社会観」「自己観」「自己実現感」に影響を与えており，ボランティア経験を積み重ねることによって見方・考え方や生き方の根幹に深く影響を与えていることが窺えた。
　第3に，ボランティア経験の生き方への影響を分析した。ボランティア経験のある人ほど自己実現の達成度が高くなっており，またボランティア経験のある人ほどワーク・ライフ・バランスの満足度が高くなっていた。
　企業人においても，まさに生き方の探求行為であるボランティアが，人生観・

価値観や人間観あるいは世界観・社会観などに変容を与え，自己実現の充実度やワーク・ライフ・バランスの満足度といった生き方の根幹にいわば「触媒」として深い影響を与えていることが確認された。

第5章
企業人の社会貢献意識の高まり
―――社会を変革する原動力となる可能性―――

1　社会貢献意識

　前章では，生き方の探求行為であるボランティアが，企業人の人生観・価値観や人間観あるいは世界観・価値観などに変容を与え，自己実現の充実度やワーク・ライフ・バランスの満足度といった生き方の根幹にいわば「触媒」として深い影響を与えていることを確認した。本章では，潮流として，企業人の間で社会貢献意識が高まっていることを明らかにし，その意義を考察する。

　「社会貢献意識」は，内閣府が実施する「社会意識に関する意識調査」の「あなたは，日頃，社会の一員として，何か社会のために役立ちたいと思っていますか」という設問に由来する。門脇は21世紀を迎えるに当たり，人間や社会への強い関心，あるべき社会をデザインする構想力，そうした社会を創り運営していく能力と意欲が求められているとした上で，社会を作り，運営し，変える力としての「社会力」[1]という概念を提言している（門脇，1999：61-71）。本書では「社会貢献意識の高まり」を「社会化」[2]と呼ぶこともあるが，筆者は「社会貢献意識」あるいは「社会化」を静態的な状態ではなく，動態的な行動を喚起するための意志や意欲と捉えている。

2　日本人の社会貢献意識の高まり

　長期的に日本人の社会貢献意識が高まっている（図5－2）。
　「社会意識に関する世論調査」によれば社会への貢献意識が高まっている。「あなたは，日頃，社会の一員として，何か社会のために役立ちたいと思っていますか

か。それとも，あまりそのようなことは考えていませんか」という問いに対して「思っている」と答えた人は1980年代の約4割から長期的に漸増し，2013年には7割近くにまで達している。

同じく「社会意識に関する世論調査」によれば社会志向が強まっている。「国や社会のことにもっと目を向けるべきだ」という意見と，「個人生活の充実をもっと重視すべきだ」という意見があるが，このうちどちらの意見に近いか聞いたところ，「国や社会のことにもっと目を向けるべきだ」と答えた人の割合が1980年代の約3割から長期的に漸増し2013年には5割以上にまで達している。

心の豊かさの重視も同様の傾向を示している。「国民生活に関する世論調査」によると「物質的にはある程度豊かになったので，これからは心の豊かさやゆとりのある生活をすることに重きをおきたい」という考えの人が長期的に増えてお

---

(1) 門脇は，「社会力」なる資質能力，すなわち人間が社会を形成し維持していく上で不可欠な資質能力は，社会的動物と言われる人間に先天的に備わっている訳ではなく，有形無形の教育によって育成・強化していくものである（門脇，2010：v）とし，社会力の豊かな人間の具体的なイメージを掲げている（門脇，2010：70）。

> 1．人間が大好きな人間
> 2．どんな人ともうまくいくコミュニケーションできる人間
> 3．他の人といい関係がつくれる人間
> 4．他の人と協力しながら物事を成し遂げることができる人間
> 5．他の人の身になり，立場に立って物事を考えられる人間
> 6．他の人を思いやれる人間
> 7．物事対して常に前向きに取り組もうとする人間
> 8．何事にも創意工夫を怠らぬ創造的な人間
> 9．自分も社会の一員であるという自覚がある人間
> 10．社会の運営に積極的に関わろうとする構えができている人間
> 11．自分の能力を活かし，家庭や地域や職場で自分の役割を果たせる人間
> 12．社会の改善や改革に積極的に関わろうとする意欲のある人間
> 13．広い視野から社会の動きや社会の動向を判断できる人間
> 14．自分の行動が他の人や社会の動向にどう影響するかを考えながら行動できる人間
> 15．人類社会の将来に常に思いを馳せながら行動できる人間

図5-1　社会力の豊かな人間のイメージ
出典：門脇厚司，2010年，『社会力を育てる──新しい「学び」の構想』，岩波書店，p.70

り，現在では約6割が賛同し，「まだまだ物質的な面で生活を豊かにすることに重きをおきたい」という人の倍に達している。

3　勤労における社会貢献意識の高まり

各種調査によると，働く目的として「社会のため」を掲げる人が多数ではないが，確実に伸長している（図5-3）。

内閣府が実施する「国民生活に関する世論調査」において「働く目的は何か」聞いたところ「お金を得るために働く」が圧倒的な1位で過半数を占め，以下「生きがいをみつけるために働く」「社会の一員として務めを果たすために働く」「自分の才能や能力を発揮するために働く」が続き，この順位はほとんど変動が

（2）　社会貢献意識の高まりを本書では「社会化」と呼ぶことがあるが，について付言しておく。広辞苑（第6版）によれば「社会化」とは，①諸個人間の相互作用により社会が形成される過程，②個人が集団や社会の成員として適合的な行動様式を習得する過程，③私的な形態から社会的・共同的な形態に変えること，を意味する。社会学で「社会化」とは「個人が誕生してから家庭や学校，職場，地域社会などでの生活を通じて言語や行動様式，価値規範といった文化を習得しつつ，地位・役割を獲得して集団や社会の成員となっていく人間形成の過程」をいう。従来の社会化研究は，成人期に至るまでの人生前半を対象としてきたが，今では人生後半も含めた生涯全体を対象としている。社会化が一生涯に及ぶ過程であると考えられるようなったのは，高齢化の進展と共に社会変動が加速化し現代人が長い生涯の間に転機に遭遇する可能性が増えたためである（今津，2005：164）。発達心理学では「個性化」と「社会化」という概念が用いられる。「独自性に富み自律的な人間として自己実現を目指して成長」してくことを「個性化」，「その属する集団・社会・文化の社会的規範となっている行動・態度・価値観を学習し社会的環境に対する十分な適応を図っていくこと，さらにはそれと共に社会を作り上げている一員として各自のパーソナリティの持ち味を活かして社会に対する責務を果たしていくこと」を「社会化」と呼ぶ。個性化と社会化は相互に影響し合うものであり，切り離して考えることはできないが，社会的存在としての発達を人間が遂げていく上では両者が統合して発達していくことが必要である（堂野・可知・中川，1989：5-6）。一定の社会の中で人間がどのように形成されていくか，を関心事とする教育社会学では「社会化」を「制度的価値ないし文化のパーソナリティへの内面化」と規定するが，山村は人間を受動的な立場に捉えるのではなく，「社会化」の機能を「生得的・原初的能力を活性化し，開発させることによって一般的能力を形成し，そこから人間を創造的・能動的なものへと形づくってゆく基礎を提供する」ものであると発展的に認識している（山村，2008：5, 11, 82）。社会化の多義性を認めつつ，本書では「社会化」を「社会のために役立ちたいと意識すること」という意味で使用する。換言すれば「社会への貢献意識」である。これは内閣府が実施する「社会意識に関する世論調査」の「あなたは，日頃，社会の一員として，何か社会のために役立ちたいと思っていますか」という設問に由来する。

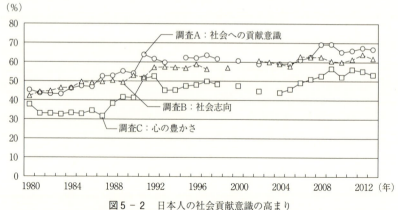

図5-2　日本人の社会貢献意識の高まり
出典：調査A：内閣府大臣官房政府広報室，2013年，「社会意識に関する世論調査」，表4-2（http://www8.cao.go.jp/survey/h24/h24-shakai/zh/h04-2.csv）（検索日：2013年8月18日）
調査B：内閣府大臣官房政府広報室，2013年，「社会意識に関する世論調査」，表3-2（http://www8.cao.go.jp/survey/h24/h24-shakai/zh/h03-2.csv）（検索日：2013年8月18日）
調査C：内閣府大臣官房政府広報室，2013年，「国民生活に関する世論調査」，表19-2（http://www8.cao.go.jp/survey/h25/h25-life/zh/h19-2.csv）（検索日：2013年8月18日）

ない。その中で「社会の一員として務めを果たすために働く」の比率が漸増している。

　同じく「国民生活に関する意識調査」において「どのような仕事が理想的だと思うか」聞いたところ「自分にとって楽しい仕事」「収入が安定している仕事」が1位・2位で、3位に「自分の専門知識や能力がいかせる仕事」、4位以下に「健康を損なう心配がない仕事」「世の中のためになる仕事」「失業の心配のない仕事」が続き、この順位はほとんど変動がない。その中で「世の中のためになる仕事」の比率が増えている。

　「新入社員　働くことの意識調査」によると、働く目的について近年「楽しい生活がしたい」が急増し、「経済的に豊かな生活を送りたい」「自分の能力をためす生き方をしたい」を凌駕している。一方で、「社会のために役に立ちたい」が少ないながらも順調に伸張している。

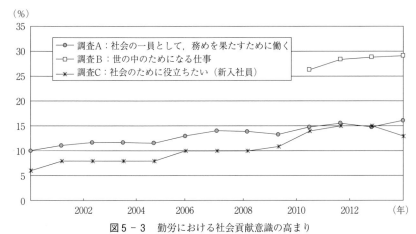

図 5 - 3　勤労における社会貢献意識の高まり

出典：調査 A：内閣府大臣官房政府広報室，2013年，「国民生活に関する世論調査」，表23 - 2（http://www8.cao.go.jp/survey/h25/h25-life/zh/h23-2.csv）（検索日：2013年 8 月18日）
調査 B：内閣府大臣官房政府広報室，2013年，「国民生活に関する世論調査」，表24 - 2（データは2010年から）（http://www8.cao.go.jp/survey/h25/h25-life/zh/h24-2.csv）（検索日：2013年 8 月18日）
調査 C：日本生産性本部・日本経済青年協議会，2013年，『平成25度新入社員「働くことの意識」調査報告書』，p.93

4　企業人の社会貢献意識の高まり

　筆者は以下のような「企業人のキャリアとボランティアに関する意識調査」を実施し，企業人の社会貢献意識の高まりを確認した。
　①名称：企業人のキャリアとボランティアに関する意識調査
　②実施期間：2007年12月21日〜25日
　③対象：東京都の企業在勤者
　④方法：goo リサーチを利用した Web アンケート調査
　⑤有効回答数：512名（表 5 - 1 ）
「社会の一員として何か社会の役に立ちたいと思っているか」を質問したところ，50％が「思っている」，43％が「あまり思っていない」，7 ％が「わからない」であった。
「社会や人のために活動することはどれくらい重要なことですか」を質問したところ，「最も重要（ 3 ％）」「重要（21％）」「やや重要（30％）」を加えると53％に

表5-1　回答者の世代・性別分布

n =512	20代	30代	40代	50代	合計
男性	74	75	79	80	308
女性	51	50	50	53	204
合計	125	125	129	133	512

出典：安齋徹，2007年，「キャリアとボランティアに関する意識調査」

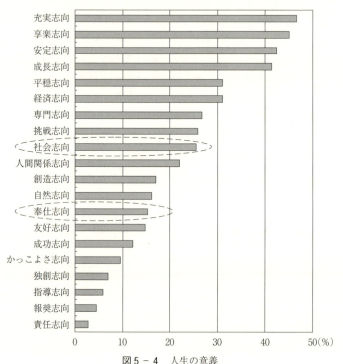

図5-4　人生の意義

出典：安齋徹，2007年，「キャリアとボランティアに関する意識調査」

達し，過半数が社会活動の重要性を認識していた。以下，「普通（35%）」「やや取るに足らないこと（6%）」「取るにたらないこと（4%）」「最も取るに足らないこと（1%）」であった。

「人生を通じて何を実現したいか（あてはまるものを5つまでお選び下さい）」を質問したところ，最上位には，充実志向（47%）・享楽志向（45%）・安定志向（42%）・

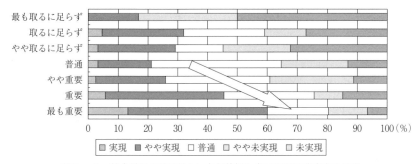

図5-5 社会活動の重要性という価値観と自己実現の達成度の関係
出典：安齋徹，2007年，「キャリアとボランティアに関する意識調査」

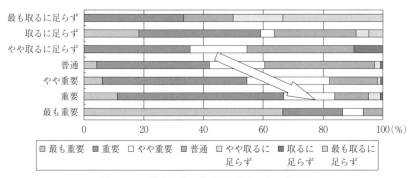

図5-6 社会活動の重要性と働くことの重要性
出典：安齋徹，2007年，「キャリアとボランティアに関する意識調査」

成長志向（42％）が並び，充実・成長という外向き志向と享楽・安定という内向き志向が交錯する。続くグループには経済志向（31％）・平穏志向（31％）・専門志向（27％）・挑戦志向（26％）・社会志向（26％）・人間関係志向（22％）が並ぶ。責任志向（3％）・報奨志向（3％）・指導志向（6％）はきわめて少なかった。「社会化」の指標となりうる「社会志向」は26％，「奉仕志向」は15％であった。最上位ではではないが人生の意義として確実に意識されている（図5-4）。

社会活動の重要性という価値観と自己実現の充実感をクロス分析したところ，社会活動を重要視する人の自己実現の達成度が高いという傾向が確認された（図5-5）。

調査では働くことの重要性も質問した。社会活動の重要性と働くことの重要性をクロス分析したところ，社会活動を重要視する人ほど働くことも重要視する傾向が

表5－2 生きていく上で重視すること

	家庭化ポイント	仕事化ポイント	社会化ポイント
2001年	156	47	23
2002年	158	48	21
2003年	164	53	23
2004年	163	51	23
2005年	170	46	25
2006年	170	47	26
2007年	183	43	27
2008年	181	40	27
2009年	174	42	32
2010年	178	40	30
2011年	176	43	39
2012年	180	45	35
2013年	156	43	26
2014年	173	46	30

出典：日本生産性本部・日本経済青年協議会，2014年，『平成26年度新入社員「働くことの意識」調査報告書』，p.111のデータを筆者が加工して作成

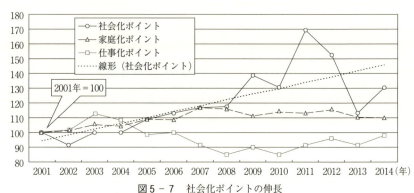

図5－7 社会化ポイントの伸長

出典：日本生産性本部・日本経済青年協議会，2014年，『平成26年度新入社員「働くことの意識」調査報告書』，p.111のデータを筆者が加工して作成

（3） 田村は「仕事中心」や「会社主義」の生活が反省されるが，それは労働や企業を軽視しアンチ労働，アンチ企業ということではない，と述べている（田村，2009：47）。

第5章　企業人の社会貢献意識の高まり

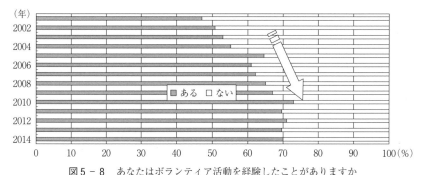

図5-8　あなたはボランティア活動を経験したことがありますか
出典：日本生産性本部・日本経済青年協議会，2014年，『平成26年度新入社員「働くことの意識」調査報告書』，p.107

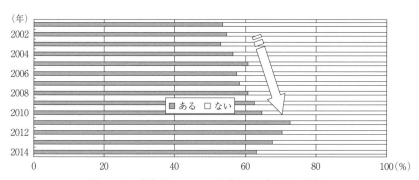

図5-9　今後ボランティア活動をしようと思いますか
出典：日本生産性本部・日本経済青年協議会，2014年，『平成26年度新入社員「働くことの意識」調査報告書』，p.107

窺われた（相関係数＝0.285859）。これは社会貢献意識が決して働く意欲を減殺している訳ではなく，社会貢献意識と勤労意欲は共存[3]しうることを示唆している（図5-6）。
　一方，「新入社員　働くことの意識調査」において，「生きていく上で重視すること」を質問しているが，「家族が幸せに暮らすこと」を「家庭化」，「仕事の面で成功すること」を「仕事化」，「社会や世の中に貢献すること」を「社会化」として，「1位のポイントは3倍＋2位のポイントは2倍＋3位のポイントは1倍」とポイント換算すると，仕事化ポイントが逓減し，家庭化ポイントと社会化ポイントが逓増している（表5-2）。さらに，2001年を基点に比べた場合，ここ数年の仕事化ポイントの低下と家庭化ポイントと社会化ポイントの増加という傾向が窺える。社会化ポイントは単年度では増減はあるものの長期的には伸長している（図5-7）。

同じく,「新入社員 働くことの意識調査」によるとボランティア活動の経験者は年々増加し,ボランティアへの参加意欲も漸増している(図5-8,図5-9)。
　このように,勤労における社会貢献意識の高まりはもとより,企業人個人の間で社会貢献意識が静かにしかも着実に高まっている。

5　企業人の社会貢献意識の高まりを捉える視座

(1) 共生社会における連帯

　近代科学技術文明は物的豊かさを追求する経済主義の思考と相まって我々に多くの恩恵をもたらしたが,他方で格差社会や環境破壊,地域コミュニティの破壊と精神および文化の退廃という弊害も露呈してきた。田村はそうした社会の趨勢の中で人間の生き方に関する人々の思考が次第に変化し,少なからぬ人々が自己実現を追及し「自分を大切にすることと,他人を大切にすることが別なことではない」という自覚が醸成され,温もりのある社会が希求され共生社会への展望が開けつつあると指摘している。「ゆとり・公平・連帯」の社会は「市場・行政・ボランティアの三位一体」の社会にほかならず,個人は社会と権利と義務の関係や友愛と連帯の感情で交わり,社会の構成員が公共性を重視し,かつお互いの個性を尊重する社会が目標とされる(田村,2009：i-ⅲ,44)。
　田村はさらに職場では仕事に,家庭では家庭生活に,余暇においては余暇活動に,そして地域では地域活動に没頭し,いずれの生活場面においても,その時々の最善を尽くすというメリハリのある総合的生活(ホリスティック・ライフ)を提唱している。トータルな存在である各人の総合性や個性がどの程度発揮されているかが豊かさや幸福の尺度であるとするならば,自然と文化,社会的公正と連帯を大切にするという本来的な人間性からして社会貢献意識は自然の営みであるといえる(田村,2009：48-49)。

(2) より善い社会に向けた公共性の目覚め

　我々は一日の大半を労働に費やしているが,今村によれば歴史的に古代においては蔑視されていた労働が,近代から現代にかけて徐々に肯定的なものに格上げされ,文明の価値基準が余暇から多忙へ無為から勤勉へと移行した。近代以降,

労働には喜びが内在し働くことが人間の本質であると考えられてきたが，現代の職業人は一方で自分の価値を他人に承認させて虚栄心を満足させる努力をしながら他方で虚栄心の充足が真実の人生の目的にならないとも感じている（今村（仁），1998：149，162-164，185））。

　今村（仁）は労働中心主義に疑問を呈し，善く生きるあるいは正しく生きるとはどういうことかを問い続けていくならば多忙な増殖の原理である勤勉労働の時間を限りなく縮小し，「善さと正しさ」を考える余裕（自由な時間）を創造しなければならないと指摘する。公共の事物を議論し決定し実行するために自由な時間が必要であり，公共的な世界を形成し活動的に生きることは社会貢献意識を高める（今村（仁），1998：161，192）。

　元来，経済は「世の中を治め，人々の苦しみを救う」という「経世済民」に由来し人々の生活全般に関わる大きな概念であり「人々共存の規範・原理」を意味する倫理と密接な関係にあった。山脇は個人を犠牲にして公に尽くす「滅私奉公」や公共性を無視して利己的に行動する「滅公奉私」に対し，個人を活かしつつ，人々の公共性を開花させ，政府の公を開いていく「活私開公」というライフスタイルを提言している。各自の自発性や信頼関係をベースに人間の幸福と社会の活性化を追求し「公正でより善い社会」の実現を目指していくという人間ビジョンは社会貢献意識の高まりに通じるものがある（山脇，2009：227，242-243）。

　今村（仁）も山脇もより善い社会に向けた公共性の目覚めとして社会貢献意識を位置づけている。

（3）地球市民としての責務

　市民とは自らが生きる社会のあり方・行き方を自ら決めていく人たちのことであり，この社会が，戦争・貧困・環境破壊・人口爆発・少子高齢化などもはや一国単位では解決できない問題を次々抱え込んで地球的規模で膨張していくとすれば，私たちは地球市民にならざるをえない（庄司，2009：5）。

　庄司は市民の，市民による，市民のための歴史と理論と現状認識と実践の学としての「地球市民学」を提唱しているが，個人が歴史の中で自分を振り返り，社会を的確に捉え，それらを踏まえた自らの生き様を通じて社会の主人公になっていくことを期待している。多くの人と交わり，仕事をして，NPOやNGOなど

の活動をして，仲間を増やして，地球市民社会を創造し発展させていく地球市民となっていく道程として社会貢献意識を捉えることができる（庄司，2009：143）。

（4）本来的な人間性からの希求

会社人間モデルの終焉に伴い企業人の働き方・生き方が多様化し，ボランティアの普及やNPO・NGOの活発化，介護問題や環境問題の露呈などの社会状況と連関して「企業人の社会化」が進行しているが，前述の田村・今村（仁）・山脇・庄司の言説からも，「社会化」は人間性本来の営みであるとの共通認識を痛感する。

社会のため，人のために行動することは人間行動の原初的な動機であり，「企業人の社会化」は昨今の社会貢献的活動の隆盛という潮流の中で偶発的に辿り着いた産物ではなく，本来的な人間性からの確固たる希求であることが窺われる。市場経済の渦中にいる企業人が視野を広げ，自分・家庭・会社から社会に目を向け行動を模索している姿には新たな「地平[(4)]」が出現しているという予感を禁じ得ない。

6　企業人の社会化

本章では，企業人の間で社会貢献意識が高まっていることを明らかにし，その意義を考察した。「社会貢献意識」は，内閣府が実施する「社会意識に関する意識調査」の「あなたは，日頃，社会の一員として，何か社会のために役立ちたいと思っていますか」という設問に由来する。

第1に，長期的に日本人の社会貢献意識が高まっていることを「社会意識に関する世論調査」や「国民生活に関する世論調査」によって確認した。

第2に，働く目的として「社会のため」を掲げる人が多数ではないが確実に伸長していることを「国民生活に関する世論調査」や「新入社員　働くことの意識調査」によって確認した。

第3に，企業人個人の社会貢献意識が高まっていることを確認した。社会活動

（4）　渡辺（峻）は「社会化した自己実現人」の呼応した「社会化した人材マネジメント」の必要性と必然性に言及した後に新しい企業社会の地平を展望することができる，と述べている（渡辺（峻），2007：257）。

の重要性と働くことの重要性をクロス分析したところ,社会活動を重要視する人ほど働くことも重要視する傾向が窺われた。これは社会貢献意識が決して働く意欲を減殺している訳ではなく,社会貢献意識と勤労意欲は共存しうることを示唆していた。「新入社員 働くことの意識調査」における「生きていく上で重視すること」を質問において,「家族が幸せに暮らすこと」を「家庭化」,「仕事の面で成功すること」を「仕事化」,「社会や世の中に貢献すること」を「社会化」として,2001年を基点に比べた場合,ここ数年の仕事化ポイントの低下と家庭化ポイントと社会化ポイントの増加という傾向が窺えた。

　第4に,企業人の社会貢献意識を捉える視座について考察した。人間の生き方に関する人々の思考が変化し「自分を大切にすること」と「他人を大切にすること」が別なことではないという自覚が醸成され,温もりある共生社会への展望が開けつつある中,連帯を大切にする本来的な人間性からして自然な営みである。あるいは,より善い社会に向けた公共性の目覚めとして位置づけたり,地球市民の一員として,個人が社会を的確に捉え,自らの生き様を通じて社会の主人公になっていく道程として捉える見解があった。様々な言説からも社会貢献意識の高まりは人間性本来の営みであるとの共通認識を痛感する。

　会社人間モデルの終焉やワーク・ライフ・バランス意識の高揚を背景に企業人の行動思考様式が多様化する中,企業人の社会貢献意識の高まりは本来的な人間性からの希求であり,企業人が社会貢献活動という「パラレル・キャリア」を持つことは一人ひとりの視野を広げ,成長を促し,豊かで充実した人生につながるものと信じている。人間らしい働き方という観点では「労働の人間化」や「ディーセント・ワーク」という概念が存する[5]が,働きがいのある人間らしい働き方という文脈の先に社会貢献を捉えることもできる。企業人の社会化は21世紀の日本社会を大きく変革する原動力となる可能性を秘めている。

---

(5)　「労働の人間化」は1960年代後半から世界的に広がりを見せた労働条件の改善などを目指す運動で,「ディーセント・ワーク」は1999年ILP(国際労働機関)の事務総長に就任したソマヴィアが提唱したスローガンで「働きがいのある人間らしい仕事」を含意している。両者には30年の隔たりがあるが共通点も多く,それは雇用・賃金・労働時間といった労働条件や仕事自体を良いものにしていきたいという働く者たちの願いであり,働きがいのある人間らしい仕事の追求である(今村(寛),2009:197-199,208-211)。菊野は今日的な「新しい労働の人間化」の基本理念として「ディーセント・ワーク」を位置づけている(菊野,2009:13)。

第6章
社会化マネジメントとは何か
──社会貢献意識の高まりへの企業の対応──

1 人的資源の重要性

　企業はヒト・モノ・カネ，そして知識・情報・時間などの経営資源を利用して活動を行っている。いずれの経営資源も貴重であるが，中でも人的資源の重要性は格別である。他の経営資源を有効に活用できるか否かはヒトに依存しており，如何に立派な経営戦略を策定したとしても遂行しうるヒトがいなければ画餅に帰す。一人ひとりの心ある人間にふさわしい息吹を吹き込むことが経営の根幹である（安藤，2008：3-4）。かのドラッカーもヒトを単なる労働力として捉えるのではなく「精神的・社会的な存在」「人格を持つ存在」として認識することの重要性を強調している（Drucker, 1954：263-264＝ドラッカー，2006：103）。
　企業経営は貴重な経営資源であるヒトの価値観や行動特性の変化を慎重に見守りあるべき対応を常に模索している。前章では，個人として「社会のために役立ちたい」という企業人が多数ではないが，静かに着実に伸長していると捉えたが，本章では，企業のボランティア支援を手がかりに社会貢献意識の高まりに呼応した人材マネジメントの現状と相克について考察する。

2 人間モデルの変遷

(1) 人的資源管理の社会的意義

　まず人的資源管理（HRM = Human Resource Management）の社会的意義について確認しておく（表6-1）。伝統的な「労務管理」は経営者が必要と考える労働力を労働市場から調達し必要最小限の教育や訓練を施しその有効活用を目指す統

表6-1 人的資源に対する管理的視点の推移

	労務管理	人事管理	人的資源管理
時期	1910年ごろから	第2次世界大戦以後	1980年前後から
労働者観	道具や機械のように利用すべき存在	他の経営資源と同等の資源。現有戦力を有効に活用すべき存在	他の経営資源とは一線を画す,大きな可能性を秘めた資源・投資・育成によって現有能力の向上を支援することで,より大きなリターンを担うべき存在
管理の目的	管理機能と作業能率の分離と,作業方法の科学的な分析による,作業能率のアップ	労働者の心理的状態,人間関係に配慮することによる職務満足と,それを通じた労働の質の向上	経営資源の価値を飛躍的に高めることを通じた,長期的な組織能力,競争優位性の獲得

出典:安藤史江, 2008年,『コア・テキスト 人的資源管理』, 新世社, p.9から抜粋

制的行動に着目していたが,「人的資源管理」はその事業と組織の将来にとって有用な人材を希少な機会から獲得し中長期的に教育・開発的投資を行うことで「人材」として育て上げその組織の資産に高めていくための開拓的行動に着目する(平野・幸田, 2010: i)。企業における人的資源管理の意義は個々の企業の中での人材活用と戦略の問題と理解されがちであるが,平野は人材が一企業内のみならず社会的な核となって,その企業と従業員の生活基盤たる地域社会,国家,さらには地球社会の問題解決と人類の幸福に,直接・間接に貢献していくという大きな視点を呈示している(平野・幸田, 2010: 5-7)。

(2) 人間観の変遷

経営学の流れは,組織で働く人間をどう捉えるかという人間観の変遷の歴史である[1]。古典的な管理論では人間は物質的報酬にのみに反応する「経済人」とみ

---

(1) かつて経営学は利潤追求の学という非難にさらされていたが,組織論や人的資源管理論において人間の学としての存在意義を発揮してきた。組織は元来人間に奉仕し,人間の幸福の増進のために存在する。三戸は人間の学としての経営学は,組織をして真に個人に奉仕する手段として再構築することによって人類の明るい未来に貢献することができると述べている(三戸, 1977: 56-59)。

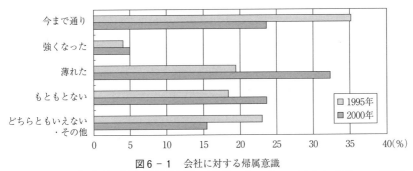

図6-1 会社に対する帰属意識
出典：内閣府，2007年，『平成19年版 国民生活白書』，p.145（http://www5.cao.go.jp/seikatsu/whitepaper/h19/10_pdf/01_honpen/pdf/07sh_0301_3.pdf）（検索日：2013年3月16日）

なされていた。しかし，「ホーソン工場実験」での知見に基づいて人間関係論は社会的存在であることを希求する「社会人」仮説を採用し，生産性を決める要因は職場環境ではなく職場の人間関係であり，人間は機械の部品ではなく感情を有した社会的存在であることを見出した。行動科学的管理論はマズローの「欲求階層説」やマクレガーの「X理論Y理論」などをベースに個人行動や集団行動のメカニズムを分析し「自己実現人」ともいうべき人間観を構築した。バーナードが創始しサイモンが継承・発展させた近代的組織論では人間をトータルに把握した「全人」あるいは「複雑人」，「意思決定人」と認識するようになった。時代が進むにつれて人間観はこのように変化し，深化している（井上・手塚，1999：190-197）。

（3）人間モデルの多様化

我が国では高度成長期を支える人間モデルとして長らく会社人間が喧伝されてきた。しかし，『平成19年度 国民生活白書』において職場におけるつながりの希薄化が特集されているように，経済・社会環境の変化，個人の意識の変化，長期的な経済低迷などを背景に企業人の価値観や意識は大きく変貌してきた（内閣府，2007：128）。会社に対する帰属意識について「今まで通り」と「強くなった」の総和は1995年の39.2％から2000年の28.7％に減少している（図6-1）。

会社組織と一体化・同化し滅私奉公・自己犠牲の精神で自分の生涯を捧げる会社人間モデルは終焉し（渡辺（峻）：2009, 38-40），多様な生き方が模索されている。

本書では，現代社会のパラダイム転換を促し，21世紀社会をダイナミックに創造していくための生き方を模索する趣旨から「バランスのとれた社会化した自己実現人」モデルを提唱している。仕事のみならず人生における様々な役割のバランス調整は難しい課題であり葛藤もつきないが，そのバランスこそ人生観や価値観の現れであり，生き様そのものである。

3　社会化マネジメント

（1）人材マネジメントの社会化

　現代社会における個々人が，その自己実現欲求・成長欲求の範囲・場面を社会的に大きく拡張・拡大し，会社生活・家庭生活・社会生活・学習生活・自分生活の並立・充実に動機づけられるとすれば，それに照応して組織の人材マネジメントも大きく変化しなければ個人を組織統合できない。いまや会社生活の自己実現のみでなく，家庭生活・社会生活・学習生活・自分生活における自己実現を重視する人材マネジメントで対応しなければ，個々人の勤労意欲・協働意欲を刺激・確保して，組織目的への貢献が獲得できない。このような人材マネジメントの「社会化」は，一つの歴史的必然といえる（渡辺（峻），2009：25）。

　なお，小笠原は本質的な意味で次のように指摘している。

> 従業員としての諸個人が一方では経営体メンバーとしてその能力と努力と生活時間の過半を「労働」に費消することによって経営体の発展に貢献するとしても，他方ではそのことが「経営体の発展」を上回る意味において諸個人の「幸福」に寄与するものでないならば，従業員と経営体の相即的発展を実現する経営学的実践とならないばかりではない。それはさらに「社会的発展」という大きな公共的観点から見ても決定的な欠陥をもつことをわれわれの経営学はもっと重視すべきであろう（小笠原，2008：10-11）。

　人材マネジメントの社会化は，企業と個人と社会のあり方を問うものである（表6－2）。

表6-2　人材マネジメントの社会化

		趣旨	施策
(1)	会社生活の充実・支援	個人の自己実現欲求・成長欲求の充足	職務充実, 職務拡大, 職務交換, 目標管理, 経営参加, QCサークルなど
(2)	家庭生活の充実・支援	仕事と家庭の両立支援(狭義のワーク・ライフ・バランス)	企業内保育所, 育児介護休業制度, 在宅勤務, テレワーク, フレックスタイム制, 短時間勤務制, おしどり転勤, 勤務地限定制など
(3)	社会生活の充実・支援	個人の社会貢献・地域社会生活の重視	ボランティア休暇(休業・休職)制度など
(4)	学習生活の充実・支援	自己啓発の支援・学習意欲の喚起	研修制度の充実, 資格試験の支援, 海外大学院派遣など
(5)	自分生活の充実・支援	自立した個人や自律的人材の創出	リフレッシュ休暇制度, 自己実現休暇制度など

出典：渡辺峻, 2009年,『ワーク・ライフ・バランスの経営学』, 中央経済社, pp.25-28, 筆者が一部加筆修正

(2) 社会化マネジメントとは

　渡辺（峻）は滅私奉公の会社人間の狭隘な視野の拡大，すなわち会社生活のみならず，家庭生活・社会生活・自分生活も含めた並立・充実に向けた動向を広く「社会化」と呼んでいるが，本書では特に社会生活（傍点は筆者）を重視する企業人の増加に着目している。

　個人として「社会のために役立ちたい」という企業人が多数ではないが静かに確実に増加している傾向を踏まえ，企業人の社会貢献意識の高まりに呼応する人材マネジメントを「社会化マネジメント」と命名する。換言すれば，渡辺（峻）の広義の「社会化」に対して，本書では狭義の「社会化」に焦点を当てる。

4　理想の恩恵

　企業が何故に「社会化マネジメント」を行うのか，その意義を考察する。

　近代的組織論の始祖と称されるバーナードの『経営者の役割』は組織理論や管理理論における古典中の古典と言われている。従来の「支配システム」としての組織論から「協働システム」としての組織観を呈示した。「組織における人間と

は何か」を問うバーナードの人間観は，組織の中で単に職務を遂行するだけの受け身の人間ではなく，自由意思と感情をもった環境に積極的に働きかけて目的を達成しようとする自発的意思決定者であった[2][3]。

『経営者の役割』の中で人々が快くそれぞれの努力を協働体系へ貢献しようとする意欲を誘因する要素の一つとして「理想の恩恵」を掲げている。理想の恩恵とは，非物質的，将来的または利他主義的関係に関する個人の理想を満足させる組織の能力をいい，協働に対する誘因としての理想の恩恵は最も強力であるが，また最も等閑視されがちのものの一つであると指摘している（Barnard, 1938：146＝バーナード，1968：152）（中野・貞松・勝部・嵯峨，2007：130）。

筆者は，バーナードの「理想の恩恵」論を支持する。理由は次の３点である。第１に，第２章で既述の通り仕事生活と非仕事生活の関連について，互いに類似性を持ち影響し合う「流出モデル」が支持されていること（小野，1993：95），第２に，社会生活への欲求は相対的には低いものの根強く存在し，しかも理想と現実の GAP が大きいこと（表２-10参照）から理想への希求が強いこと，第３に，企業において「会社が従業員の社会参加を支援することは，従業員の会社に対する誇りを高め，仕事に対する姿勢や目的意識にもプラスの影響を与える」（日本経済団体連合会，2010：30）と認知されている[4]こと，である[5]。

（２） 飯野によれば，バーナードの人間観は，自由と責任を踏まえた自律的人間観であり，一定の制約はあるが，選択力，自由意志を持ち，様々な動機のもとに行動する（飯野，1988：6）。
（３） 三戸によれば，バーナードは人間を社会的存在と把握し，パーソンとしての人間＝人格として捉えていた（三戸，1987：305-306）。
（４） 日本経済団体連合会の「企業行動憲章」において，企業は持続可能な社会の創造に向けて高い倫理観をもって社会的責任を果たしていくものとし，「良き企業市民」として積極的に社会貢献活動を行う」ことを掲げている。「企業行動憲章 実行の手引き」の中でさらに「従業員の自発的な社会参加を支援する」ことを例示し，「従業員の価値観が多様化し，仕事以外の面でも社会の役に立ちたい，あるいは社会との関係をもっていたいという人が増えている。こうした従業員を多数擁することは，会社の公平性・透明性を担保していくことにもつながる。また，会社が従業員の社会参加を支援することは，授業員の会社に対する誇りを高め，仕事に対する姿勢や目的意識にもプラスの影響を与える」と述べている（日本経済団体連合会，2010：53）。
（５） 渡辺（峻）も，個人の側の理想・正義・美的感情を満足させたり，利他主義的な奉仕の機会を提供することによって，組織の側が個人からの組織貢献を獲得する有力な誘因の方法であることを認めている（渡辺（峻），2009：68）。

表6-3　貴社では社員のボランティア活動や社会貢献活動を支援していますか

	2002年度	2005年度	2008年度	
			%	社数
支援している	60.9%	65.8%	79.2%	323
支援していない	34.9%	28.8%	19.8%	81
未回答	—	—	1.0%	4
合計	—	—	100.0%	408

出典：日本経済団体連合会,『2008年度社会貢献活動実績調査結果』, pp.28-29（http://www.keidanren.or.jp/japanese/policy/2009/106/kekka.pdf）（検索日：2010年9月30日）

5　社会化マネジメントの現状

（1）経団連の社会貢献活動実績調査

　日本経済団体連合会では「社会貢献活動実績調査」を行っている。2008年度の調査によれば社員のボランティア活動や社会貢献活動を支援している企業は増加している（表6-3）。企業がこのような活動を支援している理由としては「地域社会の維持発展に貢献したい」が多く，「ボランティア活動支援を望む社員がいる」「会社に対して誇りを持てる」「社会における企業イメージの向上のため」が続いている（表6-4）。支援策としては「ボランティア活動の機会を提供」「ボランティア休暇・休職，表彰などの制度導入」「ボランティア活動の情報を提供」が例年上位を占めている（表6-5）。

（2）厚生労働省の就労条件総合調査

　厚生労働省の「平成17年度就労条件総合調査結果」によれば，ボランティア活動に対する支援・援助制度がある企業は6.1%で，平成11年度の4.2%から上昇している。但し，企業規模別にみると大企業ほど普及している（表6-6）。
　支援・援助内容としては「休暇の付与（52.4%）」が過半であり，次いで「勤務時間内参加の許容（36.3%）」，その他「情報提供（13.8%）」「金銭的支援（13.5%）」「表彰制度（13.5%）」などである。

表6-4　支援している場合，その理由は何ですか
〈重要度の高い3つ以内で回答〉

	2002年度	2005年度	2008年度	
			%	社数
地域社会の維持発展に貢献したい	71.4%	53.0%	78.0%	252
ボランティア活動を望む社員がいる	50.1%	34.7%	41.8%	135
会社に対して誇りが持てる	35.0%	21.7%	39.9%	129
社会における企業イメージ向上のため	37.9%	21.4%	37.5%	121
会社以外に社会との関わりを持つ社員を社内に擁したい	47.1%	24.8%	27.6%	89
社会の動向に敏感な社員を育成したい	—	—	21.4%	69
会社の風土に社会からの新しい風（動き）を入れたい	—	—	8.7%	28
その他			4.0%	13

2002年度は複数回答可，2005年度調査では「2つ以内で選択」であり単純比較できず
出典：日本経済団体連合会，『2008年度社会貢献活動実績調査結果』, pp.28-29（http://www.keidanren.or.jp/japanese/policy/2009/106/kekka.pdf）（検索日：2010年9月30日）

表6-5　どのような支援策を実施していますか〈複数回答可〉

	2002年度	2005年度	2008年度	
			%	社数
ボランティアの機会を提供	52.5%	52.7%	67.5%	218
ボランティア休暇・休職，表彰などの制度導入	68.0%	72.0%	65.9%	213
ボランティア活動の情報を提供	58.3%	53.0%	60.1%	194
金銭的な支援（含むボランティア保険）	28.7%	35.0%	38.4%	124
施設の開放	33.5%	36.8%	35.9%	116
物資の提供	18.9%	22.5%	27.6%	89
社員ボランティア組織の設置	—	23.4%	20.7%	67
勤務時間内の活動を許可	12.2%	17.3%	18.6%	60
寄付や活動支援のための給与天引きシステムの導入		11.9%	16.1%	52
その他	—	—	6.2%	20

出典：日本経済団体連合会，『2008年度社会貢献活動実績調査結果』pp.28-29（http://www.keidanren.or.jp/japanese/policy/2009/106/kekka.pdf）（検索日：2010年9月30日）

第6章　社会化マネジメントとは何か

表6-6　ボランティア活動に対する支援・援助制度の内容

	全体	1000人以上	300人以上	100人以上	30人以上
制度あり	6.1%	28.3%	12.8%	7.2%	4.5%
内容					
休暇の付与	52.4%	86.7%	72.4%	60.3%	36.0%
勤務時間内の参加	36.3%	8.3%	15.0%	24.2%	53.8%
情報提供	13.8%	16.0%	10.7%	15.8%	13.2%
金銭的支援	13.5%	12.7%	8.9%	15.0%	14.3%
表彰制度	6.7%	11.3%	4.0%	15.0%	2.5%
時間外労働（残業）の制限	6.6%	1.0%	4.4%	3.4%	10.0%
考課や人事異動での評価	2.9%	1.1%	—	3.4%	3.8%
その他	7.6%	6.1%	13.0%	4.0%	8.1%

出典：厚生労働省，2005年，「平成17年度就労条件総合調査結果」，第18表（http://www.mhlw.go.jp/toukei/itiran/roudou/jikan/syurou/05/3-3.html）（検索日：2013年8月18日）

表6-7　貴組合では社会貢献活動（ボランティア）に取り組んだことがありますか？

選択肢	件数	割合
① YES	704	77.1%
② NO	207	22.7%
回答なし	2	0.2%
合計	913	100.0%

出典：中央ろうきん社会貢献基金（中央労働金庫），2009年「「労働組合の社会貢献活動に関する調査」報告」
（http://www.rokin-ikiiki.com/project/contribution/post_108.html）（検索日：2014年8月10日）

（3）労働組合の社会貢献活動に関する調査

　労働組合もボランティア活動に対する支援を行っている。中央ろうきん社会貢献基金（中央労働金庫）が2009年に行った「労働組合の社会貢献活動に関する調査」報告によれば，77％の労働組合が社会貢献活動（ボランティア）に取り組んでおり，取り組んだことのある労働組合の83％が「大変よかった」「よかった」と評価している。具体的な活動内容は「環境美化・環境保全活動」が多かった（表6-7，図6-2）（中央ろうきん社会貢献基金，2009：12）。

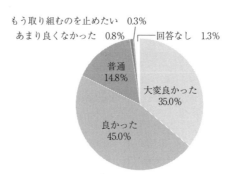

図6-2 社会貢献活動（ボランティア活動）をどのように評価していますか？
出典：中央ろうきん社会貢献基金（中央労働金庫），2009年「「労働組合の社会貢献活動に関する調査」報告」（http://www.rokin-ikiiki.com/project/contribution/post_108.html）（検索日：2014年8月10日）

6　企業のボランティア支援に関する意識調査

（1）概要
「企業のボランティア支援に関する意識調査」を実施し，企業のボランティア支援の現状と従業員の意識を確認した。
　①名称：企業のボランティア支援に関する意識調査
　②実施期間：2010年11月29日〜12月1日
　③対象：東京都の企業在勤者
　④方法：goo リサーチを利用した Web アンケート調査
　⑤有効回答数：536名（表6-8）

（2）調査結果
「あなたの会社にはボランティア支援制度がありますか」との問いに対しては，「ある」が12.9％，「ない」が70.5％，「わからない」が16.6％であり，「あり」と答えた人の利用実績は「ある」が18.6％，「ない」が81.2％とボランティア支援制度は必ずしも浸透していない。
「企業がボランティア支援を行うことをどう思いますか」との問いに対しては，「賛成である」が62.7％，「どちらともいえない」が31.9％，「反対である」が

第6章 社会化マネジメントとは何か

表6-8 回答者の世代・性別分布

n＝536	20代	30代	40代	50代	合計
男性	76	81	81	81	319
女性	57	51	54	55	217
合計	133	132	135	136	535

出典：安齋徹，2010年，「企業のボランティア支援に関する意識調査」

2.2%，「わからない」が3.2%であり，企業がボランティア支援を行うことに対しては肯定的である。

「企業がボランティア支援を行う場合，社員の立場から納得感のある理由は何ですか」との問い（3つまで選択）に対しては，「地域社会の維持発展に貢献できる」が58.4%，「社会における企業イメージ向上のため」が48.1%，「会社に対して誇りが持てる」が24.1%，「会社の風土に社会からの新しい風（動き）を入れたい」が20.5%，「会社以外に関わりを持つ社員を社内に擁したい」が19.6%，「社会の動きに敏感な社員を育成したい」が17.5%，「社員相互の交流が期待できる」が17.4%，「ボランティア活動を望む社員がいる」が16.2%であった。地域社会への貢献，企業イメージの向上，社員の多様性の向上という点では経団連の社会貢献活動実績調査結果における会社サイドの思いと概ね方向性は一致しているが，「ボランティア活動を望む社員がいる」からという観点は会社（41.8%）と社員（16.2%）に思惑の差が認められる（図6-3）。

上述の社会化マネジメントの意義との関連では，「社会における企業イメージ向上のため」「会社に対して誇りが持てる」[6]「ボランティア活動を望む社員がいる」が理想の恩恵を表象している[7]。

---

(6) ボランティアを積極的に行っている企業に対しては社員が自分の会社に誇りを持てるので企業も発展すると鈴木（盈）が述べている（鈴木（盈），2012：120）。
(7) ボランティアは歴史的にはキリスト教のチャリティ（charity＝慈悲，慈悲心，慈善）の思想に基づいて行われてきたと言われており（入江，1999：12），欧米のボランティアを日本と同じ文脈で捉えることはできないが，企業のボランティア・プログラムに参加する理由として，人間的な成長，人生の満足感，従業員同士の交流，ワーク・ライフ・バランスの維持，仕事上のチームワーク向上などの個人的な要因を掲げる調査が報告されていて興味深い（Longernecker, Beard & Scazzero, 2013：10-11）。

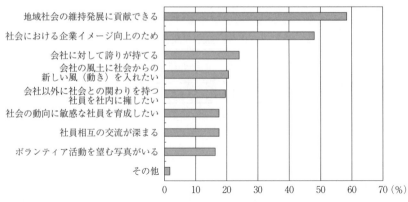

図6-3　企業のボランティア支援の意義

出典：安齋徹，2010年，「企業のボランティア支援に関する意識調査」

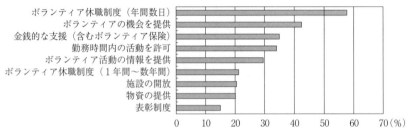

図6-4　望ましい企業のボランティア支援

出典：安齋徹，2010年，「企業のボランティア支援に関する意識調査」

「企業がボランティア支援を行う場合，どのような施策が望ましいと思いますか」との問い（あてはまるものをすべてお選び下さい）に対しては，「ボランティア休暇」が58.0％，「ボランティアの機会を提供」が42.5％，「金銭的な支援」が35.1％，「勤務時間の活動を許可」が34.1％，「ボランティア活動の情報を提供」が29.9％の順であった（図6-4）。

「企業は社員のボランティア活動を支援する施策をどの程度充実すべきだと思いますか」との問いに対しては，「最大限に充実すべきであり，社員のボランティア活動を奨励すべきである」は18.7％，「ボランティア活動をする社員が不利益を受けない程度に充実すべきである」は63.4％，「ボランティア活動は仕事と無関係であり，特に支援する必要はない」は7.5％，「わからない」は10.4％で

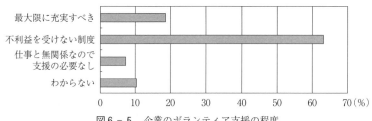

図6-5 企業のボランティア支援の程度
出典:安齋徹,2010年,「企業のボランティア支援に関する意識調査」

あった (図6-5)。

　全体として，ボランティア支援制度のある企業は少なくその利用者も僅少であること，企業のボランティア支援に対する期待度は大きいこと，制度的にはボランティア休暇・ボランティアの機会の提供・金銭的な支援，勤務時間の活動を許可・ボランティアに関する情報提供などが望まれていること，が明らかになった。一方で，最大限の充実を求めるというよりはボランティア活動を行う社員が不利益を受けない程度に充実すべきであるという意見が大半を占めていることには留意を要する。

7　社会化マネジメントの相克

(1) 企業市民から市民企業へ

　広石は日本企業の社会的責任に対する考えの変遷を概観している (表6-9)。かつては公害や石油ショックを契機に高度成長の歪みを是正し利益追求から国民の福祉の向上への貢献が求められどちらかというと受け身の社会貢献が先行したが，経済大国として国内外の社会に影響力を持ち積極的な社会的責任が主流となっていった。昨今は，グローバルな枠組みの中で否が応でも環境保護に対する配慮や透明性のある企業統治が求められ社会的責任は企業の当然の責務であるという考え方が一般化している (広石,1998:44-45)。

　企業は，良き「企業市民」として積極的に社会貢献活動をするべきである，と目されている (日本経済団体連合会,2010:47)。しかし広石は「企業市民」という言葉に疑問を呈する。ともすると従業員個人よりも「企業」という社会的人格が

表6－9　企業の社会的責任に対する考え方の推移

	70年代	80年代～90年代初め	その後
社会的背景	高度成長の歪み	経済の成熟化	新たな公共
企業を取り巻く状況	国民の福祉向上	経済のソフト化	企業の社会的責任
キーワード	規制・慈善	責任・義務	共生・連帯
環境問題への取組	公害対策・省エネ	自然保護・緑化	温暖化・生物多様性
ボランティア支援	地域奉仕	ボランティア休暇	情報提供
対象	経営者と対立する存在	成熟した消費者	共生する市民

出典：広石拓司，1998年，「企業市民から市民企業へ」，『SRC Report』（1993年3月号，Vol.3 No.2）所収，p.44から引用，一部修正

　如何にふるまうべきかという議論が中心となり，「企業市民」であるが故の社会貢献活動は，多くの社員にとって「会社」が行うイメージ向上策という認識が強く，主体的に参加すべき活動にならない懸念がある。そこで，「企業」が社会的責任を果たしたり，変化する市場に対応するのではなく，「社会に参加し，変化する市場に主体的に対応できる社員」が企業を構成して，初めて企業の変革が可能となる。企業内のみならず社会全体においても，高齢化，環境，教育など様々な問題が深刻化する中，グローバルな視野を持った主体的な参加者が一人でも増えることが求められている。このような時代においては，社員一人ひとりが主体的・自発的に行動することによって，初めて企業も活性化する。企業が中心の「企業市民」から市民が構成する「市民企業」へのパラダイム転換こそが時代を超えて成長できる企業の姿であると広石は論破する（広石，1998：50-52）[8]。

（2）個人の社会的責任

　「企業のボランティア支援に関する意識調査」において「CSR（Corporate Social

---

(8)　葉山は，企業市民とは経済的活動と社会的活動を同時に行っている企業であるというよりも，経営活動のプロセスにおいて常に経済性と社会性（環境性・倫理性を含む）を配慮する企業であるとしている。企業の社会的責任の発生は，企業と社会のコンフリクトあるいは企業活動において経済合理性のみが重視されてきた単眼的管理の随伴的結果であることを指摘し，「経済的合理性」と「社会的合理性」を同時に重視する「複眼的管理」への転換を主張している（葉山，2008：128）。

Responsibility)とは,企業の社会的責任のことで,企業が利益を追求するだけでなく,組織活動が社会へ与える影響に責任をもち,あらゆるステイク・ホルダー(利害関係者:消費者,投資家など,および社会全体)からの要求に対して適切な意思決定をすることを指している」という補足を行った上で,「昨今,CSR活動が盛んになっていますが,ことボランティア活動に関しては,企業の一員としてではなく,市民の一人として自発的に取り組むべきものであり,ボランティア活動はCSRの一環というよりも言わば個人の社会的責任(Personal Social Responsibility)とでも言うべきものに基づいている,という見解について,どう思いますか」と聞いたところ「賛成である」が38.8%,「どちらともいえない」が48.9%,「反対である」が5.2%,「わからない」が7.1%であった。

一般的にCSR活動の一環として企業が従業員のボランティア支援を行うと捉える向きが多いと思われる。しかし,少なからぬ人々がボランティア活動の根底に個人の社会的責任(PSR = Personal Social Responsibility)[9]という概念を支持している。この個人の社会的責任を是認するPSR派はともすると個人主義的で会社への帰属意識が希薄ではないか,との先入観を持つかもしれないが,会社への帰属意識はむしろ高い。「今まで通り」と「強くなった」の総和は全体が29.5%に対して,PSR派は40.9%であった[10](図6-6)。

さらに「ボランティア活動が盛んになることについてどう思いますか」「企業が積極的にCSR活動を行うことをどう思いますか」「企業がボランティア支援を行うことをどう思いますか」という問いに対して,PSR派はいずれも全体平均を凌駕する賛意を示している(図6-7)。

企業人の約4割は,ボランティア活動に関して,企業の一員としてではなく,

---

(9) Personal Social Responsibilityという用語はすでに存在するが,社会哲学的分析に基づくものではない。英国のビジネス・コンサルタントであるArvind Devaliaは『Personal Social Responsibility』の中で,CSRの基礎としての個人のPSRという概念を提示し,他人に欲することを自らが他人になすことをPSRと称している(Devalia, 2008:12)。

(10) PSR派の会社への帰属意識が高い理由としては,次の3点が考えられる。第1に,「バランスのとれた社会化した自己実現人」が会社生活へのコミットメントが高かったように,意識の高いPSR派も会社生活へのコミットメントが高い可能性がある。第2に,個人の社会的責任を自覚しているPSR派は,同時に,企業人としての業務遂行責任もしっかりと自覚している可能性がある。第3に,利潤追求を求める企業も社会的責任を自覚しており,経済性と社会性のバランスのとれた企業活動に共感している可能性がある。

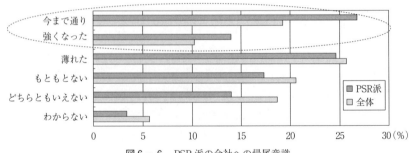

図6-6　PSR派の会社への帰属意識
出典：安齋徹，2010年，「企業のボランティア支援に関する意識調査」

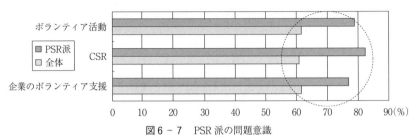

図6-7　PSR派の問題意識
出典：安齋徹，2010年，「企業のボランティア支援に関する意識調査」

市民の一人として自発的に取り組むべきものであり，ボランティア活動はCSRの一環というよりも言わば個人の社会的責任（Personal Social Responsibility）とでも言うべきものに基づいている，という見解を支持している。PSR派は会社への帰属意識も高く，一方で，ボランティア活動，CSRや企業のボランティア支援に関して問題意識を有している。CSR活動の隆盛は好ましいことであるが，市民の一人として個人の社会的責任を自覚しボランティア活動に取り組むPSR派が相当数存在することを企業は認識すべきである。

（3）個人と企業と社会の関係性

最後に，「個人」と「企業」と「社会」の関係性について考えてみたい。3者の関係性を図示すると，個人と企業の重なりを「ワーク・ライフ・バランス」，個人と社会の重なりを「ボランティア」[11]，企業と社会の重なりを「CSR」と概念的に捉えることができる。そして，個人と企業と社会の重なりに「社会化マネ

第6章 社会化マネジメントとは何か

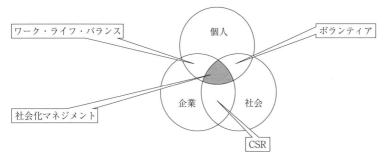

図6-8 個人と企業と社会の関係性

出典：筆者作成

ジメント」が位置する[12]（図6-8）。

　企業のボランティア支援は「最大限に充実すべきであり，社員のボランティア活動を奨励すべきである」が18.7％であったのに対し「ボランティア活動をする社員が不利益を受けない程度に充実すべき」が63.4％に達している。また，ボランティア活動は，企業の一員としてではなく，市民の一人としての取り組むべきものであると38.8％の人々が思っており，そこでは個人の社会的責任という考えが支持されている。

　ワーク・ライフ・バランス，ボランティア，CSRは各々隆盛が望ましいものであるが，社会化マネジメントは必ずしも無制限の充実が求められている訳ではない。個人によって，企業によって，社会によって，人材マネジメントのあり方は変貌する。そこでは，個人と企業と社会の成熟した関係が問われている。

---

(11) 個人と社会の接点はボランティアに限定されるものではなく，第2章で言及した意識調査でも「社会生活」を「ボランティア，地域活動，社会貢献など」と例示した。しかし，本書では個人の社会貢献活動の象徴としてボランティアを捉えているため，ここでも個人と社会の接点をボランティアと表記した。

(12) 本書では，企業人の社会貢献意識の高まりに呼応する人材マネジメントを「社会化マネジメント」と命名している。本書では，個人としての企業人に着目しており，「個人」としての企業人が自発的に行う「社会」貢献活動（ボランティアを想定）を「企業」が支援する場面を，「個人」と「企業」と「社会」の重なりとして認識している。但し，後述のように「社会化マネジメント」がカバーする領域はもっと広い可能性がある。

8 新たな企業社会の地平

　本章では，個人として「社会のために役立ちたい」という企業人が多数ではないが静かに確実に伸長しているという認識を前提に，企業人の社会貢献意識の高まりに呼応した人材マネジメントが求められている傾向を「社会化マネジメント」と称し，その現状と相克について考察した。

　第1に，経営学における人間モデルの変遷について概観した。「経済人」「社会人」「自己実現人」から「全人」「複雑人」「意思決定人」と変化・深化してきたが，本書では，現代社会のパラダイム転換を促し，21世紀をダイナミックに創造する生き方として「バランスのとれた社会化した自己実現人」モデルを提唱した。

　第2に，人材マネジメントの社会化について確認した。現代の企業社会における個々人がその自己実現欲求・成長欲求の範囲・場面を社会的に大きく拡張・拡大し，会社生活・家庭生活・社会生活・学習生活・自分生活の並立・充実に動機づけられる「バランスのとれた社会化した自己実現人」として登場しているとすれば，それに照応して組織の人材マネジメントも大きく変化しなければ，個々人の勤労意欲・協働意欲を刺激・確保して，組織目的への貢献が獲得できない。

　第3に，社会化マネジメントの意義を考察した。近代的組織論の始祖と称されるバーナードは「非物質的，将来的または利他主義的関係に関する個人の理想を満足させる組織の能力理想の恩恵」を「理想の恩恵」と呼び，最も強力であるが，また最も等閑視されがちのものの一つであると指摘している。日本経済団体連合会の「企業行動憲章」においても「会社が従業員の社会参加を支援することは，従業員の会社に対する誇りを高め，仕事に対する姿勢や目的意識にもプラスの影響を与える」とされている。

　第4に，社会化マネジメントの現状を既存の各種調査で確認した。

　第5に，企業のボランティア支援の現状と社員の意識を確認するために「企業のボランティア支援に関する意識調査」を実施した。全体として，ボランティア支援制度のある企業は少なくその利用者も僅少であること，企業のボランティア支援に対する期待度は大きいことが明らかになった。一方で，最大限の充実を求めるというよりはボランティア活動を行う社員が不利益を受けない程度に充実す

第6章 社会化マネジメントとは何か

べきであるという意見が大半を占めていた。

　第6に，個人の社会的責任という概念を提示し賛同の有無を確認した。企業人の約4割は，ボランティア活動に関して，企業の一員としてではなく，市民の一人として自発的に取り組むべきものであり，ボランティア活動はCSRの一環というよりも言わば個人の社会的責任（PSR = Personal Social Responsibility）とでも言うべきものに基づいている，という見解を支持していた。PSR派は会社への帰属意識も高く，一方で，ボランティア活動，CSRや企業のボランティア支援に関して高い問題意識を有していた。

　第7に，「個人」と「企業」と「社会」の関係性について考察した。3者の関係性を図示すると，個人と企業の重なりを「ワーク・ライフ・バランス」，個人と社会の重なりを「ボランティア」，企業と社会の重なりを「CSR」と概念的に捉えることができる。そして，個人と企業と社会の重なりに「社会化マネジメント」が位置する。

　ワーク・ライフ・バランス，ボランティア，CSRは各々隆盛が望ましいものであるが，社会化マネジメントは必ずしも無制限の充実が求められている訳ではない。個人によって，企業によって，社会によって，社会化マネジメントのあり方は変貌する。そこでは，個人と企業と社会の成熟した関係が問われている。社会化マネジメントの「相克」とは，企業のボランティア支援を含などの人材マネジメントの社会化が無定見な充実を求められている訳ではなく，個人と企業と社会の関係性におけるコンフリクト（衝突・対立・葛藤）の存在を含意している[13]が，PSR派の会社への帰属意識の強さや問題意識の高さは，働くこととボランティア，言わば「稼ぎ」と「務め」の持続可能な両立を示唆していた[14]。新たな企業社会の地平をそこに展望することができる（渡辺（峻），2007：257）[15]。

---

(13) 鈴木（秀）は，企業と市民的生活の調和に関し，言葉にするのは易しいが，そこには組織と個人の人格的自由の葛藤がある，と述べている（鈴木（秀），1992：93）。
(14) 寺島は「稼ぎ」（経済的自立）と「務め」（社会貢献）の両立が大人の条件であると述べている（寺島，2010）。
(15) 渡辺（峻）は，現代経営学のHRM研究は，短視野狭隘の成果主義的な発想を克服・止揚し，新しい人間モデルを前提に新しいパラダイムに基づく分析が求められている，と指摘している（渡辺（峻），2008：90）。

第7章
CSR のメインストリーム化
―― 企業経営との協働の可能性 ――

1 企業経営の社会化

　前章では，企業人の社会貢献意識の高まりに呼応して人材マネジメントも社会化していることを明らかにしたが，企業経営そのものも社会化している。企業の社会的責任（Corporate Social Responsibility = CSR）という言葉は今や市民権を得ているが，日本経済新聞への「CSR」の登場件数の推移をみると，1990年代には僅少であり，2003年頃を契機に頻出してきたことがわかる（図7－1）。2003年は「CSR元年」と言われた。伊吹によれば，2003年を境にCSRの捉え方が変化した。守りのCSRから攻めのCSRへ，部分最適から全体最適へ，散発的から戦略的に，という見方が醸成された（伊吹，2005：11-12）。

　そもそも江戸時代の商家の家訓や循環型の生活にCSRの萌芽を見出す見解も存する。近江商人の「売り手よし，買い手よし，世間よし」の三方よしなど[1]，投機的な事業を戒め，本業を中心に人々のお役に立つという考え方が確立されていた。また江戸時代は鎖国によって海外からの資源はもちろん，商品の輸入も禁止されていたため国内で工夫すると共に，「もったいない」の精神でモノを大切に使い回していたと指摘されている[2]（岡本，2004：31-34）。

　谷本はCSRを巡る国内外の要因を図7－2のようにまとめている。

---

(1)　中島は「財を私せずして能く散ずるの徳を履め（伊藤松坂屋）」「国家的観点を以て総ての事業に当れ（岩崎家　家憲）」「公儀はすべて堅く守るべし（小津家　家訓）」「公益の為には財を吝む勿れ（本間家　家訓）」「三方よし－売り手よし，買い手よし，世間よし（近江商人）」「公益を図るを以て事業経営の方針とし，決して私利に汲々たる勿れ　財の許す限り公共慈善の事業を竭せ（藤田家　家憲）」などの家訓を掲げている（中島，1999年：110-111）。

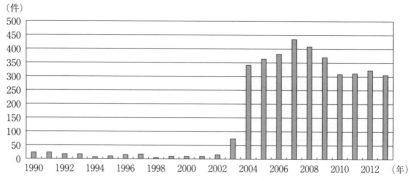

図7－1　日本経済新聞への「CSR」登場件数
出典：日経テレコン21による検索（検索日：2014年8月8日）

---

① 国外的要因
・持続可能な発展を求めるグローバルな動き，そこで求められる企業の新しい役割・責任
・グローバルに活動するNGOによる企業への批判や評価，あるいは協議
・グローバルな経営者団体，NGO，国際機関などによるCSRに関する行動規範や倫理基準の設置
・海外のSRI評価機関からの質問票・評価
・サプライチェーンに関わるCSR調達の広がり
・ECにおける持続可能な発展，CSRに関する活発な議論と政策的な動き
② 国内的要因
・バブル経済崩壊後90年代から，企業と株主，投資家，銀行との関係変化
・市民社会の変化（ボランティア，NPOの台頭）消費者・地域社会との新たな関係
・日本企業のグローバル化の進展

図7－2　CSRを巡る国内外の要因
出典：谷本寛治，2013年，『責任ある競争力　CSRを問い直す』，NTT出版，pp.16-17

（2）　二宮尊徳と並んで江戸時代屈指の農政学者と言われる大原幽学『微味幽玄考』の中には，人間の本性は天地の和に等しく，万人に所与のものである。したがって，天地の和が万物に行き及ぶのと同様に，人間の本性が万人に通い合う時，そこに真ンおの成長と秩序が成立する，という記述があり，共生社会における個人のあり方への洞察が感じられる（中井，1973：475）。幽学には共生の理念があり，公共の利益の大切さが我が身我が家にもつながるという社会性を強調していたとの指摘もある。また倫理は社会性において育つものであり教育の中心は家と地域社会における経験的事実であると考えていた（中島，1999：87）。今に通じる先見の明があった。

第7章　CSRのメインストリーム化

　このうち「持続可能な発展」という概念が公式に打ち出されたのは，国連の「環境と開発に関する世界委員会」による「ブルントラント報告書」(1987年)である。経済成長中心のシステムからの転換を訴え，人間と自然の共生の上に経済活動があると指摘した。地球環境の持続可能性が中心的な議題として議論されたのは，1992年ブラジルのリオで開催された環境サミット「国連環境開発会議」においてである。90年代の半ば以降になると環境問題にとどまらない議論が展開されていった。2002年南アフリカのヨハネスブルグで開催された「持続可能な開発に関する世界サミット」では，経済成長と公平性，天然資源と環境保全，社会開発，仕事，食糧，教育，エネルギー，健康管理，水，衛生設備，文化的・社会的多様性，労働者の権利の尊重などの問題が広範に議論された。こうした課題の取り組みに当たっては，企業・政府・市民社会のセクターを超えたパートナーシップの重要性が強調され，企業に期待される役割も大きくなっていった。「持続可能な発展のための企業行動」という会議で当時のアナン国連事務総長は「今日では企業が政府や市民社会，そしてもちろん労働組合など他の主体とパートナーシップを組み，一丸となって取り組むことなしには，恒久的で効果的な解決策は生まれないという認識が高まっている」と述べている（谷本，2006：82-85）。

　企業は社会と密接な相互関係性を持って活動しているが，従来は経済に主軸を置き，社会に関わる問題は企業経営の中心的課題ではなかった（谷本，2006：59）。しかし，近年企業はグローバルな文脈の中でも社会との関わりを強めてきている。本章では，企業経営が社会化し，言わば「CSRのメインストリーム化」という潮流が明確になってきていることを，近時の様々な動向も踏まえて考察していく。そして，企業人の社会貢献意識の高まりと企業経営の社会化という潮流は，人材マネジメントの社会化にもう一段の意味を与えている。換言すれば，単なる理想の恩恵ではなく，ダイバーシティ・マネジメントとイノベーションの源泉としての越境学習という観点を提示し，社会貢献の高まった企業人と「協働」することで企業価値を高められる可能性があることを指摘したい。

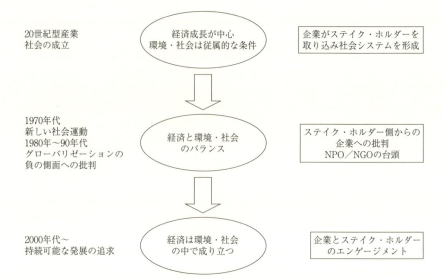

図7-3 CSRを取り巻く概念の変遷
出典：谷本寛治，2013年，『責任ある競争力 CSRを問い直す』，NTT出版，p.4 図0-1（一部修正）

2 CSR概念の変遷

（1）CSRの歴史的変遷

　20世紀型産業社会では経済成長が中心であり，環境・社会は従属的な条件に過ぎなかった。企業はステイク・ホルダーを組み込みながら社会システムを形成していた。1970年代には新しい社会運動が勃興し，1980～90年代になるとグローバリゼーションの負の側面への批判が強まった。経済は環境・社会とのバランスが求められ，ステイク・ホルダー側から企業への批判が高まり，一方でNPOやNGOが台頭した。2000年代以降は持続可能な発展が追求され，経済は環境・社会の中でこそ成立するという考えが定着した。企業とステイク・ホルダーは対話の機会を作り出すようになった（図7-3）（谷本，2013：4）。

（2）CSRとは

　CSRの定義は多様であるが，谷本は「企業活動のプロセスに社会的公平性や

第7章 CSRのメインストリーム化

図7－4　企業とステイク・ホルダー
出典：谷本寛治，2006年，『CSR　企業と社会を考える』，NTT出版，p.23 図1－2

表7－1　これまでの企業とステイク・ホルダーの関係

株主	法人間の株式相互持ち合い→内向きのネットワーク，相互信認の獲得
従業員	企業内労働市場：長期的な雇用関係→強いコミットメント，企業内労働組合
消費者	豊かさの追求，モノの消費を通じた自己表現
コミュニティ	地域共同体の解体（地縁→社縁），開発の対象，市民社会組織の未成熟
環境	環境＝所与，環境対策＝コスト，公害・直接被害に対する訴訟，法律による規制
政府	政府－行政－企業・財界，相互依存の閉じたネットワーク

出典：谷本寛治，2006年，『CSR　企業と社会を考える』，NTT出版，p.23 表1－2（一部修正）

倫理性，環境や人権への配慮を組み込み，ステイク・ホルダーに対してアカウンタビリティを果たしていくこと」と定義している（図7－4）（谷本，2006：59）。

企業とステイク・ホルダーの関係は，一般に共通の利得を求めて協働しあったり，お互いに独立した立場から相互に牽制し合ったりする（谷本，2006：21）。

これまで企業とステイク・ホルダーは安定的な関係を築いていた。企業と株主は株式を持ち合い相互信認の関係にあった。従業員は特定の企業に暗黙の長期的雇用関係を持ち，強くコミットメントする内部労働市場を形成していた（表7－1）（谷本，2006：22）。

しかし，企業とステイク・ホルダーの関係は近年変わりつつある。株式の相互持合いは解消し，モノ言う株主が出現している。日本的雇用慣行も変化し，会社への忠誠心は薄まっている。一方で，NPO／NGOも台頭している（表7－2）。

表7－2　変わりつつある企業とステイク・ホルダーの関係

株主	株式持ち合いの解消，モノ言う株主の出現，SRIの広がり
従業員	日本的雇用慣行の変化，会社人間への反省，能力主義の徹底
消費者	消費者意識の変化，エコへの関心，エシカル消費
コミュニティ	企業市民としての地域社会と関わり，NPO／NGOとのコラボレーション
環境	環境経営，IPO14001認証，環境報告書／サステナビリティ報告書の発行
政府	NPO／NGOセクターを交えた新しい関係の構築，CSR支援の動き

出典：谷本寛治，2006年，『CSR　企業と社会を考える』，NTT出版，p.44 表1－4（一部修正）

表7－3　CSRの3つの次元

①	経営活動のあり方	経営活動のプロセスに社会的公正性・倫理性，環境や人権などへの配慮を組み込む（戦略的組み込み）
		環境対策，採用や昇進上の公平性，人権対策，製品の品質や安全性，途上国での労働環境，情報公開など
②	社会的事業	社会的商品・サービス，社会的事業の開発
		環境配慮型商品の開発，障がい者・高齢者支援の商品・サービスの開発，エコツアー，フェアトレード，地域再開発に関わる事業，SRIファンドなど
③	社会貢献活動	経営資源を活用したコミュニティへの支援活動
		本業から離れた支援活動（金銭的／非金銭的寄付）本業の技術・ノウハウを活用した支援活動

出典：谷本寛治，2013年，『責任ある競争力　CSRを問い直す』，NTT出版，p.25 表1－1（一部修正）

　谷本によればCSRには3つの次元がある（表7－3）。経営活動のあり方，社会的事業，社会貢献活動である。第1の経営活動のあり方とは，企業経営そのものを問うことである。CSRの基本は，経営活動のプロセスに社会的公平性・倫理性，環境や人権への配慮を組み込むこと，そしてステイク・ホルダーに対してアカウンタビリティを明確にすることである。第2の社会的事業とは，社会的な商品・サービスの提供や，事業の開発を行うこと，社会的な課題の解決をビジネスとして取り組み，新しい可能性を示すことである。第3の社会貢献活動は，経営資源を活用したコミュニティへの支援活動，いわゆるフィランソロピー活動である（谷本，2013：25-26）。

3 ISO26000とは何か

(1) ISO26000の定義

2010年11月,世界初の社会的責任に関する国際規格としてISO26000が発行された。ISO26000とは,持続可能な発展を実現するために,世界最大の国際標準化機関ISO (International Organization for Standardization) によって,多様な参加と合意のプロセスを経て開発された,あらゆる種類の組織に向けた,社会的責任に関する初の包括的・詳細な手引書である(関,2011:2)。

ISO26000では,社会的責任について,次のように定義している。

> 社会や環境に対する組織の決定や活動が及ぼす影響についての責任であり,次のような透明で倫理的な行動を通して組織が果たす責任である。
> ・社会の持続可能な発展,健康そして福祉に貢献する。
> ・ステイク・ホルダーの期待に応える。
> ・関連する法令を順守し,国際的な行動規範と一致し,そして,
> ・組織全体に統合され,その組織の関係の中で実施される。
> (谷本,2013:123)

ISO26000には7つの原則と7つの主題が示されている。7つの原則とは,説明責任,透明性,倫理的な行動,ステイク・ホルダーの利害の尊重,法の支配の尊重,国際行動規範の尊重,人権の尊重であり,7つの主題とは,組織統治,人権,労働慣行,環境,公正な事業慣行,消費者課題,そしてコミュニティ参画およびコミュニティの発展である(谷本,2013:124-125)。

(2) 発行の経緯

端緒は1992年に開催されたリオ・デ・ジャネイロ(ブラジル)で開催された地球サミットや,2002年にヨハネスブルグ(南アフリカ)で開催された持続可能な開発に関する世界首脳会議(WSSD)で表明された「社会的責任は,組織の永続的発展に欠かすことができない」という認識である(小河,2010:48)。

2001年にISO理事会がISO消費者政策委員会に対して,ISOがCSRの領域で規格を作成するのは可能であるかを検討依頼したことから始まり,検討に10年近い月日を要した。ワーキング・グループでは,政府,産業界,労働界,消費者団体,NPO/NGO,SSRO(サービス・サポート・研究・その他)という6つのステイク・ホルダーを中心に組成され,多様な意見を集約した。このワーキング・グループには70ヵ国以上,300人を超えるエキスパートで構成されていた。ISO26000の規格開発には,作業原案,委員会原案,国際規格原案,最終国際規格原案というステージを経て国際規格に辿り着いた。ステージごとに大きな国際会議も開催された(小河,2010:50-51)。

(3) ISO26000のポイント

 ISO26000のポイントは5つある(谷本,2013:119-123)。

 第1に「持続可能な世界づくりに貢献する」という大きな枠組みで捉えていることである。企業だけでなく,あらゆる組織の関与を求めて,CSRとせずSRとしたことにも表れている。それぞれのステイク・ホルダーが自ら責任を持って行動しなければ,持続可能な発展は望めない。社会的責任の国際的なプラットフォームを目指している。

 第2にグローバルな広がりである。CSRの議論は先進国のみならず,新興国や途上国まで広がりを見せている。今回多くの国や地域から関係者が参加し,活発な概論がなされたことから,社会的責任に対するグローバルな理解が広まった。規格としての考え方を国際的な枠組みとして共有できたことは大きな成果である。

 第3にソフトローとしての機能である。ISO26000の規格作りには政府の代表のみならず,他の様々なステイク・ホルダーが参画した。条約などと異なり,政府の批准によって拘束力を持つのではなく,個々の組織に実施は委ねられている。運用者に委ねられた緩やかなスタイルがISO26000の特徴である[3]。

 第4に国際交易上の協定としての意味である。1995年,WTO(世界貿易機関:World Trade Organization)の中でマケラシュ協定が発行され,各国にある様々な規格をできる限り国際標準に合わせようとすることが確認された。つまり,貿易に際し,国ごとに様々な仕様があると,それが国際交易上の障壁になる可能性がある。したがって,こうした国際交易上の障害を取り除くためには,各国共通の

国際規格を定め，できる限りそれに準拠していくことが望ましい。そうした主要な国際規格の1つとしてISO規格も組み込まれている。ISO26000が国際交易上の意味をどこまで持つか現段階ではわからないが，少なくともWTOの議論の中で，社会的責任に関してこの規格で統一していくことが確認されていると言われている。

第5にマルチ・ステイク・ホルダー・プロセスによる議論を経て成立したことである。ISO26000は多くのステイク・ホルダーによるグローバル・ガバナンスの枠組みによって規格作りを行うという画期的な実験として成果を出した貴重な事例であった[4]。

(4) ISO26000の意義

ISO26000の発行によって，世界中で「社会的責任」という考え方に共通の認識や意識が生まれた。ISO26000はすべての組織を対象にしており，その影響は個人にまで及ぶ。そして，共通の認識が生まれた後には，ISO26000がディファクト・スタンダードになり，ステイク・ホルダーはISO26000を基準として企業活動を見ることになる。ISO26000の発行によって，外部からの視線はよりいっそう厳しくなるが，裏を返せばISO26000を率先して実行すれば，多くのステイク・ホルダーを満足させる近道にもある。今まで，何をどこまで追求すればよいか基準が不明確であったCSRにおいて，基準が示されたと捉えることもできる

---

(3) 1996年に発行した環境マネジメントの規格であるISO14001では第三者の認証が必要であり，その取得には多大な予算と膨大な準備が伴った。能動的な意思を企業に要求する反面，その意思を持たない企業はISO14001が求める標準化の制約を受けないことになる。これに対し，ISO26000は第三者認証を行わないため強制力はないものの，逆に，政府や企業，NPO/NGOを含む多くのステイク・ホルダーが長年にわたる議論を経て合意した国際規格として，実質的な影響力を有し，広範囲にわたる適用を実現できる潜在能力を有している（足達，2011：61-62）。

(4) マルチ・ステイク・ホルダーによる取り組みを生んだ背景には，1990年以降，国際関係が複雑化し，相互関係を深め，グローバルな課題に対する議論の仕方，取り組み方法が変化してきていることが挙げられる。一国だけでは解決しえない課題，関係者の利害が錯綜する課題，経済的，環境的，政治的な要素が切り離せず多角的・総合的な視野が求められる課題が増えている。特に，持続可能な発展に関わる様々な問題は，政府代表のみならず，関係するステイク・ホルダーが参画し，幅広く議論していくプロセスが重視されるようになっている（谷本，2013：126-127）。

(小河,2010:57-59)。

4　CSV論の勃興

(1) CSVとは何か

　CSV(Creating Shared Value：共有価値の創造)とは，企業と社会の両方に価値を生み出す企業活動を促進する経営モデルである。これまで豊かさの創造を通じてよりより社会づくりに貢献してきた企業が，時代の変化に対応して社会のニーズに応え，これからも長期的に発展していくための経営のあり方を提示するものであると指摘されている(赤池・水上,2013:10)。

　CSVはハーバード大学のマイケル・ポーターらが2011年に提唱した経営モデルである。経営戦略論[5]を過去一貫して主張してきたマイケル・ポーター自らが社会的価値に軸足を置いたことから脚光を浴びている。但し，CSV的発想はマイケル・ポーターが初めて唱えた訳ではない[6]。それまでにも，doing well by doing good (Himmelstein, 1997:56) という発想や，企業がビジネスを通して社会にも価値を生み出すBlended Value (Emerson, 2008:392) という発想が必要であることが議論されていたことには留意を要する[7][8](谷本,2013:33)。

---

(5)　ポーターは1980年代から90年代初めにかけて，市場における競争優位を目指す戦略論を提唱してきた。コストリーダー，差別化，集中という基本戦略や市場での競争要因を分析してきた (Porter, 1980:4, 35＝ポーター, 1985:18, 56)。そこには「社会性」や「社会的責任」という視点はなかった。2000年に入り，企業のフィランソロピー活動を単なるチャリティでなく，戦略的な視点から見直したり (Porter, 2002:57-68)，戦略的なCSR (Porter, 2006:78-92) を主張するようになった (谷本, 2013:32-33)。

(6)　日本でもCSV論に類似する概念はすでに主張されていた。例えば，松野・合力は，CSRは企業経営の創造や活力を有する領域であり，企業は今後，これを消極的なコストとしてではなく，企業の「社会性」と「経済性」を有機的に統合していくための新たなビジネス・チャンスと捉えるべきである，と述べている (松野・合力, 2006:364)。

(7)　ペインは財務面と道徳面の双方を包含する方向性をバリューシフト (価値観の移行) と称している (Paine, 2003:ix＝ペイン, 2004:5)。

(8)　企業が非営利団体とコラボレーションすることの重要性も以前から指摘されていた (Sagawa and Segal, 2000:234)。

第7章　CSRのメインストリーム化

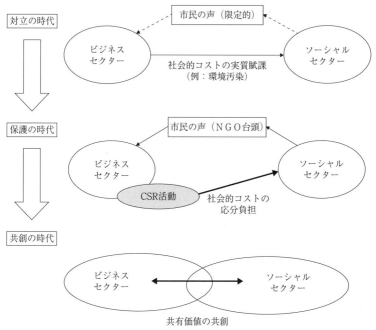

図7-5　ビジネス・セクターとソーシャル・セクターの関係
出典：藤井剛，2014年，『CSV時代のイノベーション戦略』，ファーストプレス，p.28

(2) CSV論の意義

　藤井によれば，歴史的に，社会的価値を起源とするソーシャル・セクター（NPO／NGOなど）と経済的価値を起源とするビジネス・セクター（企業）の関係は，長い「対立」の時代から，CSR活動の認知・浸透により社会的価値が「保護」される時代を経て，相互に共通価値を産み出す「共創」の時代に突入している（図7-5）。

　20世紀を通じて長く続いた「対立」の時代には，ビジネス・セクターの最優先事項は収益であった。社会的課題に起因するコストの一部がソーシャル・セクターに一方的に賦課され，公害問題が発生し，ビジネス・セクターとソーシャル・セクター間で「対立」が発生した。1990年頃を境に，地球環境問題の顕在化や欧米企業のグローバル化の進展による先進国と途上国の格差問題の露呈などを背景に，いわゆるCSR活動が企業の重要課題として広く認知されるようになっ

た。企業は社会課題に起因するコストをソーシャル・セクターと応分負担し，かつその行為を広く社会にアピールし，企業価値を「保護」するようになった。これが21世紀に入り，ビジネス・セクターとソーシャル・セクターの更なる連携が進み，価値の「共創」の時代に突入している。CSVはまさにこの「共創」の時代を示すキーワードである[9]（藤井：2014：27-29）。

（3）CSRとCSV

CSVはCSRとの対比で表現されることが多い。マイケル・ポーターは2011年の論文の中で両者を比較している（表7-4）（Porter and Kramer, 2011：76＝ポーター・クラマー，2011：29）。

一般的に，CSRは企業戦略とは別に位置づけられ，本業とは別予算で行われるのに対し，CSVは企業の競争に不可欠であり利益創出の源泉としての活動と捉えられる。CSRは社会の一員として企業が「善い行い」をすることであるが，CSVでは社会的価値と同時に経済的価値を創造することが必須である（藤井，2014：29-30）。

（4）CSV経営

赤池・水上はCSVを次世代の経営戦略として位置付けている[10]。企業がCSV

---

[9] CSVは3つのアプローチから構成される。第1のアプローチは製品・サービスのCSVである。社会・環境問題を事業機会と捉え，問題を解決しつつ利益を生み出すイノベーションを創出する。第2のアプローチはバリューチェーンのCSVである。バリューチェーンとは①購買物流②製造③出荷物流④販売・マーケティング⑤サービスという主活動と，それを支援する⑥全般管理⑦人事・労務管理⑧技術開発⑨調達活動という一連の活動からなり，これらの活動が相互に結びつき連鎖することによって価値が生み出されるという考え方である（東北大学経営学グループ，2008：263）。企業が提供価値を生み出すプロセスを通じて，社会・環境問題を解決しつつ，企業の競争力を強化する。第3に競争基盤／クラスターの強化と地域貢献の両立である。人材，インフラ，サプライヤー，規制や事業慣行，自然資源といった，企業活動を支える外部環境やステイク・ホルダーへの働きかけを通じて，社会問題を解決しつつ企業の競争力を強化する（赤池・水上，2013：12-14）。

[10] 例えば国内で最も体系的にCSVを推進している企業ととしてキリン株式会社が挙げられる。CSV本部を設立し，一つの取り組みが社会と自社の両方に価値を生み出す「One Action-Two Value」の視点で，「製品・サービス」「バリューチェーン」「地域社会」においてCSVを展開している（赤池・水上，2013：78）。

第7章 CSRのメインストリーム化

表7-4 CSRとCSV

CSR		CSV
価値は「善行」	→	価値はコストと比較した経済的便益と社会的便益
シチズンシップ,フィランソロピー,持続可能性	→	企業と地域社会が協働
任意あるいは外圧	→	競争に不可欠
利益の最大化とは別物	→	利益の最大化に不可欠
テーマは外部の報告書や個人の嗜好によって決まる	→	テーマは企業ごとに異なり内発的
企業業績やCSR予算の制約	→	企業の予算全体を再編成
例:フェアトレードで購入	→	例:調達方法の変更により品質と収穫量が向上

出典:Porter, Michael E., Kramer, Mark R. (2011) Creating Shared Value, *Harvard Business Review*, January-February 2011, p.76 (一部修正) (=マイケル E. ポーター,マーク R. クラマー,2011年,編集部訳,「経済的価値と社会的価値を同時実現する共通価値の戦略」,『DIAMONDハーバード・ビジネス・レビュー』所収,第36巻第6号,ダイヤモンド社,p.29)

を経営戦略として取り組む意義を5点述べている(赤池・水上,2013:21-23)。

第1に将来を見通した持続可能な戦略を構築できることである。CSVは,社会の問題,社会の構造,トレンドなどを見極めて,広い視野から考えるものであり,長期的に持続可能な戦略を構築することができる。

第2にイノベーションの創出である。CSVは,社会・環境問題と自社の強みとの関係,社会と自社事業との相互関係など新しい視座やレンズを提供する。またCSVはステイク・ホルダーとの協働により実践されることもある。そうした営みを通じて新たな価値,イノベーションが創出される。

第3グローバル化への対応である。新興国や途上国での事業展開には「地球と共に発展する」という考えが必要である。

第4に人材を活かすという視点である。本当に優秀な人材は,単に利益を追求するだけでなく,社会的にインパクトを与えたい,社会の発展に貢献したいという意識を強く持っている。

第5に組織に活力を与えることである。CSV推進のベースとなるのは企業理念である。CSVは,企業理念の実践を通して,社員に企業の存在意義を想起させ,組織に活力を与える。

赤池・水上は多くの企業がCSVを実践すれば,「社会・環境問題の解決は,利益を産み出す機会である。企業価値と社会価値は両立する」という認識が定着し,持続可能な社会を構築し,次の世代に豊かな社会をもたらすことができると述べている[11]（赤池・水上,2013,11-12）。

　CSVへは,新しい企業・ビジネス・働き方への包含されているものとして期待感が高い（玉村・横田・上木原・池本,2014：2）。但し,現時点でCSV論への過度な傾注は戒めるべきである。「CSRからCSVへ」という言い方もあるが,笹谷はこれをミスリーディングな表現であると警鐘を鳴らしている。両者活用型の経営戦略が必要である（笹谷,2013：44）。

5　統合報告書を巡る動向

　会計とは,企業活動を貨幣で測定し,記録し,企業のステイク・ホルダーに伝達する機能を言う（大島,2006：325）。したがって,本来非貨幣情報は対象にならない。但し,ステイク・ホルダーに対する情報伝達という観点から考えると非貨幣情報も対象となりうることになる。ここでは,環境会計,環境報告書を経て,統合報告書を巡る昨今の動向を概観する。

（1）環境会計

　環境会計とは,企業など,持続可能な発展を目指して,社会との良好な関係を保ちつつ,環境保全への取組を効率的かつ効果的に推進していくことを目的として,事業活動における環境保全のためのコストとその活動により得られた効果を認識し,可能な限り定量的（貨幣単位または物量単位）に測定し伝達する仕組みのことである（環境省,2005：2）。

　環境省は環境庁時代から,企業活動において環境負荷の低減がどの程度達成さ

---

(11)　粟屋は,CSRが混沌としている理由として,その活動主体である企業が未だに資本主義社会制度における企業の存在価値の本質の理解に至っておらず,社会の利益につながる利潤の最大化のための努力を怠っているからであると指摘している（粟屋,2012：150）。CSV論は,その突破口になるものであるが,あくまで経営戦略論の一つであり,利潤追求の手段にすぎないと読み解くこともできる。

れたかを評価するツールとして環境会計に注目していた。1996年には「環境保全コストの把握に関する勉強会」を発足させ，1999年「環境保全コストの把握及び公表に関するガイドライン－環境会計の確立に向けて（中間とりまとめ）」を発表した。各社が相次いで環境会計を導入することを公表したことから1999年が「環境会計元年」と言われる。環境省は，2000年には「環境会計システムの確立に向けて（2000年報告）」を，その集大成として2002年に「環境会計ガイドライン（2002年版）」を発表した（大島，2006：332-335）。

（2）環境報告書

環境省は2001年に「環境報告書ガイドライン（2000年版）」を公表し，2003年版，2007年版，2012年版と改訂している。2007年版からは「環境報告ガイドライン」と名称を変更し，「持続可能な社会をめざして」という副題もつけられた。これは，環境報告書のみならず，ESG情報を幅広く含んだ「環境・社会報告書」「サステナビリティ報告書」および「CSR報告書」など多様な名称の報告書が作成されるようになったことへの対応の一環である（宮武，2014：167）。

（3）CSR報告書のトレンド

CSRとは「企業活動のプロセスに社会的公平性や倫理性，環境や人権への配慮を組み込み，ステイク・ホルダーに対してアカウンタビリティを果たしていくこと」（谷本，2006：59）であり，アカウンタビリティの観点から如何に情報開示を行うかも重要な課題である。CSRの本質を理解した上で，自社のCSR方針を明確にし，自社を取り巻くステイク・ホルダーの関心を的確に捉え，それぞれのニーズに応じた情報提供を図る必要がある（加藤，2009：はしがき）。

CSR報告書の記載内容は，企業の考え方や社会のニーズと共に変化しているが，最近のトレンドは，各企業が考える重要性（マテリアリティ）に基づいた報告形式になっていること，報告対象範囲はKPI（Key Performance Indicator, 重要な業績評価指標）が変化していること，各目標に対するPlan-Do-See-Actionの流れは明確化してきていること，である（図7-6）（新日本有限責任監査法人，2009：82）。統合報告書については後述する。

1．記載内容
　① 重要性（マテリアリティ）に基づいた報告
　　a 重要性に基づく報告項目の決定過程の記載
　　b 重要性を考慮した記載
　② ステイク・ホルダーとのコミュニケーション活動についての記載
　　・ステイク・ホルダー・ダイアログ（企業がステイク・ホルダーと直接的に双方向のダイアログ（対話）を行うことによって相互理解を深めようとする取り組み）に関する記載の増加
　③ 報告対象範囲の拡大
　　a 環境面の報告範囲
　　　　・単独企業からグループ会社，海外拠点，サプライ・チェーンまで拡大
　　　　・環境マネジメント体制の計画・構築
　　b　社会面の報告範囲
　　　　・社会面の報告テーマ（雇用・安全・リスクマネジメントなど）の拡大
　　　　・単独企業からグループ会社，海外拠点，サプライ・チェーンまで拡大
　　　　・マネジメント体制の計画・構築
　④ 事業および製品の特徴とCSRとの関係の明示
　　a カンパニーまたは事業ごとのCSR活動内容の記載
　　b 本業を通じたCSRに関する記載
　　　　・企業のCSRが本業重視化
　⑤ KPI（重要な業績評価指標）について
　　a 環境面のKPI
　　　　・項目の具体化・精緻化・深耕化
　　b 社会面のKPI
　　　　・定性評価から定量化
　　c KPIの報告パターン
　　　　・一覧表示や経年比較
　⑥ PDCAサイクルを明確に記載
　　各目標や管理指標について，Plan（目標・計画）―Do（実行）―See（評価）―Check（対策の立案・実行）といったPDCAの流れを明瞭に記載
　⑦ 単年度から中長期的な記載へ
　⑧ CSR報告書の正確性・信頼性の担保
　　a 各種ガイドラインを準拠した網羅的な記載
　　b CSR報告書作成プロセスの明示
　　c ステイク・ホルダーとの双方向コミュニケーション手段の設定
　　d 第三者からのCSR報告書への意見（第三者意見または第三者所感）
　　e 第三者によるCSR報告書の検証・保証

⑨ 環境・社会に配慮した投融資状況に関する記載
⑩ 多様性重視を表現したCSR報告書
⑪ 読者の視覚に訴えるCSR報告書
2．CSR報告書の名称および構成
　① CSR報告書の名称
　　CSR，社会的責任，サステナビリティという用語を含む報告書が増加
　② CSR報告書の構成
　　a 環境面と社会面の記載内容及量
　　　・社会面の記載テーマ（ガバナンス，コンプライアンス，リスクマネジメント，労働安全衛生など）と量の増加
　　　・特に環境負荷の重い業種においては環境面が詳細化・深化
　　b 報告形式
　　　・多様化（ステイク・ホルダー別の記載方式やオリジナル型）
3．CSR報告書の開示媒体
　① 媒体を併用した情報開示
　　冊子とWEB併用が一般的
　② WEBにおける効果的な情報開示
　　利便性の向上

図7-6　CSR報告書のトレンド
出典：新日本有限責任監査法人，1999年，『CSR報告書の読み方・作り方』，中央経済社，pp.82-105から抜粋

（4）統合報告書

　現在，日本で株式を公開する企業は有価証券報告書や内部統制報告書などの「法定開示」，民間規制ながら証券取引所により決算短信などの「適時開示」が義務づけられている。さらには自主的にアニュアル・レポート，中期経営計画書をはじめ環境・CSR報告書など様々な「任意開示」を行っている（川村，2014：198）。

　経済のグローバル化を背景に企業の経営環境が多様化・複雑化し，経営の不確実性が増大する中で，企業が持続的発展を遂げるためには，"過去情報"中心の財務情報だけでなく，"将来志向"の非財務情報の重要性が認識されるようになった[12]（川村，2014：199）。

---

(12)　企業価値の創造に対する財務情報の有用性・説明力が低下する一方，企業価値に最大化に向けた非財務情報（特にESG情報）への期待が増加している（川村，2014：199-200）。

そうした中，2013年に国際統合報告協議会（IIRC：The International Integrated Reporting Council）が国際統合報告フレームワークを公表した。統合報告の狙いについては4点が挙げられている。第1に，財務資本提供者が利用可能な情報の質を改善すること，第2に，組織の価値創造が重要な要因についてよりまとまりがある，効率的なアプローチを進めること，第3に，多様な資本について説明責任とスチュワードシップ[13]を高めること，長期的な価値創造につながる統合思考，意思決定および行動を支援すること，である（森，2014：7-8）。

　森によれば，統合報告書の主題は価値創造である。組織が創造する価値には，組織自身に対する価値と，組織外の他者（ステイク・ホルダー，より広くは社会）に対する価値がある。伝統的な財務報告は，組織にとっての価値のみを測定することを目的とし，環境・CSR報告書などの非財務の報告は組織外に対する価値に焦点を当ててきた。今回のフレームワークに従えば，企業価値の2つの側面が明確に関係づけられた上で報告されることになる（森，2014：13-14）。

　統合報告に向けた探索はこれから本格化していくものであるが，統合報告書が投げかける命題は大きい。短期・中期・長期にわたる時間軸をもって企業価値をどのように創造していくのか，が問われる。これまで価値創造として考慮されることの少なかったESG要素を十分勘案し，財務要素と非財務要素を整合的に関連づけて個性的な経営戦略を策定し，投資家をはじめとしたステイク・ホルダーが理解・納得できるような価値創造プロセスとビジネス・モデルを報告することが求められる（川村，2014：207-209）。

6　CSRのメインストリーム化

（1）国連グローバル・コンパクト

　社会的に責任ある企業活動のあり方を規定する様々な企業行動基準が策定されているが，ここでは国連グローバル・コンパクトについて触れておきたい。

　国連グローバル・コンパクトは，1999年の世界経済フォーラム（ダボス会議）

---

(13)　預けられたものを責任を持って管理するための活動のことである（東京海上日動保険・東京海上日動リスクコンサルティング，2013：2）。

第7章　CSRのメインストリーム化

国連グルーバル・コンパクトの人権，労働，環境および腐敗防止の分野に関する10原則は普遍的なコンセンサスを得たものであり，次の国際文書に由来する。
　　世界人権宣言
　　労働における基本原則及び権利に関するILO宣言
　　環境と開発に関するリオ宣言
　　腐敗の防止に関する国際連合条約
グローバル・コンパクトは，各企業に対して，それぞれの影響の及ぶ範囲内で，人権，労働基準，環境，腐敗防止の分野における核たる諸価値を受け入れ，支持し，採用するよう，要請する。
人権
　　原則1：企業は，国際的に宣言されている人権の保護を支持，尊重し，
　　原則2：自らが人権侵害に間接的に加担することのないように確保する。
労働基準
　　原則3：企業は，組合結成の自由と団体交渉の権利の実効的な承認を支持し，
　　原則4：あらゆる形態の強制労働の撤廃を支持し，
　　原則5：児童労働の実効的な廃止を支持し，
　　原則6：雇用と職業における差別の撤廃を支持する。
環境
　　原則7：企業は，環境問題への予防的な取り組みを支持し，
　　原則8：自ら率先してより大きな環境上の責任を引き受け，
　　原則9：環境に優しい技術の開発と普及を奨励する。
腐敗防止
　　原則10：企業は，強要と贈収賄を含むあらゆる形態の腐敗の防止に取り組む。

図7－7　国連グローバル・コンパクト
出典：菅原絵美，2009年，「国連グローバル・コンパクト10原則とガバナンス体制」，江橋崇編著，『企業の社会的責任経営　CSRとグローバル・コンパクトの可能性』所収，法政大学出版局，pp.161-162

の席上で当時のアナン国連事務総長が提唱し，2000年の国連本部で発足した。人権，労働，環境，腐敗防止の領域に，企業に責任ある行動の確立を求める行動規範が定められている。2014年7月24日現在，日本でも191の企業・団体が加盟している[14]（図7－7）。

---

(14)　グローバル・コンパクト・ジャパン・ネットワークのHPによる。http://ungcjn.org/gcjn/state/index.html（検索日：2014年8月12日）

（2）企業行動憲章

　日本経済団体連合会は企業行動憲章を定めている。1991年初めて「企業行動憲章」を制定した際には以下のように述べている。

> 企業と消費者・生活者との共生の必要性，企業にあっては個人の尊重，株主の権利への配慮，さらには国際化の進展といった企業を取り巻く社会環境の変化とともに，社会が企業に求める役割も変化している。今日の企業は，公正な競争を通じて適正な利益を追求するという経済的存在であることと同時に，人間が豊かに生活していくために奉仕する，広く社会全体にとって有用な存在であることが求められている。そのために企業は単に法を遵守するにとどまらず社会的良識を持って行動しなければならない。企業の構成員は消費者・生活者としても社会と関わりを持っており，企業は社会の一員として社会の理解と信頼をより確かなものにしなければならない（経済団体連合会，1991）。

　その後，数次にわたる憲章ならびに実行の手引きの見直しを行ってきた。2010年にはISO26000の動向を受け改定を行った。

> 近年，ISO26000（社会的責任に関する国際規格）に代表されるように，持続可能な社会の発展に向けて，あらゆる組織が自らの社会的責任（SR：Social Responsibility）を認識し，その責任を果たすべきであるとの考え方が国際的に広まっている。とりわけ企業は，所得や雇用の創出など，経済社会の発展になくてはならない存在であるとともに，社会や環境に与える影響が大きいことを認識し，「企業の社会的責任（CSR：Corporate Social Responsibility）」を率先して果たす必要がある（日本経済団体連合会，2010）。

　企業と社会の発展が密接に関係していることを再認識した上で，経済，環境，社会の側面を総合的に捉えて事業活動を展開し，持続可能な社会の創造に資することを宣言している（図7－8）。

第7章 CSRのメインストリーム化

　企業は，公正な競争を通じて付加価値を創出し，雇用を生み出すなど経済社会の発展を担うとともに，広く社会にとって有用な存在でなければならない。そのため企業は，次の10原則に基づき，国の内外において，人権を尊重し，関係法令，国際ルールおよびその精神を遵守しつつ，持続可能な社会の創造に向けて，高い倫理観をもって社会的責任を果たしていく。

1. 社会的に有用で安全な商品・サービスを開発，提供し，消費者・顧客の満足と信頼を獲得する。
2. 公正，透明，自由な競争ならびに適正な取引を行う。また，政治，行政との健全かつ正常な関係を保つ。
3. 株主はもとより，広く社会とのコミュニケーションを行い，企業情報を積極的かつ公正に開示する。また，個人情報・顧客情報をはじめとする各種情報の保護・管理を徹底する。
4. 従業員の多様性，人格，個性を尊重するとともに，安全で働きやすい環境を確保し，ゆとりと豊かさを実現する。
5. 環境問題への取り組みは人類共通の課題であり，企業の存在と活動に必須の要件として，主体的に行動する。
6. 「良き企業市民」として，積極的に社会貢献活動を行う。
7. 市民社会の秩序や安全に脅威を与える反社会的勢力および団体とは断固として対決し，関係遮断を徹底する。
8. 事業活動のグローバル化に対応し，各国・地域の法律の遵守，人権を含む各種の国際規範の尊重はもとより，文化や慣習，ステークホルダーの関心に配慮した経営を行い，当該国・地域の経済社会の発展に貢献する。
9. 経営トップは，本憲章の精神の実現が自らの役割であることを認識し，率先垂範の上，社内ならびにグループ企業にその徹底を図るとともに，取引先にも促す。また，社内外の声を常時把握し，実効ある社内体制を確立する。
10. 本憲章に反するような事態が発生したときには，経営トップ自らが問題解決にあたる姿勢を内外に明らかにし，原因究明，再発防止に努める。また，社会への迅速かつ的確な情報の公開と説明責任を遂行し，権限と責任を明確にした上，自らを含めて厳正な処分を行う。

図7－8　企業行動憲章
出典：日本経済団体連合会, 2010年,「企業行動憲章」(https://www.keidanren.or.jp/japanese/policy/cgcb/charter.html)
（検索日：2014年8月12日）

（3）企業経営の社会化

　本章でこれまで，CSRの歴史的変遷，ISO26000の発行，CSV論の勃興，統合報告書についてみてきたが，CSRは確実に立ち位置を変えてきている。
　2009年に日本経済団体連合会が行った「CSR（企業の社会的責任）に関するアン

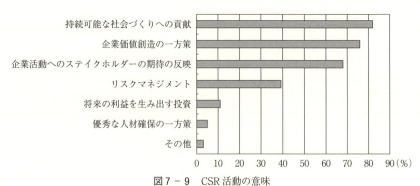

図7-9　CSR活動の意味
出典：日本経済団体連合会，2009年，「CSR（企業の社会的責任）に関するアンケート調査結果」(http://www.keidanren.or.jp/japanese/policy/2009/075/gaiyo.pdf)（検索日：2014年8月12日）

ケート調査結果」によると，CSR活動の意味について，「持続可能な社会づくりへの貢献（82%）」，「企業価値（ブランド力や信頼など）創造の一方策（76%）」，「企業活動へのステイク・ホルダーの期待の反映（68%）」に回答が収斂し，CSRについて共通認識が形成されている（図7-9）。特に，2009年は2008年のリーマン・ショックの直後であったが，CSRに対する理念や取り組み姿勢は変わらないとする回答が大半を占めた[15]（日本経済団体連合会，2009：27）。

同アンケートにおける「2005年当時と比べて，現在の自社のCSRへの取り組み状況をどのように判断されますか」という問いに対しては，「方針・戦略の明確化」，「CSR推進体制の整備」，「従業員の教育・研修」ならびに「CSRに関する情報開示」においては，「かなり進んだ」，「ある程度進んだ」と回答した企業の比率の合計が7割を超えており，これらの分野においては，2005年以降，企業が特に力を入れて取り組んでいることがわかる。他方，「サプライチェーン・マネジメント」は「①ほとんど取り組んでいない」，「②あまり進んでいない」と回答した企業の比率の合計が3割を超えており，CSRを推進する上での課題の一つとなっている（図7-10）（日本経済団体連合会，2009：3）。

今やCSRは理念としてではなく，また本業とは別のものあるいは付加的な活

---

[15] そうした時期だからこそ，変革のチャンスであり，取り組みを強化するなど，前向き，積極的な回答を示した回答もあった（日本経済団体連合会，2009：2）。

第7章 CSRのメインストリーム化

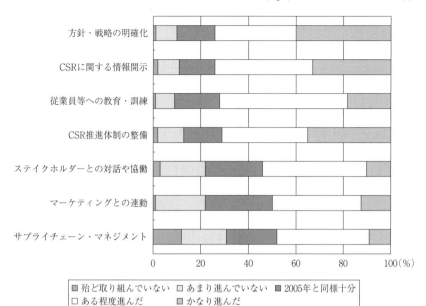

図7-10 CSRへの取り組み状況
出典：日本経済団体連合会，2009年，「CSR（企業の社会的責任）に関するアンケート調査結果」(http://www.keidanren.or.jp/japanese/policy/2009/075/honbun.pdf)（検索日：2014年8月31日）

動としてでもなく，経営活動そのものとして捉えられるようになってきた（谷本，2013：7）。ヨーロッパを中心とした学会EABIS（Europian Academy of Business in Society）では「CSRのメインストリーム化」というに分析を行っている（Smith and Lenssen, 2009：2-7）。CSRは舞台の端から中央に躍り出ようとしている。

丹下は企業経営体としての戦略的意味合いが強い「企業経営の社会性」という概念を提唱する。企業経営の社会性として，新しい企業理念（営利性と社会性の両立），社会的ビジョン，先進的な環境管理システム，エルダーエア，高齢者の積極活用という5つのポイントを明示する（丹下，2005：12, 17）。

松野は今後企業が社会的存在としての観点から自らの社会的責任を遂行し，社会との関連づけを行っていく中で経営政策上重要視されるべき要素として，企業行動における社会性向上のための経営学的視点，すなわち経営学的な社会化（Manaegerial Socialization）であるとした上で，「社会化」を「企業の公共的利益の遵守という立場から，企業行動における経営的利益と社会的利益（あるいは公共

的利益）の最適化による企業の社会性の向上を推進していく」ことであると述べている。企業がオープン・システムである限り，自ら社会の中の一員（社会的存在）であることを受け入れることは企業にとって必然であり，したがって，企業は社会に対してその責任の遂行を通じて，企業行動の「社会化」を図っていく必要があると説いている[16]（松野，2006：19）。

　谷本は「責任ある競争力」（Responsible Competitiveness）という概念を提示する。責任ある競争力とは「社会的，経済的，環境的な影響力を考慮に入れ，ビジネスの戦略を立て，実施することであり，そのことによって生産性を高め成果をあげ，グローバル市場における優位性を得ること」である。実際に実行し，成果をあげていくのは容易なことではないが，責任ある競争力が具現化し，成果を収めていけるような社会や企業群が出現してくることが望まれる（谷本：2013：9-11）。

　このように企業経営そのものが社会化しており，社会との対話なしに企業経営を行うことは不可能な時代が到来している[17]。

---

(16)　松野は社会化を「受動的な社会化」と「能動的な社会化」に分類している。「受動的な社会化」とは「意図せざる結果として自らに投げかけられている様々な社会的批判を消極的・他律的に回避していく」ことであり，「能動的な社会化」とは「社会的な課題を自ら発見しながら社会的および経済的ニーズに積極的・自律的に応えていく」ことである。松野は，コスト・セービング的なマイナスの削減である「受動的な社会化」から企業投資的な発想で，企業経営政策上の社会的課題を自発的に見出し，積極的に取り組んで社会に貢献しようとするプラスの創出である「能動的な社会化」への転換を促している（松野，2006：19-20）。
(17)　CSR に対する消極論も存在する。企業の責任は出資者（株主）のために企業利益を最大化すること（Friedman, 1962：200＝フリードマン, 1975：225）であり，CSR の教義はこのような目的を超えている，という主張である。森本は，消極論は1960年以降の現実状況に対応できないこと，消極論もまた権力・責任均衡の鉄則とそれを保証する枠組みをの必要性を主張していること，消極論は企業存続の必要最低限を明確にしたがその後の議論は CSR の内容を体系化したこと，消極論もまた私益の追求と公益は合致することを認めていること，などを掲げた上で，消極論は，積極論の対極に位置しながら，積極論の反面教師として積極論の展開に貢献した，と分析している（森本，1994：38-46）。ボーゲルは，消極論に対して，①利益の最大化に企業のの目的を限定する必要はないこと，②社会的責任を果たすことと通常以上に利益を出すことは矛盾しないこと，から反論している（Vogel, 2005：12-13＝ボーゲル, 2007：23-24）。

7　ダイバーシティ・マネジメント

（1）ダイバーシティ・マネジメント

　グローバル化が進展し市場環境の不確実性が増大する中，第1に多様化・複雑化する顧客ニーズを的確に捉え，新たな収益機会を取り込むためにイノベーションを生み出すこと，第2に急激な環境変化に柔軟かつ能動的に対応し，リスクをビジネス上の機会と捉え機動的に対処すること，第3に国内外の投資家から「持続可能性」（サステナビリティ）のある投資先として信頼されること，が企業に求められている。そうした要請に対応するための経営戦略として，事業展開に不可欠な多様な価値観を有する幅広い層の人材を確保し，その能力を最大限発揮してもらうことで，イノベーションの創出など，価値創造につなげるダイバーシティ・マネジメントが求められている（経済産業省，2013，7-8）。

　ダイバーシティ・マネジメントとは「変化対応が求められる時代に，一人ひとりの多様性を活かして，創造性・モチベーションを高め，多角的な思考を取り込みながら，市場に対して柔軟に適応できる組織に変革するマネジメント手法」（谷口，2006）である。

（2）ダイバーシティとは

　ダイバーシティについて，性別，年齢，国籍，障がいの有無が例示されることが多いが，キャリアやライフ・スタイルの多様性も含むと言われている（経済産業省，2013：7）。

　谷口はダイバーシティを2つのカテゴリーに大別している（図7-11）。表層的なダイバーシティは，文字通り目に見えて識別可能なものである。例えば，性別，人種，国籍などである。深層的なダイバーシティは外観的に識別しにくいものである。例えば，パーソナリティ，価値観，態度，嗜好，信条などである（谷口，2005：41）。

　ダイバーシティ・マネジメントという観点から見た場合，表層的ダイバーシティと深層的ダイバーシティには違いがあると谷口は指摘している。表層的なダイバーシティの場合，対外的効果大きく，すぐに成果が出やすい。女性や外国人

①　表層的なダイバーシティ
　　性別，人種・民族，年齢，障がいの有無
②　深層的なダイバーシティ
　　居住地，家族構成，習慣，所属組織，社会階級，教育，コミュニケーションスタイル，マネジメントスタイル，職歴，未既婚，趣味，パーソナリティ，母国語，宗教，学習方式，収入，考え方，国籍，出身地，役職，勤続年数，勤務形態，社会経済的地位など

図7-11　ダイバーシティの次元

出典：谷口真美，2005年，『ダイバシティ・マネジメント——多様性をいかす組織』，白桃書房，p.42，図表2-1 ダイバシティの次元（一部修正）

が社長に就任した場合，「組織が変わった」と誰にでもわかりやすくアピールでき，マーケティング効果，顧客イメージのプラス効果が高い。一方，深層的ダイバーシティの場合，共に働く人達，つまり組織の内部にゆっくりと浸透し，影響を与えていく。したがって，イノベーションを期待するのであれば，むしろこちらの方が重要である（谷口，2006）。

(3) 社会貢献意識の高い企業人の取り込み

　社会貢献意識の高い企業人を取り込むことはダイバーシティ・マネジメントの観点からも有用である。社会貢献意識が高いという価値観は外観的に識別できない深層的なダイバーシティである。

　ダイバーシティに対する企業行動は「抵抗」→「同化」→「分離」→「統合」というステップを踏むと言われている（図7-12）（谷口，2005：257）。

　ダイバーシティをマネジメントするのはインフォーマルな組織文化とフォーマルな組織構造を変える必要がある。組織文化と組織構造をまったく変えないのは「同化」のパラダイム，組織文化と組織構造を変えずにある特定部門だけに限定して取り入れるのは「分離」のパラダイム，組織文化と組織構を全体的に変えるのは「統合」のパラダイムである（谷口，2005：259-260）。社会貢献意識の高い企業人を広く取り込むことによって「統合」のパラダイムを実現し，企業価値を高めていくことができる可能性がある[18]。

第7章　CSRのメインストリーム化

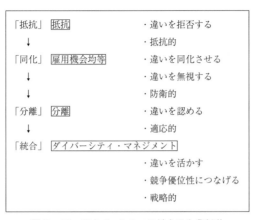

図7-12　ダイバーシティに対する企業行動
出典：谷口真美, 2005年, 『ダイバシティ・マネジメント——多様性を
いかす組織』, 白桃書房, p.257, 図表4-12（一部修正）

8　イノベーションの源泉として越境学習

（1）越境学習

　越境学習とは，組織の境界を飛び越え，組織にいては気付かなかったようなアイデアを生み出したり，組織の中では獲得できない知識・技能を身につけたり，日々の仕事の中で自明化してしまった自らのキャリアを問い直すことを可能にする学習である[19][20]（図7-13）（中原，2012：185）。

　荒木は，企業で働く個人の学習の場は，今や物理的な職場の枠をこえつつある

---

(18)　多様な属性や価値観を持った人材を束ねて，事業戦略上の目標に向かってパフォーマンスを最大化するためのマネジメントは高度なものであり，組織内の様々な「慣性」を断ち切るためにも，トップの強いリーダーシップと継続的な取り組みが必要であると指摘されている（佐藤，2014：a）。
(19)　越境学習の根底には，学習の起源を経験に求めるデューイの経験学習論がある（Dewey, 1938：113＝デューイ，2004：146）。デューイは，連続的な経験が相互に統合されて人格（personality）が形成されると述べ（Dewey, 1938：43＝デューイ，2004：65），経験の組織化は，それ自体が目的ではなく，社会関係や人間関係を理解し，一段と知的に秩序立てるための手段である，と認識している（Dewey, 1938：103＝デューイ，2004：135）。

```
┌─────────────────────────────────────────────────────────────┐
│   組織内部における学習プロセス      組織外における学習プロセス   │
│  ┌─────────────────────────────┐ ┌─────────────────────────┐│
│  │経験学習：業務経験を経て内省  │ │越境学習：組織の境界を往還││
│  │職場学習：上司・同僚とコミュニケーション                   │
│  │組織社会化：教育機関から組織に移行                         │
│  │組織再社会化：離脱→組織再参入                              │
│  └─────────────────────────────┘                           │
└─────────────────────────────────────────────────────────────┘
```

図7-13　越境学習の概念図

出典：中原淳，2012年，『経営学習論　人材育成を科学する』，東京大学出版会 p.187. 図7-1を参考に筆者作成

とした上で，今後，仕事のための学習を如何に効果的に行うかを考えるためには，職場を超える様々な学習空間において，個人がどのような活動や経験をし，それがどのように個人の成長に繋がっているのかも含めて論ずる必要があると指摘している（荒木，2008：126）。

（2）イノベーションの源泉

越境学習に関心が集まる理由の1つは，それが「企業の競争優位を支えるイノベーション」につながる可能性を有しているからである（中原，2012：188）。

イノベーションとは「個人あるいは集団のアイデアの創出に始まって，それが具現化され，そして最終的に社会に受け入れられるまでの一連の社会的プロセス」のことである（米倉・青島，2001：5）。かつて，シュンペーターは，郵便馬車をいくら連続的に連ねても，それによって決して鉄道を得ることはできない，と述べた[21]（Shumpeter, 1934：64＝シュンペーター，1977：180）。鉄道という新たなイノベーションは，郵便馬車のメカニズムとはまったくかけ離れた方法，例えば工場の動力源であった蒸気機関を移動のための動力として転用し，しかも郵便馬車の存在そのものを否定してしまうようなあり方で生み出される。そうした創造的破壊の際に必要となるのは個々人の視野の拡大[22]である[23]（中原，2000：159）。

---

[20]　ショーンは，デューイの思想に影響を受け，省察的実践家（reflective practioner）の概念を提唱した（中原，2010：29）。ショーンは，行為の中の省察（reflecting-in-action）によって暗黙の直観的な知が相互に作用しあって焦点化されていく，と述べている（Schön, 1983：56＝ショーン，2001：91）。

第**7**章　CSRのメインストリーム化

　イノベーションの促進要因としては，第1に企業組織レベルにおいて，組織内部のマネジメント・開発プロセスの卓越性によって促進される，第2に企業組織間レベルにおいて，複数の企業が社会的相互作用を営む中で促進される[24]，第3に国家レベルにおいて，大学や特許制度によって促進される，第4に個人レベルにおいて，アブダクション（観察された不可解な事実を説明しうるような仮説を構想し提起する推理）によって生み出される，と言われている（米倉・青島，2001：5）。

　このうち組織内部のマネジメントによってイノベーションを促進する場合に求められるのは「従来の慣行軌道を離れ新しい軌道に変わる」ことである（丹羽，2010：2）[25][26]。日常の思考やオペレーションから離れた非連続な機会，経済合理

---

[21]　シュンペーターはイノベーションを，①新しい財貨や，新しい品質の財貨の生産，②新しい生産方法と，商品の商業的取り扱いに関する新しい方法，③新しい販路の開拓，④原材料ないし半製品の新しい供給源の獲得，⑤新しい組織の実現，に分類している（Shunpeter, 1934：66＝シュンペーター，1977：182-183）。近能・高井は現代的な意味で，①プロダクト・イノベーション（画期的な新製品・サービスの創出），②プロセス・イノベーション（画期的な新しい開発・生産・流通プロセスの創出），③マーケット・イノベーション（新しい市場や流通チャネルの創出），④マテリアル・イノベーション（画期的な新しい部品や材料の創出），⑤システム・イノベーション（画期的な新しいビジネスシステムの創出）と言い換えている（近能・高井，2010：3）。
[22]　視野の拡大は，アージリスとショーンが提唱した「ダブルループ学習」を想起させる（Argyris & Shchön, 1978：20）。
[23]　変化の激しい時代にあって，自社内で完結するクローズド・イノベーションではなく，業内部と外部（他社）のアイデアを有機的に結合し，価値を創造するオープン・イノベーションが脚光を浴びている（Chesbrough, 2003：xxiv＝チェスブロウ，2004：8）。
[24]　松尾は，他者とのつながりの中で，挑戦しようとする気持ちが高まり（ストレッチ），自身の行動を振り返り（リフレクション），仕事の喜びを感じる（エンジョイメント）とした上で，職場外（他部署・他組織）から率直な意見を聞くことの重要性を強調している（松尾，2011：144-146）。
[25]　慣行軌道から新軌道への変更がイノベーションであるので，挑戦すべき課題は如何に新軌道に入るかである。軌道外に出ると，決断のための与件や行動のための規則がなくなり，推察と洞察で計画を練らなければならない。しかし，慣行軌道の計画に比べれば質的量的に大きな誤謬を含む。このような計画を練る時，自分の胸中に慣行軌道の諸要素が浮かび上がり，成立しつつある計画に反対の証拠を並べたくなる。これを克服するには，日常的必要を超える大きな力の余剰を前提に，意思の新しい使い方が必要になる（丹羽，2010：3-7）。
[26]　近能・高井は，ビジネス・モデルの構築において本当に重要なのは「常識にとらわれずに柔軟に発想する」ことであり，本当に優れた，時代を画するような新しいビジネス・モデルを考え出していく上では「常識からの逸脱」が必要になる，と述べている（近能・高井，2010：354）。

性の支配の及ばない世界，変化を許容できる場所，組織やステレオタイプにとらわれない思考の実現こそが「イノベーションの源泉」[27]であり，そこに越境学習の可能性がある[28][29][30][31]（中原，2012：190）。

『イノベーションのジレンマ』[32]の著書として有名なクリステンセンらも，イノベーターは知識の幅を広げるために，多様な背景や視点を持った人達との出会いを精力的に求める，と述べている（Dyer & Ggregersen & Christensen, 2011：113＝ダイアー・グレガーセン・クリステンセン，2012：129）。

（3）ボランティアの意義

中原は越境学習する人々のニーズとして10の事例を掲げている（表7－5）（中原，2012：162-164）。

---

[27] イノベーションは典型的にメーカー自身によって生み出されると考えられてきたが，イノベーションの源泉は非常に多様であるとヒッペルは指摘している（Hippel, 1988：3＝ヒッペル，1991：3）。

[28] ウェンガー・マクダーモット・スナイダーは，革新的に新しい洞察や展開はコミュニティとコミュニティの境界で生じることが多く，異なる視点がぶつかることできわめて創造的なものが生まれることがあると述べている（Wegner, McDermott and Snyder, 2002：153＝ウェンガー・マクダーモット・スナイダー，2002：227）。さらに，複雑性のマネジメントの重要性を認めた上で，複雑性を敬遠し，伝統的な管理体制に立ち戻る誘惑や複雑性を公式の機構に持ち込む誘惑を戒めている（Wegner, McDermott and Snyder, 2002：157-158＝ウェンガー・マクダーモット・スナイダー，2002：233-234）。複雑性は多様な要素の相互作用を生み出し，往々にして創発性に帰結する，と指摘されている（Axelrod and Cohen, 1999：15＝アクセルロッド・コーエン，2003：21）。

[29] イノベーションの古典的または伝統的な見解では，アイデア，概念，製品やサービスなどは組織の内部に端を発し，開発されて市場に出ていくというものであるが，今や状況は変化している。今日では効果的なイノベーションの多くが外部にいる人々からもたらされる。モリスはこれを「外から中へのイノベーション」と呼んでいる。外から中へのイノベーションの出現は，個人や会社が広範な外部の共同体の人々と相互に影響しあうことを促進する（Morris, 2006：70-72＝モリス，2009：72-73）。

[30] 社外の勉強会に参加しているビジネスパーソンが成長実感・組織コミットメントが高いという研究結果がある（舘野，2012：282）。

[31] フィンケ・ワード・スミスは，創造的思考を促進する方法の1つとして，新奇な状況や課題を用いることを掲げている（Finke, Ward and Smith, 1992：30-31＝フィンケ・ワード・スミス，1999：34）。

[32] 見事な成功を収めてきた企業の優良な経営陣が，ひたすら利益と成長を求めるたに，企業を失敗に導く場合があることを例証した著書（Christensen, 2000：225＝クリステンセン，2009：293）。

第7章　CSRのメインストリーム化

表7-5　越境学習する人々のニーズ

1	キャリア	企業や事業の見通しのきかない時代に、「働く意味」「生きる意味」を再確認したい
2	イノベーション	会社で身についた思考形式や常識をアンラーニングしたり、視野拡大を図ることで、新しいアイデアを生み出したい
3	ネットワーク	会社以外に人脈を設けておくことが、将来、仕事をしていく上での利益になるから、人と交流したい
4	フレンドシップ	会社以外の人と、知り合いになりたい
5	プロフェッショナルボランティア	企業・組織における利益追求とは別に、社会的インパクトと社会的意義のあることに自分の専門技能を活かしたい
6	アントレプレナー	起業の準備のための情報収集
7	アビリティ	業務に関連する情報収集や能力開発を自ら主体的に行いたい
8	セルフラーニング	自らの読書や自己学習を後押ししてくれるペースメーカーとして利用したい
9	ラーニングニーズ	学ぶこと、そのことが楽しい（知的好奇心）
10	アンザイエティ	何らかの不安、漠然とした不安を解消したい

出典：中原淳，2010年，『職場学習論　仕事の学びを科学する』，東京大学出版会 p.163，表4（一部修正）

　これらは仮説的枠組みの集合にすぎない（中原，2010：164）が、「イノベーション」と「プロフェッショナル・ボランティア」が含まれていることが注目される。企業と組織おける利益追求とは別に社会的インパクトと社会的意義のあることに取り組むボランティア経験が、会社で身についた思考形式や常識を[33]したり、視野拡大を図ることで、新しいアイデアを生み出しイノベーションを生み出す可能性がある[34]。

---

(33)　組織の外部環境と内部環境が激変していく中で、どのような知識であろうと不変のままではいられない。いつしか時代遅れになる。新しい価値観や新しい考え、いわゆるイノベーションを生み出すためにも、不適切になってしまった知識を解除し、新たな学習を行う必要がある。こうした組織価値の妥当性を維持するための学習棄却をアンラーニングという（中原，2010：23）。

9　企業経営との協働の可能性

　これまで見てきたように，企業経営そのものも社会化しており「CSRのメインストリーム化」という潮流が起きている一方で，変化対応が求められる時代に，一人ひとりの多様性を活かして，創造性・モチベーションを高め，多角的な思考を取り込みながら，市場に対して柔軟に適応できる組織に変革するマネジメント手法としての「ダイバーシティ・マネジメント」や組織の境界を飛び越え，組織にいては気付かなかったようなアイデアを生み出したり，組織の中では獲得できない知識・技能を身につけたり，日々の仕事の中で自明化してしまった自らのキャリアを問い直すことを可能にする「越境学習」が注目を集めている。

　「バランスのとれた社会化した自己実現人」を規定する要因は社会貢献意識の高いという価値観とボランティア経験という行動因子であった。社会化に目覚めた企業と社会貢献意識の高い企業人が協働することによって新たな価値を生み出す可能性がある。これまで人材マネジメントの社会化は，従業員の会社に対する誇りを高め，仕事に対する姿勢や目的意識にもプラスの影響を与えるという「理想の恩恵」論に依拠してきたが，これからはイノベーションを生み出すダイバーシティ・マネジメントと越境学習という観点から再構成されるべきである。

　社会化した企業経営と社会貢献意識の高い企業人の「協働」の態様は当分手探

---

(34)　金子は「現代の企業は情報の織りなすネットワーク多様体である」との観点から企業が社員のボランティア活動を支援することの必要性を解き明かしている。企業は社会の中の様々な関係から織りなされる相互依存性の中に存在している。ネットワーク多様体としての企業にとって本質的なのは動的情報を発生させるネットワーク・プロセスの渦中に自ら関わることであり，社員のボランティア活動を支援することによって，その成員がある種の切実さをもって動的情報を始動させる「つながりをつけるプロセス」を始動し，それに巻き込まれるという体験をする。ボランティア活動においては，年齢・性別・肩書・経済力などによってではなく，どれくらい率先して行動するか，どの程度切実に関わっているかということで，その人の存在感が決まってくる。ビジネスの世界ではなかなか遭遇しない純粋な関係性のあり方を体験することによって不思議で魅力あるプロセスに立ち会うことができる。さらに，何がしかの「窓」が開かれ，社会と世界の矛盾のうちのいくらかが企業内に持ち込まれる。企業と社員は共々持ち込まれた矛盾の中に身を置き，企業倫理が必ずしも適用できない状況下で，いくらかの切実さをもって自分たちのとるべき道を模索する。そうしたことによって企業はより強固なネットワーク多様体と発展していく（金子，1992：232-238）。

りの状況が続くと思われるが，東日本大震災における企業のボランティア支援は多くの示唆を与えてくれる[35]。日常業務では経験できない発見，視野や人脈の拡大，行動力の向上は業務遂行上も有益であるという指摘（日本経済新聞，2011：15），社会を見ればビジネスと社会貢献というのは連続的でありボランティア経験を業務に活かすという発想の転換で企業の仕組みに取り込むことの提案（福田，2012：43）が寄せられている。社会化した企業経営と社会貢献意識の高い企業人の「協働」が生み出す可能性を追求していきたい。

10 "攻め"の社会化マネジメント

本章では，企業の社会的責任（Corporate Social Responsibility = CSR）を巡る動向を考察すると共に，イノベーションを生み出すダイバーシティ・マネジメントと越境学習に着目し，社会化した企業経営と社会貢献意識の高い企業人の協働の可能性を提示した。

第1に，CSRの歴史的変遷と概念について整理した。20世紀型産業社会では経済成長が中心であったが，1970年代には新しい社会運動が勃興し，1980〜90年代になると経済は環境・社会とのバランスが求められるようになり，2000年代以降は持続可能な発展が追求され，経済は環境・社会の中でこそ成立するという考えが定着した。CSRとは「企業活動のプロセスに社会的公平性や倫理性，環境や人権への配慮を組み込み。ステイク・ホルダーに対してアカウンタビリティを

---

(35) 20年前から社会貢献活動を開始している丸紅では，2005年位ボランティア推進チームを発足させ，役員・社員によるボランティア活動を積極的に支援してきた。東日本大震災では多くの社員を被災地に送り込んだが，「ビジネスの場面では，物事は効率的に進められていく。しかし，被災地では必ずしもそうとは限らない。力仕事でやるしかないケースが非常に多い。そこに葛藤を感じ，もやもやしながら何とかやっていくうちに，少しずつ目に見えて結果が出てくる。これが大きな達成感となり，普段の仕事とは違う得がたい経験をすることができ非常に良かった」という感想や，「普段はピラミッド組織の中で上下関係に基づいて仕事をしているが，ボランティアとなると，それがフラットな関係になる。役員が参加したケースもあったが皆，チームの一員として同じように活動することで，今までの会社生活とは違う角度からコミュニケーションが発生してそれが良かった」という感想が寄せられたという。同社では，新入社員全員をボランティア研修に参加させ，命の尊さ，他者のために最善を尽くすことの大切さに気づかせ，社会人としての成長の場としている（丸紅，2012：44-45）。

果たしていくこと」であり，CSR には，①経営活動のあり方，②社会的事業，③社会貢献活動の3つの次元がある。

　第2に，ISO26000について概観した。2010年11月，世界初の社会的責任に関する国際規格として ISO26000が発行された。ISO26000の発行によって，世界中で「社会的責任」という考え方に共通の認識や意識が生まれ，ディファクト・スタンダードになる。ISO26000はすべての組織を対象にしており，その影響は個人にまで及ぶ。

　第3に，CSV 論について考察した。CSV（Creating Shared Value：共有価値の創造）とは，企業と社会の両方に価値を生み出す企業活動を促進する経営モデルであり，ハーバード大学のマイケル・ポーターらが提唱した。企業が CSV を実践すれば，「社会・環境問題の解決は，利益を産み出す機会である。企業価値と社会価値は両立する」という認識が定着し，持続可能な社会を構築し，次の世代に豊かな社会をもたらすことができる。

　第4に，統合報告書を巡る動向を概観した。経済のグローバル化を背景に企業の経営環境が多様化・複雑化し，経営の不確実性が増大する中で，企業が持続的発展を遂げるためには，"過去情報"中心の財務情報だけでなく，"将来志向"の非財務情報の重要性が認識されるようになった。統合報告に向けた探索はこれから本格化していくものであるが，これまで価値創造として考慮されることの少なかった ESG 要素を十分勘案し，財務要素と非財務要素を整合的に関連づけて個性的な経営戦略を策定し，投資家をはじめとしたステイク・ホルダーが理解・納得できるような価値創造プロセスとビジネス・モデルを報告することが求められる。

　第5に，企業経営の社会化という潮流が明確になったことを明らかにした。国連グローバル・コンパクトや日本経済団体連合会の企業行動憲章を概観すると，今や CSR は理念としてではなく，また本業とは別のものあるいは付加的な活動としてでもなく，経営活動そのものとして捉えられるようになっており，言わば「CSR のメインストリーム化」という潮流が起きている。

　第6に，ダイバーシティ・マネジメントの観点から社会貢献意識の高い企業人を取り込むことの意義を考察した。ダイバーシティ・マネジメントとは一人ひとりの多様性を活かして，創造性・モチベーションを高め，多角的な思考を取り込

第7章　CSR のメインストリーム化

みながら，市場に対して柔軟に適応できる組織に変革するマネジメント手法である。社会貢献意識の高い企業人を取り込むことはダイバーシティ・マネジメントの観点からも有用であり，社会貢献意識の高い企業人を広く取り込むことによって，企業価値を高めていくことができる可能性がある。

　第7に，イノベーションの源泉としての越境学習からみたボランティア経験の意義について考察した。越境学習とは，組織の境界を飛び越え，組織にいては気付かなかったようなアイデアを生み出したり，組織の中では獲得できない知識・技能を身につけたり，日々の仕事の中で自明化してしまった自らのキャリアを問い直すことを可能にする学習である。企業と組織おける利益追求とは別に社会的インパクトと社会的意義のあることに取り組む「ボランティア」経験が，会社で身についた思考形式や常識を棄却したり，視野拡大を図ることで，新しいアイデアを生み出し「イノベーション」を生み出す可能性がある。

　第8に，企業経営と社会貢献意識の高い企業人の協働の可能性について考察した。これまで見てきたように，企業経営そのものも社会化しており「CSR のメインストリーム化」という潮流が起きている一方で，「ダイバーシティ・マネジメント」や「越境学習」が注目を集めている。社会化に目覚めた企業と社会貢献意識の高い企業人が協働することによって新たな価値を生み出す可能性がある。これまで「社会化マネジメント」は，従業員の会社に対する誇りを高め，仕事に対する姿勢や目的意識にもプラスの影響を与えるという「理想の恩恵」論に依拠してきたが，これからはイノベーションを生み出す「ダイバーシティ・マネジメント」と「越境学習」という観点から再構成されるべきである。東日本大震災を経て企業のボランティア支援が活性化しているが，日常業務では経験できない発見，視野や人脈の拡大，行動力の向上は業務遂行上も有益であるという指摘が増えており，社会化した企業経営と社会貢献意識の高い企業人の協働が生み出す新たな可能性を示唆している。

　本章では，企業経営そのものが社会化し，言わば「CSR のメインストリーム化」という潮流が明確になっている一方で，イノベーションを生み出す「ダイバーシティ・マネジメント」や「越境学習」が注目を集めていることに着目し，社会化に目覚めた企業と社会貢献意識の高い企業人が協働することによって新たな価値を生み出す可能性を提示した。これまで「社会化マネジメント」は，従業

員の会社に対する誇りを高め,仕事に対する姿勢や目的意識にもプラスの影響を与えるという「理想の恩恵」論に依拠してきたが,そうした「社会化マネジメント」も,そうした"守り"の側面から"攻め"に転じる局面に差し掛かっている[36]。

---

(36) コトラー・リーは『社会的責任のマーケティング』の中で,企業のボランティア支援を企業の社会的関与の中で,最も誠実でやりがいのあることの1つであると考えているが,その効果として,地域コミュニティとの関係構築,社員のモチベーションアップ,既存の社会的取り組みや投資の強化,企業イメージの向上,製品とサービスの披露機会の増加などを掲げており,社員のボランティア経験をイノベーションの源泉として活用する視点はない。アメリカでもボランティア経験とイノベーションの創出を結びついていなかった(Kotler & Lee, 2004:205 =コトラー・リー,2007:236)。

第8章
人間は本来社会的であるのか
——経済至上主義を越えて——

1 現代社会の立ち位置

　文明の崩壊には共通点がある。第1に生態系の撹乱，第2に社会システムの機能不全，第3に人々のモラルの退廃である。近代文明は，合理的・科学的な思考によって精神的抑圧から人間を解放し，工業化によって貧困から人間を解放し，民主化によって政治的・社会的抑圧から人間を解放した。しかし，3つの人間解放をあまりにも短兵急に追い求めてきた結果，近代化のマイナスの対価，すなわち地球温暖化の進展と生物多様性の混乱，市場システムと民主主義政治の機能不全，頻繁なコンプライアンス（法令等遵守）違反や精神疾患の増加に遭遇している。まさに文明の崩壊の危機に直面している。但し，危機（crisis）とは，崩壊（clash）ではなく分岐点である。今こそ近代文明の再考が求められている（田村，2012：i-v，168-169）。

　近代文明を牽引してきた究極の理念は経済主義のイデオロギー[1]である。端的に言えば「物質的に豊かになれば，人間はそれで幸せになれる」というモノの見方である。この経済主義一辺倒の近代化が大きな分岐点に差し掛かっている（田村，2012：i，169）。20世紀は「自由主義か社会主義か」という闘争に血を流したが，経済主義は双方に通底している。すなわち，自由主義と社会主義の争いはどちらが経済主義をより効率的に達成できるか，という方法論の争いであった。問

（1）　ノーベル賞経済学者のスティグリッツは，市場原理主義を裏付けるイデオロギーはすでに死滅していると喝破し，個人主義とコミュニティのバランスを取り戻すことを提案している（Stiglitz, 2010：296＝スティグリッツ，2010：414-415）。

題の核心は，経済主義のイデオロギーを如何に止揚するかということである（田村，2007：14）。

バブルの崩壊，リーマン・ショックなど幾多の洗礼を受けるたびに経済至上主義の限界が囁かれてきた。経済統計だけでは社会経済状況の把握が困難であるとの認識は世界的な潮流となっており，昨今脚光を浴びているブータンのみならず，経済協力開発機構（OECD）でも生活の質や持続可能性を重視した幸福度の指標整備に取り組んでいる（玉木，2012：25）。そうした動向を了知しつつも，文明論的なパースペクティブを共有することが重要である。田村はすでに1977年刊行の『経済社会学研究』の中で「今日の危機は近代合理主義に基づく経済主義に立ってきた近代社会全体，すなわち近代という時代の総決算を示している（田村，1977：46）」と経済至上主義の行き過ぎに警告を発し，社会のあり方を総体的に捉えて，過去を振り返り，あるべき姿を模索することの必要性を強調している。

本章では，行き過ぎた経済至上主義を省みる立場から，経済と社会という２つの次元を，アリストテレスの考察を端緒に，ポランニー[2]の「埋め込み概念」を道標として俯瞰的に考察していきたい。システム論的アプローチにも言及しながら，さらに現代社会の立ち位置や個人のありようを確認していく。

2　社会との関係性を重視する経済社会学

経済社会学では，経済至上主義に異論を唱え，社会との関係性を重視し，社会の一部として経済を捉えている。

（１）経済至上主義の反省

市民社会の根底をなす経済が自己法則性を持ち，市場メカニズムの自律的機能によって秩序だって発展する。これが近代市民社会の出発点であった。市場は私的領域として確立されているが，しかし同時に市場は市民社会自体の中から生ま

（２）　姜はポランニーを「経済的自由主義と市場経済システムが人間に強いる耐えがたい苦痛と社会の荒廃に対して敢然と反旗を翻し，「社会の自己防衛」というテーマを制度的改革に託した先駆的な社会科学者」と評している（姜，2012：12）。

第**8**章　人間は本来社会的であるのか

表8-1　経済社会学と経済学の比較

	経済社会学	経済学
①分析単位	集合体	個人
②行為者の概念	行為者は相互の関係を持つ行為者はその関係に影響される行為者は集団の一部である	行為者は相互に関係を持たない行為者は関係に影響されない原子化された行為者
③経済行為の動機	経済的動機だけでなく，社交，是認，地位，社会的影響，勢力などの非経済的動機を重視	経済的動機 利潤，収入，富などを最大化効用の最大化
④経済行為に対する制約	経済行為は，資源の需給関係と社会構造（ネットワーク）によって制約される	経済行為は，嗜好と，資源の需給関係によって制約される
⑤経済と社会の関係	経済は社会の不可欠な部分である社会は常に基本的な準拠点である経済は社会に埋め込まれている	市場と経済が基本的な準拠点である社会は与件である

出典：渡辺深，2002年，『経済社会学のすすめ』，p.4，八千代出版

れてきた，全市民に開かれた共通のもの，という意味で公共性を帯びている点が看過されてきたと田村は指摘している（田村，1977：103）。

　高瀬は現代経済学の限界として対象を狭義の経済（市場経済）に限定していることを問題視している。計測可能で，価値中立的な指標によるマトリックスを中心とした定式化に終始し，人間の主体性に関わる価値の創出などは極力排除されている。高瀬は近代の論理を徹底的に相対化してみることの必要性を強調した上で，経済をむしろ社会や文化に埋め戻していくアプローチを提唱している（高瀬，1989：232-233）。

（2）経済社会学とは

　渡辺（深）によれば，経済社会学とは「経済現象に適用された社会学的視点」である。経済社会学と経済学の基本的な視点を示したのが表8-1である。経済と社会の関係について，経済社会学では社会が常に基本的な準拠点であり，経済は社会の不可欠な部分である。したがって，経済と社会は有機的に結びつき相互に依存する関係にある。一方，経済学の基本的な準拠点は経済と市場であり，社

会は経済の外部にある。したがって，経済と市場は社会から独立した存在であるので，経済と社会が相互に影響し合う関係であるとは考えられていない（渡辺（深），2002：3, 13）。

利潤・収入・富の最大化を希求する言わば経済人モデルは単純明快ではあるが，実際の生活に則して考えると，経済的動機のみならず，様々な非経済的動機も重視し，社会構造（ネットワーク）の一員として制約を受けているという経済社会学の見方に納得感がある。現代人にとって市場と経済が基本的な準拠点であるという意識は現代人に深く埋め込まれているが，社会が本来基本的な準拠点であるという貴重な視点を経済社会学は与えてくれる。

3　経済と社会を巡るアリストテレスの考察

「人間は社会的動物である」と唱えたアリストテレスは経済学の先駆としても知られているが，アリストテレスは共同体における善き生という枠組みの中に経済を限定していた。無限的な経済至上主義の危険性を予知する慧眼を有していたとみることもできる。

(1) 社会的動物

「人間は社会的動物である[3]」という言葉はアリストテレスによるものとして人口に膾炙している（松田，1987：200）。実際には『政治学』の中で「人間は本性においてポリス的動物である」と述べている。人間は他の動物と違い，衣食住の全般にわたって他の人間と共同して生活しなければ，完全に自給自足することはできず，他の人の仕事に互いに依存しながら生活している。人間はその本性上，ポリス，つまり国家，あるいは社会を作り，その中で共同することによって初め

---

(3)　金子は，第1に，個人は自足的ではなく，互いに他なしにはありえない，第2に，法的に秩序づけられた国家においてのみ人は自足的になりうる，第3に，それは動物の群居性と相違して言語と理性によって善悪・正邪の知覚による法治国家を形成している，第4に，国家は市民を完成させ秩序ある徳の生活に導くゆえに，個人に優っている，とした上で，こうした人間の社会的本性は，古代奴隷社会においても，近代の自由主義の社会においても変わっていない，と述べている（金子，1992：13）。

て人間として善い生活を送ることができる。この意味で人間は社会的動物である。

(2) 経済という言葉の由来

　元来，経済という日本語は「世の中を治め，人々の苦しみを救う」という意味の「経世済民」という言葉に由来している。英語のエコノミーは「家政術」を意味するギリシャ語に由来している（山脇, 2009：227）。

　「家政術」を考案した一人がアリストテレスであった。アリストテレスは「家政術」をオイコノミケー，「取材術」をクレマティスケーと呼び，両者を区別する。「家政術」は家および共同体にとって必要かつ有用な財産や富の使用に関する術であり，それらの供給や獲得の側面を「取材術」と呼んでいた。獲得は使用の前提であり，両者が自然に行われる限り対立はない。共同体において自給自足の方法によって不足するものを，物々交換によって獲得する限り対立はなく生産と交換は自然に適う。しかし，貨幣が使われるようになり，貨幣を富とみなし，商業的交易を通じて貨幣的利得そのものの追求が行われるようになると，「貨殖術」と解されアリストテレスにとって否定的な意味となる。このように「取材術」には2種類があり，必要不可欠な財の獲得は「家政術」の一部であり，貨殖と蓄財のための貨幣の取得は「貨殖術」となる。前者は是認され，後者は非難された[4]（塩野谷, 2009：380-381）。

　考え方の鍵となるのは「善き生にとっての経済とは何か」を問うことである[5]。アリトテレスは，最高善としての幸福は快楽や名誉や富裕ではないと断言する。富は善き生のための手段であって，究極の目的ではない。快楽は，その活動に知性的・人格的有徳性が示されない限り，幸福を意味しない。生のために財を使用

---

(4) ハイマンは，アリストテレスは利潤追求の制度を不完全なものとしている，と述べている。ハイマンはさらに，今日の社会科学はすべて事実に即し，技術的であるのに対し，その発生の起源である古代や中世の考え方は広く哲学的であり，社会を賢明に組織する方向を発見する努力に向けられていた，と評価している（Heimann, 1945：23＝ハイマン, 1950：41）。
(5) アリストテレスにとって経済は常に手段であって決して自己目的ではない。人間が生きる意味は善く生きることである。人間は文化を営むために生きているのでありそれを支えるために経済がある。経済は生の不可欠条件であるが，経済が自己目的化するとそれは人間の生ではなく，巨大な富を備えた動物の生に他ならない。富の追求には限度があり，それを規定するものが「善き生」である（岩田, 2010：193）。

することは当然であるが，共同体における善き生という目的が，どれだけ富が必要かを決めるのであって，これが「自然的本性」に従う経済である。「貨殖術」は富や財産の増殖や貨幣への愛好を自己目的とみなすものであって，そこには限度が存在しない。市場経済が未発達の時代にあって，貨幣経済の必然性とその危険性を推察したことは経済学の出発点にふさわしい経済的叡智の発見であった[6]（塩野谷，2009：3821）。

（3）経済と社会を巡る考察

アリストテレスの存在論においては実体と属性を峻別するが，経済という実体は存在せず，経済は人間および人間行為に帰属する属性であるという見解を塩野谷は導き出した。第1に，アリストテレスにおいて制度としての経済が孤立的に問題にされることはなく，少なくとも，経済・政治・倫理の3者が共同体社会を構成する。近代以降のように，社会から離脱してそれ自身で活動する経済というものは想起されていない。これを「社会的に埋め込まれた経済」と呼ぶことができる。第2に，経済が社会に埋め込まれている状態は，社会を規制する規範的価値の理念が経済行為を強く規定しており，アリストテレスの場合その理念は共同体の中で人間の機能を発揮する徳の体系であった（塩野谷，2009：386）。

（4）ポランニーの解釈

ポランニーは，アリストテレスにおける善き生・欲望・必要・稀少性・交換・公正・価値などの経済に関する一連の概念は，すべて共同体を思考の枠組みとしており，経済とは，共同体における必需品の確保と配分を達成する制度化された過程であると解釈した。塩野谷は以下の点を指摘する。第1に，人間の欲求は制度や慣習を前提にしており，共同体の基準の下で無限ではない。第2に，共同体の基準は共同体における善き生に規定される。第3に，共同体はあくまでも自給自足を原則とし，市場交換を利用した無限の快楽の追求や富の蓄積を認めない。

---

(6) 鈴木（勇）によれば，アリストテレスの理想とする自足的な国家も，現実には活発な商業活動の下にあって交換的取材術による無限の到富活動が「善く生きる」というポリスの目的に反して行われていた。アリストテレスの経済学は道徳的見地から判断された価値論であって，生活の必要を超える「剰余」は悪であった（鈴木（勇），1991：11-13）。

第4に，アリストテレスにおける価格は市場メカニズムを通じて需要と供給を調整するという機能を果たすものではなく，生活秩序を守る公正の観点から必要な交換比率である。第5に，アリストテレスにとって，広義の正義は徳そのものであるが，狭義の正義は，分配的正義，矯正的正義，交換的正義からなる。塩野谷は，ポランニーによる解釈を通じて共同体的経済概念に「アリストテレス的原型」を見出し，共同体的概念から遊離したその後の経済の行く末が無限の利得追求を是認し市場経済の失敗に帰着したことを示唆している（塩野谷, 2009：383-385）。

4　埋め込み概念

アリストテレスの言説に共同体的経済概念を見出したポランニーは「埋め込み概念」を提唱した。これは元来経済は社会に埋め込まれていると概念化する考えであり，経済と社会の関係性を解明する重要な道標となる。

（1）ポランニー

ポランニーの主要な関心は市場経済にあった。経済学者が想定する市場経済とは，財の生産と分配に関するルールがすべて市場の価格を中心に自己調整的なメカニズムに委ねられている経済のことである。経済主体は貨幣利得の最大化の達成を動機として行動し，すべての生産要素について市場が存在し，自己調整メカニズムにしたがって価格と生産量が規定される。ポランニーは，このような市場経済は所与で普遍的であるどころか，むしろ人類史上における特異な制度的所産であるという危機的洞察を有していた（玉野井, 2003：14-15）。

ポランニーは，すべての生産が市場で行われ，すべての所得がそうした販売から生まれ，したがって，すべての生産要素が価格をもって市場に登場するという事実に疑問を呈する[7]。とりわけ，労働，土地，貨幣に矛先が向かった。労働は

（7）　ポランニーは自己調整的市場を退けたが，市場そものを排除しようとは考えていなかった。労働力・土地・貨幣という人間の生活・活動と切り離せない諸要素を切り離せば，共同体が解体するリスクを消去しうると考えていた，と高橋は推測している（高橋, 2014：23）。

あらゆる社会を作り上げている人間の主体的活動そのものであり，土地はその中に社会が存在する自然環境そのものであり，貨幣は購買力の結晶そのものであり，商品ではない。労働，土地，貨幣はいずれも販売されるために生産されるのではなく，これらを商品視するのは擬制にすぎない（玉野井，2003：15-16）。

　ポランニーは，人間は経済的存在ではなく社会的存在である，と言ったアリストテレスを是認した上で，経済的人間が本来的人間となり，経済システムこそが本来的な社会であるという誤解を憂慮し，人間の経済は原則として社会関係の中に埋没しているべきものであると喝破した。さらに，今日我々が直面しているのは，技術的には効率が落ちることになっても，生の充足を人間に取り戻すというきわめて重大な任務であると述べ，市場経済を再び社会の中に埋め込むことを志向した[8]（Polanyi，1947：112-117＝ポランニー，2003：57-69）。

（2）グラノヴェター

　グラノヴェターは多くの行動が対人的ネットワークに密接に埋め込まれているという事例を使いながら，社会関係の中に経済行為が埋め込まれていることを示した（Granovetter，1995：211＝グラノヴェター，1998：239）。

　グラノヴェターはポランニーの「埋め込み概念」を再解釈し，埋め込み概念は非市場社会だけでなく市場社会でも適用できること，実際の経済社会では，社会的影響と需要・供給の影響が混在すること，を指摘し，弱い埋め込みを想定した（渡辺（深），2002：29-30）。

　グラノヴェターは「埋め込み」を「経済行為と経済的結果は，すべて社会行為の結果のように，行為者の二者間の関係，そして，諸関係のネットワーク全体の構造に影響されるという事実」と定義する。グラノヴェターの視点は以下の通りである。第1に，経済現象の説明には歴史，文化，社会構造の理解が不可欠であり，個人の動機だけから経済行為を説明することはできない。第2に，経済行為は個人的関係のネットワークの中で行われるので，経済行為については，経済的

---

(8) 市場社会の人間像である「経済人」（ホモ・エコノミクスまたはエコノミック・マン）に対しポランニーは市場を封印した伝統的諸社会に有史以来生活してきた「社会的絆」を保ち続けた「社会的人間」を対置させていた，と野口は指摘している（野口，2011：135-136）。

動機だけでなく，非経済的動機が重要である。第3に，経済において文化—価値，規範，義務，倫理—が果たす役割を理解することが不可欠である。第4に，経済において長期にわたる個人的な社会関係（ネットワーク）と社会制度が果たす役割，特にその社会関係と社会制度がどのように形成されてきたのかという関係と制度の歴史性を理解することが重要である（渡辺（深），2002：30-31）。

(3)「埋め込み概念」の視座

ポランニーとグラノヴェターは共に「埋め込み概念」に立脚しているが，視座の相違がある。ポランニーは，経済人類学の知見も織り交ぜ，経済と社会の関係性をマクロ的に捉え直しているが，グラノヴェターは，社会学の視座も織り交ぜ，経済と社会の関係性をミクロ的に捉え直している。五野井・安高によれば，前者は「より一般的に広汎な社会システムへの経済の統合」に関するもので，後者は「経済的文脈における社会行動の類的基盤を明らかにするもの」である（五野井・安高，2000：338）。

本書では，経済と社会の関係性をマクロ的に捉え直すポランニーの「埋め込み概念」に依拠し，市場経済を再び社会に埋め戻し，経済性に傾注し過ぎた状態を補正することが近代文明の危機に瀕する我々に突き付けられた課題であると認識する[9]。

5　システム論的アプローチ

システム論的アプローチには理論性を重視するあまり形式論に陥りがちであるという批判もあるが，個人や社会がそれらを取り巻く環境と絶えず交渉して変容しているという理解からなされるダイナミックな考察は多くの示唆に富んでいる（田村，2007：33）。経済と社会の関係についてはシステム論的なアプローチもなされており，ここでも「埋め込み概念」が基底に存する。

---

(9) 野尻は，行き過ぎた経済至上主義の弊害として経済主義的な経済拡張がもたらす人間疎外や飽和経済下の浪費の制度化を例示し，経済を人間社会の全体系の内に組み込んでいくことの必要性を主張している（野尻，2011：202-203）。

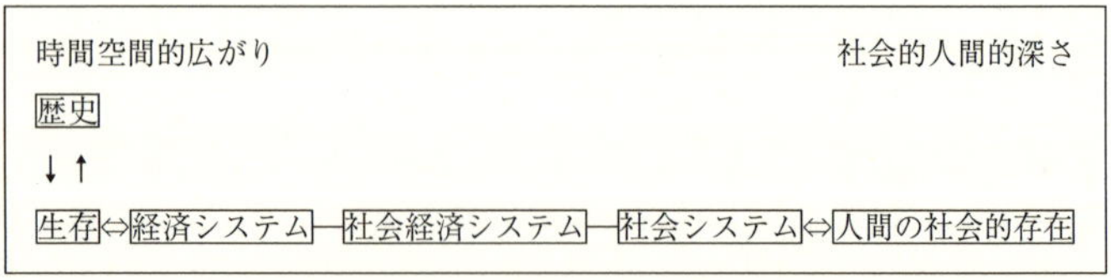

```
時間空間的広がり                              社会的人間的深さ
歴史
↓ ↑
生存⇔経済システム─社会経済システム─社会システム⇔人間の社会的存在
```

図8－1　社会経済システムの構図
出典：武井昭，2003年，『現代の社会経済システム』，日本経済評論社，p.15からの抜粋

(1) 武井の社会経済システム論

　武井は経済と社会の関係について，経済的価値は社会的価値の一部でしかないにも拘わらず，経済的価値が社会的価値を代表すると考え，さらには経済的価値があらゆる価値の中で最上位に置かれている考える人が多い現状を歪んだ構造と評している。経済の歴史は人類の歴史に匹敵するほど長いが，経済学の歴史はここ1～2世紀のことにすぎない。経済学という言葉が誕生するまでは政治経済（political economy）という表現が使用されていたが，この場合のポリティカルはアリストテレスの「社会的人間」という文脈での共同体的意味を含み，本来社会経済と言うべきものであったと指摘する。経済学が市場経済の学となったことを憂慮し，社会に埋め込まれた経済を取り出すことが重要であるという問題意識を有している（武井，2003：1-4）。

　武井は社会経済をトータル・システムとして捉え，サブ・システムとして経済と社会を提示する。経済と社会を明確に区別され独立して捉えるのではなく，社会経済システムのサブ・システムとして対置する（図8－1）。そして，社会と経済の根幹を形成している部分に内在している価値を経済的価値と社会的価値と呼ぶ。ここで価値とは人間の好悪の対象となる性質をいうが，人間は如何なる時にも一定の基準を持って好悪の評価ないし判断を下して生きており，こうしたことの繰り返しの中で個々人の価値体系が形成され，それに基づいて人生が展開されることによって人生観が醸成される（武井，2003：13-17）。

　経済システムと社会システムの対置のさせ方に生硬さは残るものの，経済と社会の関係性の捉え方が人間の価値観，ひいては人生観を規定するという指摘は興味深い。

(2) 竹下の社会経済システム論

竹下は経済や社会の関係について，近代以降はすべての現象が経済現象になり，経済が社会との関わりを弱め，本質的に経済システム優位の社会経済システムが構築されたと分析している。全体としての社会の様々な側面との関わりが看過され，経済システムのみが偏重され，その比重が突出した状況はきわめて不安定であると評している（竹下，2011：81-82）。

人も社会も自然もこの世のあらゆるものはトータル・システムとして存在しているが，近代は明らかにトータル性の喪失・破壊の歴史であった。科学技術の部分合理性（目的合理性）が個人主義的自由主義を基本とする民主主義や市場主義と結びつき，個人の剥き出しの欲求・欲望が社会的に容認され，全体合理性（価値合理性）が軽視・放置・破壊されてきた（竹下，2011：303-308）。

竹下は経済と社会の関係の変遷を図示している。中世においては，社会はトータルなシステムとして存在し，経済の比重は僅少であった。ルネサンスや宗教改革を経て，トータルなシステムとして社会システムの中にパーシャル・システムとしての経済が出現した。産業革命を契機に経済の比重が増大し，20世紀中葉には豊かな社会における欠くことのできない主要な構成要素となった。現在では，経済の存在感は膨張し，社会を凌駕し，社会から離床している。ポランニーのいう埋め込まれた経済とは，近代以前の社会経済の状態を表現したものである。近代は，経済と社会の未分離の状態から，経済が突出するプロセスであった。その意味で，近代社会の特質は経済が社会から分離したことであった（竹下，2011：260, 339-340）。

図8-2は「埋め込み概念」のイメージを端的に表象したものとして納得感がある。竹下は，社会に埋め込まれた状態から離床している経済を，本来の社会経済システムに着陸・着床させることを提起している（竹下，2011：308）が，近代の総決算として分岐点に佇む我々に目指すべき輪郭を示している。

6　人間本性への回帰

経済と社会の関係を個人のレベルで考えると，労働観の変化と相俟って，経済至上主義の価値観が優越していった。現代社会では，労働の目的は企業利潤の最

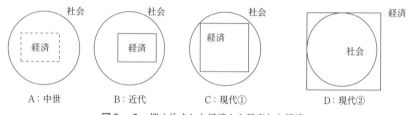

図8-2 埋め込まれた経済から離床した経済へ
出典：竹下公視，2011年，『現代の社会経済システム』，関西大学出版部，p.340から抜粋

大化に貢献することであり，人生の目的は経済的に豊かな生活を実現することであるという定理が根強く残っている。

(1) 全体性の喪失

前述の竹下は社会経済システムのみならず人間自身もトータル性を喪失していると指摘する。人は社会を内に抱える小社会であり，人間存在の基本構造と社会経済システムは対応関係にある。現代においては，表層的な自我（エゴ）が支配的となり，人間存在の全体性や一人ひとりの人間としての絶対性が見失われている。現代の経済社会の状況は現代人の心の状態を映す鏡であり，自己中心的な自我（エゴ）が経済社会における混乱を引き起こしている。我々自身が真摯な態度や行動を培い，一貫性のある思想や理念に裏打ちされた人生観を構築し，トータルな存在である社会と向き合う必要がある（竹下，2011：264-268）。

(2) ペルソナ論

人間存在の本質に遡ると想起されるのがペルソナという概念である。人間の性格や人格は「仮面」に象徴される役割であり，社会や他人との関係性の中で求められる役割を演じていくことで，形成され決定づけられている[10]。

---

(10) 宮本によれば，ペルソナが本性自然的に社会的動物であるのは，社会において社会に媒介されてはじめて人間になりうるからである。トマス・アクィナスの協働体的公共圏創造に向けての「共通善」思想の分析の中で宮本は，ペルソナの形成には人間的自己の自覚への問いがひそんでおり，他者と共生しえない人間存在の分裂と倒錯から，他者との出会いによる恩恵経験を経て，自己との和解と他者の発見が現成し，人間の内面的正義（義化）が成立する，と述べている（宮本，2005：60-61）。

ペルソナは交わりにおいて存在し，生きる存在であると洞察する稲垣によれば，交わりにおいて存在するとは社会において存在することに他ならず，ペルソナは根本的に社会的あるいは共同体的な存在である。現実の人間社会において個人の権利や利害はしばしば社会全体の福祉や利害と対立しペルソナとしての生き方を問い直されることになるが，社会を構成する個々の人間がペルソナとして追求するものは，個人に固有の私的な善ではなく，すべてのペルソナが共同的に追及し，またすべてのペルソナに還流される善，すなわち共通善である。「人間は社会的動物である」というアリストテレスの言葉は，根本的に，人間はペルソナとして共通善を追求する存在である，という真理に基づいていると稲垣は解釈している（稲垣，2009：115-117）。

（3）人間本性への回帰

野尻は「人間本性への回帰」として，固体としてのインディヴィデュアルから人格としてのペルソナへの転換を主張し，人間が社会的な存在であることを強調している。個人主義化した近代社会ではギブ・アンド・テイクの合理的な社会関係が支配し，社会全体が市場化し人間の疎外化が進行したが，本来人間は社会的動物であり，社会を形成し共生していかざるを得ず，必要とあれば自利を抑え他を思いやることとなる（野尻，2011：230-241）。権利と同時に責任の体系において社会と交わるのがペルソナである。共同体の原理に基づく自覚的な社会的行動によってのみ近代社会の超己が可能となると田村は指摘している（田村，1977：159）。

　人間存在の本質論であるペルソナ論に立ち返ると，共同体原理に基づく社会的行動の価値が浮かび上がってくる。個人のレベルでも「埋め込み概念」を適用し，経済至上主義を埋め戻し，社会的存在である人間の本質的価値を再認識していく先に近代文明を再生する光明が見出される。

7　経済至上主義の埋め戻し

　日欧の中世を舞台に人間の生を描いた堀田善衞はかつて「経済，つまりカネが支配する現代の国家体制にはもういい加減うんざりしている。西欧の中世を舞台としたのも，近代国家が成立する以前の人間の生のあり方に関心があったからで

ある」と述べたという（浦田，2012：23）。近代文明が経済に蹂躙され真の人間性が放逐されていたこを透視する見識に驚かされる。本章では，行き過ぎた経済至上主義を省みる立場から，経済と社会という2つの次元を「埋め込み概念」を道標として俯瞰的に考察した。

第1に，社会との関係を重視する経済社会学の観点から，経済ではなく社会が本来基本的な準拠点であることを提示した。

第2に，「人間は社会的動物である」と唱えたアリストテレスは経済学の先駆としても知られているが，アリストテレスは共同体における善き生という枠組みの中に経済を限定していた。

第3に，アリストテレスの言説に共同体的経済概念を見出したポランニーは，「埋め込み概念」を提唱し本来埋め込まれていた市場経済を再び社会の中に埋め戻すことを志向した。ポランニーは「人間は社会的動物である」と唱えたアリストテレスを是認し，人間の経済は原則として社会関係の中に埋没しているべきものであると主張した。市場経済を再び社会の中に埋め込むことは，技術的には効率が落ちることになっても，生の充足を人間に取り戻すためのきわめて重大な任務であると述べていた。

第4に，社会経済システム論も「埋め込み概念」を織り込み，社会に埋め込まれた状態から離陸・離床している経済を本来の社会経済システムに着陸・着床させることを提起していた。

第5に，経済と社会の関係を個人のレベルで考えると，労働観の変遷と相俟って，経済至上主義の価値観が優越し，人間自身もトータル性を喪失していった。人間存在の本質論に翻るとペルソナという概念が想起される。人間の性格や人格は「仮面」に象徴される役割であり，社会や他人との関係性の中で求められる役割を演じていくことで，形成され決定づけられている。ペルソナは根本的に社会的あるいは共同体的な存在である。個人主義化した近代社会ではギブ・アンド・テイクの合理的な社会関係が支配し，社会全体が市場化し，人間疎外が進行したが，人間の本性を回帰させ，個体としてのインディヴィデュアルから人格としてのペルソナに転換する必要がある。本来人間は社会的な動物であり，社会を形成して共生していかざるを得ず，必要とあれば自利を抑え他を思いやることになる。権利と同時に責任の体系によって社会と交わるのがペルソナである。人間存在の

本質論であるペルソナ論に立ち返ると，共同体原理に基づく社会的行動の価値が
が浮かび上がってくる。個人のレベルでも「埋め込み概念」を適用し，経済至上
主義を埋め戻し，社会的存在である人間の本質的価値を再認識していく先に近代
文明を再生する光明が見出される。

　人類は近代文明の危機に直面し，文明の部分的な修正ではなく，近代文明のパ
ラダイム転換が求められている（田村，2012：ⅴ）。社会は不断に形成され変容し，
そこに生きる人々の汗と涙の総結晶である（田村，1977：ⅰ）が，社会に埋め込ま
れた状態から離陸・離床した経済が人々の生の充足を撹乱していた可能性がある。
近代文明の分岐点に差し掛かっている今，経済至上主義を埋め戻すことによって，
社会や人間のありようを根源的に問い直す営みが求められている。

第9章
社会貢献意識の高まりの具現化
―― ヒト・モノ・カネの動き ――

1 将来の予測が困難な時代

　これまで，企業人の社会貢献意識の高まりとその意義について様々な角度から考察してきたが，そもそも現代社会に佇む我々が物質的な豊かさを性急に求めてきた近代文明の分岐点に立っているという認識が前提にある。近代文明は物質的な豊かさを性急に追い求めてきたが，その結果，近代文明の弊害が露呈し，存亡の危機に瀕している。
　中央教育審議会の答申では現代社会の課題を以下のように分析している。

> 　グローバル化や情報化の進展，少子高齢化などの社会の急激な変化は，社会の活力の低下，経済状況の厳しさの拡大，地域間の格差の広がり，日本型雇用環境の変容，産業構造の変化，人間関係の希薄化，格差の再生産・固定化，豊かさの変容など，様々な形で我が国社会のあらゆる側面に影響を及ぼしている。さらに，知識を基盤とする経営の進展，労働市場や就業状況の流動化，情報流通の加速化や価値観の急速な変化などが伴い，個人にとっても社会にとっても将来の予測が困難な時代が到来しつつある（中央教育審議会，2012：1）。

　近代文明の危機，あるいは将来の予測が困難な時代にあって，未来を切り拓くのは一人ひとりの個人である。歴史哲学者の小林は「歴史を構成する個人は，他の個人との相互作用，さらに，それらによって形成される全体との相互作用から，新しいものを創造していく」と述べている（小林，2013：33）。

本章では，改めて市場セクター・共生セクター・公共セクターからなる社会の構造変化について概観し，担い手としての企業人という観点から社会貢献意識の高まりの意義について検討する。

さらに，すでに生起している事象をいくつか探求し，企業人の社会貢献意識の高まりがパラダイム転換に向けた手がかりとなりうることを確認する。

2 社会の構造変化と担い手としての企業人

(1) 社会の構造変化

社会における個人および人々の協力の役割と性質を分類すると，市場セクター・共生セクター・公共セクターとなる[1]（表9-2）。

このうち1930年までは基本的に市場セクターが主流であった。しかし大恐慌を契機にいずれの国でもケインズ政策が導入され，公共セクターが次第に重視されるようになった。ここで国家は単なる法治国家から行政国家に転換し，経済政策や社会政策の遂行を義務付けられ，特に1960年代以降は「福祉国家」の実現を目指し，公共セクターの役割がきわめて大きくなった。その担い手は行政であり，誘引は公益であり，機能は公助であり，規範は平等に個人を補完することであっ

---

(1) 国家・企業とネットワーク組織社会システムの主体に考える見方もある。但し，ネットワーク社会の誘導の手法の1つとして"互酬も"想定されている（表9-1）（公文，1994：215，237）。

　国際政治学者の高坂は，国家というまとまりにおいて「力の体系」「利益の体系」「価値の体系」という3つの体系があるという考え方を提示している（高坂，1966：19）。

表9-1　3つの社会

社会システム	主体	マーケット	手段	キーワード
脅迫・強制型社会システム	国家	国際社会	威	封建化・軍事化・国家化・国際化
取引・搾取型社会システム	企業	世界市場	富	商業化・産業化・金融化・市場化
説得・誘導型社会システム	ネットワーク組織	地球智場	智	ネットワーク化・情報化・智業化・智場化

出典：公文俊平，1994年，『情報文明論』，NTT出版，p.215, 237（一部修正）

第 9 章　社会貢献意識の高まりの具現化

表 9 - 2　社会を構成する 3 つのセクター

	担い手	誘引	機能	規範	結果
公共セクター	行政	公益	補完（公助）	平等	福祉国家の限界
共生セクター	地域社会 NPO	共益	共助（互酬）	連帯	世直し
市場セクター	企業，個人	私益	効率（自助）	自由	2 極化社会

出典：野尻武敏，1977年，『21世紀の生活協同組合』晃洋書房，p.78，
　　　田村正勝，2012年，『社会哲学講義　近代文明の転生に向けて』，ミネルヴァ書房，p.192より筆者作成

た。ところが，この福祉国家は，財政赤字によって限界に陥った。そこで1980年代には米英においてレーガンとサッチャーが登場し，市場セクターにウェイトを置く新自由主義政策に方向転換した。その担い手は企業や個人であり，誘引は私益であり，機能は自助であり，効率重視であった。しかし弱肉強食の原理の展開は極端な二極化社会をもたらした。さらに，市場経済の極みがリーマン・ショックをもたらした。こうして市場セクターおよび公共セクターの限界が露呈するにつれ，いずれの国においても住民や組織がお互いに助け合う共助の仕組みが見直され，共生セクター[2]が重視されるようになった。共助・互助により，共益を追求し，特に市民の連帯を重視して，市場セクターと公共セクターの弊害を修正する世直しの動きである。これは，合理主義と営利主義が結合した経済主義の見直しでもある（田村，2012：192-194）。

（2）担い手としての企業人

『日本国勢図会』によると，従業上の地位別就業者のうち雇用者の数は5,553万人と従業者の88.0％を占めている。パートやアルバイトを除いた正規の職員・従業員でも3,294万人に達している（表 9 - 3 ）（矢野恒太記念会，2014：87）。

数値的なマジョリティーであるという量的な意味でも，3 つのセクターに積極的に関与できるという質的な意味でも，企業人の意識・行動は現代社会に大きな

---

[2]　エツィオーニは，共生セクターはなすべき任務のより多くの部分を担うべく今後ますます頼りにされることであると述べている。なぜなら，国家や市場よりも低コストでより人間的に社会的任務を遂行できることからである。予見できる未来において新たなサービスの可能性を開拓する最も重要な源泉である（Etzioni，2001：6 ＝エツィオーニ，2005：30）。

表9-3 産業3部門別・従業上の地位別就業者

	2013年	比率		2013年	比率
第1次産業	233万人	3.7%	自営業主	554万人	8.8%
第2次産業	1,541万人	24.4%	雇用者	5,553万人	88.0%
第3次産業	4,445万人	70.4%	家族従事者	174万人	2.8%
合計	6,311万人	100.0%	合計	6,311万人	100.0%

出典：矢野恒太記念会，2014年，『日本国勢図会 2014/15』, p.83

影響力を有している。企業人は，公共セクターにおいては選挙人と受益者として，市場セクターにおいては企業の支え手と消費者として深く関わっている。企業人の社会貢献意識の高まりは，企業人が共生セクターの担い手としても存在感を増していくことを意味している[3]。

　公共セクター・市場セクター・共生セクターの3つのセクターは独自にあるいは協働して社会的課題の解決に当たり，この3つのセクターのバランスがうまくとれていることが望ましい。担い手である市民は様々な役割を有しているが，企業人の社会貢献意識の高まりは企業の一員である市民が共生セクターの一員としても活動を志向していることを意味し，共生セクターの担い手の広がりにつながる。

　元来ボランティア活動は女性では主婦，男性では定年退職者が多くを占めるとされているが，ボランティア活動を行っているのは主婦や定年退職者に限らず『平成12年版　国民生活白書』でも3番目の担い手として常勤雇用者を掲げている（経済企画庁，2000：15）。ボランティア経験からの学びや他者との関わり合いは企業人に多様な覚醒を誘発し，市民社会の一員として様々な葛藤に遭遇する（安齋，2009：141）ことにもなるが，社会の太宗を占める企業人が新たな社会をデザインしていく担い手として少しずつでも活躍していけば，21世紀の日本社会を大きく変革する原動力となる可能性を秘めている。

---

(3)　日本は明治以来，「公・私」二元論に依拠し，公共圏（他者と出会い，他者とコミュニケーションし，共通の利害を考える場）のことは政府に任せておけばよいという社会になってしまったという指摘がある（長坂，2008：240）。

第9章　社会貢献意識の高まりの具現化

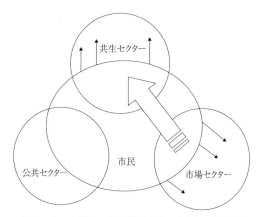

図9−1　企業人の社会貢献意識の高まりの概念図
出典：筆者作成

　内閣府が主宰した共生社会形成促進のための政策研究会の「「共に生きる新たな結び合い」の提唱」においても，共生社会の多様な担い手として「個人，地域社会，ボランティア団体やNPO，企業，自治体，政府など」を想定した上で，「職業生活は，生活の中心であり，社会人として鍛えられていく場でもあるが，自己の多様な可能性の開花の観点から，職場外において，地域の活動への参加，ボランティア活動など，多様な分野で活動することは，共生社会の目指す多様な関係性形成の身近な第一歩である」と付言している（共生社会形成促進のための政策研究会，2005：45-46）。
　第7章で考察したように，企業経営もまた社会化しており社会貢献意識の高まった企業人との協働の可能性を模索している[4]。市場経済の渦中で様々な知識・経験を積み重ねてきた企業人が社会貢献志向を強め，共生セクターと市場セクターで活躍していくことはそれぞれのセクターの活性化につながる（図9−1）。

（4）「自分のため」に働くのか「社会のために」働くのかという二者択一ではなく，その両立が社会起業家の動機づけになっているという見解を金子ら（金子・田中，2009：197）は示している。かのドラッカーも「パラレル・キャリア（第2の仕事）」という概念を提示し，働きながら私生活で社会貢献活動を行うことを提唱している（Drucker，1999：190-191＝ドラッカー，1999：227-228）。

3 ヒト・モノ・カネの動き

　近代の危機を克服して新時代を創造するための手がかりとして，社会貢献意識の高まりという潮流をしっかりと捉えていく必要があるが，パラダイム転換に向けた新たな動きはすでに生起している。「ヒト」の事例としてプロボノ，「モノ」の事例としてエシカル消費，「カネ」の事例としてインパクト・インベストメントを紹介したい。

(1) プロボノ
(i) プロボノとは

　プロボノの語源は，ラテン語の「公共善のために (Pro Bono Publico)」という言葉に由来する。プロボノとは「社会的・公共的な目的のために，自らの職業を通じて培ったスキルや知識を提供するボランティア活動」である（表9-4）（嵯峨，2011：24）。

　次の3点が特徴である。

　　1つは「社会的・公共的な目的」ということ。プロボノによる支援の対象は，NPOはもちろんのこと，広くとらえれば，国や自治体などの行政機関，学校，保育園，病院，福祉施設などの公共的性質を持つ機関を対象とすることもできる。また，プロボノの対象として，地域活性化や産業創造などの観点から，地場産業の再生に取り組む中小企業や社会企業家と言われる社会課題の解決をうたう企業などを支援の対象とすることもあり得る。いずれにせよ，社会の課題解決に寄与する主体であることが必要不可欠な条件である（嵯峨，2011：24-25）。

　　2点目は「職業を通じて培ったスキルや知識」という点だ。これは，プロボノを通じて提供する支援の内容に関する部分だ。どこまではプロボノで，どこからがプロボノでないかを見分ける1つの重要なポイントは，提供される内容が，その人がもし企業などを対象に役務を提供すれば当然にプロ

表9-4　目的などによる分類

	ボランティア	プロボノ	ビジネス
目的	公共的・社会的な課題解決を目的とし，営利を目的としない。		営利を目的とする。
手段	職業上のスキルに限らず幅広い参加方法がある。	専門的な知識や技術，スキルを活用する。	
対価	基本的に，無償であることが前提であり，どこからも利益を得る見込みがなくても取り組む。有償ボランティアと言われるように，実費相当額は，支援対象となる側が負担したり，第三者によって補てんされたりする場合もある。		何らかの方法で利益を上げる見込みがある。

出典：嵯峨生馬，2011年，『プロボノ――新しい社会貢献　新しい働き方』，勁草書房，p.26

フェッショナルとしての対価や報酬を得られる仕事であるかどうか，という観点だ。弁護士の資格を持つ人が，企業に対して契約書作成業務を行えば当然に報酬を得ることができるが，その弁護士がNPOに対して契約書作成の支援を無償で行えばそれはプロボノと言える。一方で，同じ弁護士が，週末に地域の森林保全活動にボランティアとして参加し，植林や森の手入れの活動に汗を流したとすれば，それはプロボノではなく，一般のボランティアである，ということになる（嵯峨，2011：25-26）。

3点目は，そうは言っても，プロボノはボランティアの一種であることには違いはない。ボランティアとは「自発性」と「無償性」によって支えられた活動だ。プロボノを誰かによって強制されることはあり得ないし，原則として「無償」の行為であることが前提だ（嵯峨，2011：26）。

(ⅱ) プロボノの具体例

2012年11月26日の日本経済新聞夕刊「プロボノで専門を生かす」という記事では次のような具体例が紹介されていた（日本経済新聞，2012b：7）。

・認定申請中のNPO法人に対して，不動産や金融，IT（情報技術）などが本業の会社員男女5名が，終業後の時間を用いてこの団体の活動を助けるプロジェクトに参加。

・企業に勤める51歳の男性はアフリカの子供達に水を長距離運べる道具を開発した企業を知り，ソーシャル・ビジネスに関心を持ち，プロボノとして参加。

「会社の中で役割は果たしているが，社内の評価でしかない。肩書きのない世界でやってみて，自分の役割が社会にもあると実感した。」「これまでは売り上げをあげようで終わりだったが，社会に受け入れられない商品は市場からはじき出されとわかった。」「参加して社会変革の感覚を磨くと，新しい商品などが生まれるきっかけになるかもしれない。」といった参加者の声などが紹介されている。

(ⅲ) 企業の取り組み

　プロボノを企業内の制度として取り入れる企業も現れている。Ｎ社では2002年から『社会企業塾』を創設し，社会問題の解決を目指すNPOや企業で社会起業家として活躍する人材を支援してきたが，その卒業生の団体に対して『社会起業塾ビジネスサポーター』がプロボノとして支援することにした。Ｎ社にとって，社員がこの活動に参加し，企業にない社会起業家のノウハウや価値観に触れることは，社員の社会性や社会的感度を高めることが期待できる。そして社会貢献活動を通じて刺激を受けた社員が自身の業務にそうした経験を還元できれば，新たな付加価値を生み出す原動力になると考えられている（池田，2012：46-47）。

　プロボノにはＮ社グループの社員であれば誰でも応募することが可能であるが，あくまでボランティアという位置づけである。プロボノへの参加によって参加者の業務負担が軽減されることはなく，完全に無償での支援となる。業務との両立に配慮するため活動時間は週２～３時間で，継続が難しければいつでも支援を止めることができる（池田，2012：47）。

　実際にプロボノが始まってみると，当初意図していたこと以上に人づくりの面でも様々なメリットがあることが明らかになった。第１に社員に自主性が育まれた。活動時間は週２～３時間程度という制限を設けていたが，自主的に休日も利用し，それ以上の時間を投入したメンバーが多かった。参加者をこうした前向きな行動に駆り立てたのは，自分が団体を支援することによって社会問題の解決につながるという喜びがあるからである。第２に社員同士の横のつながりによって得られたスキルや情報，ノウハウの共有が有益であった。普段の業務では関わる

機会がなかった他部門の社員達と1つの目標を共有することで,他部署での仕事の進め方を知ったことが,その後の業務を進める上で大いに参考になったようである。プロボノには人材育成の面でも大いに効果があることが認められた(池田:2012:48-49)。

N社の先駆的な事例を端緒に,プロボノの制度が柔軟かつ広範に進展していくことにより,企業人の社会貢献意識を覚醒するきっかけとなっていくことが望まれる。

(2) エシカル消費

(ⅰ) エシカル消費とは

米国の『TIME』は2009年12月21日号で「The Rise of Ethical Consumer」と題する特集を組んだ。表題の「Ethical Consumer」は,購買時の判断基準に価格や品質だけでなく倫理や道徳などの要素を加味する消費者である。具体的には,生産から流通,販売に至るサプライチェーンの過程において,労働者を劣悪な環境下で働かせていないか,低賃金で搾取していないかなどの労働・人権に対する取り組みや環境汚染物質を排出していないか,など環境保護の面からもチェックし,適切な行動を行っている企業の製品やサービスを購入する動きである。企業活動に照らして言えば,貧困や児童労働・強制労働の解消,伝統や職人芸の再評価,コミュニティの再生などが主たるテーマである(横塚,2010:4)。

1990年代に台頭したエコロジー消費では「地球に優しい」という言い回しが流行したが,エシカル消費では「地球だけでなく,社会や人間にも優しい」ことが望まれている(石鍋,2012:17)。

(ⅱ) 意識調査

株式会社デルフィスの「第3回エシカル実態調査」(2012年7月調査)によると,「エシカル」という言葉を知っている人は13%,エシカル(人・社会や地球のことを考えた倫理的に正しい消費行動やライフ・スタイル)の考え方に興味があるは51%,今の時代に合っているは72%,今後よりいっそう増えていくは60%だった(デルフィス,2012)。

電通の「ソーシャル意識と行動に関する生活調査」(2012年3月調査)によると,ソーシャル消費[5],ソーシャル・コミットメント[6],日常のソーシャル行動[7],

の3つの領域に関与度が高い人々は全体の4割強（42.2％）に達し，3つの領域すべてにおいて関与度が高い人々「ソーシャル高感度層」が14.2％，3つのうち2つに関与度が高い人々「身の丈ソーシャル層」が28.0％存在することがわかった（電通，2012）。
（ⅲ）第4の消費社会

エシカル消費に連なる消費社会の歴史的な変遷を三浦は次のように概観している。

日本における近代的な意味での消費社会は20世紀初頭に始まった。第1の消費社会は，都市を中心に，国民全体の1～2割の中流階級が消費を楽しむ時代であり，現在の我々の生活の原型とも言うべき洋風化した生活様式ができあがった（三浦，2012：15, 18）。

戦中・戦後の耐乏生活を経て，日本は復興を遂げ，高度成長期が訪れる。第2の消費社会では，本格的な近代工業化の進展によって，生活の隅々にわたって大量生産品が全国に普及していった（三浦，2012：19, 21）。

オイルショックから低成長期に入り，バブルの勃興と崩壊を経て，小泉改革に至る。第3の消費社会は，「家計から個計へ」とも言われ，消費の単位が家族から個人へと変化した。個性化，多様化，差別化，ブランド志向などが進展した（三浦，2012：27-28）。

第4の消費社会の背景としては，バブル崩壊後の金融危機，自殺者の増加，生産年齢人口の減少，小泉内閣の新自由主義路線政策に伴う非正規雇用者の増加な

（5）「ソーシャル消費」：次の3つの条件すべてに当てはまる人を該当者とする。①「社会貢献型商品」を購入したことがある。②「環境・エコ・省エネに配慮した日用品」を購入したことがある。③「環境・エコ・省エネに配慮した耐久財」を購入したことがある，または購入を検討している（電通，2012）。
（6）「ソーシャル・コミットメント」：次の6つのいずれかに当てはまる人を該当者とする。①定期的に特定の団体に寄付，②被災地や恵まれない人への何らかの物資提供，③ボランティア活動への参加，④地域コミュニティ活動への参加，⑤ソーシャル・テーマのイベント・セミナーへの参加，⑥ソーシャル・テーマのNPO／NGOの活動への参加（ソーシャル・テーマは，環境・エコ・エネルギー関連，被災地支援関連，社会貢献，地域コミュニティなど）（電通，2012）
（7）「日常のソーシャル行動」：次の5ジャンルのうち4ジャンル以上で関与度の該当者とする。①環境・エコ関連，②節電関連，③食関連，④シェア関連，⑤地域コミュニティ関連（電通，2012）

どがあり，第3の消費社会の特徴であった個人化が，消費の単位としてではなく，社会的な孤立につながる危険性が拡大し，より人々のつながりを求める第4の消費社会の誕生をもたらした。第3の消費社会から第4の消費社会への変化の特徴は以下の5点である。(三浦，2012：29-30)

① 個人志向から社会志向へ，利己主義から利他主義へ
② 私有主義からシェア志向へ
③ ブランド志向からシンプル・カジュアル志向へ
④ 欧米志向，都会志向，自分らしさから日本志向，地方志向へ
⑤ 「物からサービスへ」の本格化，あるいは人の重視へ

　三浦は，第4の消費社会では，自分の満足を最大化することを優先するという意味での利己主義ではなく，他者の満足を共に考慮するという意味での利他主義，あるいは他者，社会に対して何らかの貢献をしようという意識が広がることから，社会志向と言ってもよいと分析している（三浦，2012：140-142）。

（ⅳ）エシカル消費の意義
　猪木はエシカル消費の意義を問い直している。近代以降，市場とデモクラシーを通して多くの社会が経験してきた画一化の浸透によって少数者の選択の自由が狭められ，失われてきたが，消費者は何かを選ぶことによって結果として市場や政治に大きな影響を及ぼしている。消費は，単独の人間の自由な選択に100％委ねられてよい訳ではなく，一人ひとりの人間の消費行動は，同時代の他の人間の幸福に影響を及ぼすだけでなく，後の世代の人々の幸福をも左右するという公共的な性格を帯びていることを忘れてはならない（猪木，2012：4）。
　消費者の倫理を問うことは多くの場合，生産者の倫理を問うことに結びつく。新しい商品，新しいサービスを生み出すのは生産者だけでなく，消費者も製品作りにコミットしているという自覚は重要である。消費者は市場に登場する商品・サービスの受け身の需要者ではなく，能動的に産業社会の動向に強い影響を与えている。消費には価値の創造という側面がある（猪木，2012：8）。
　柘植はエシカル消費を無限定に受け入れることへの懸念を表明している。第1に，消費が正当化されるおそれがある。消費には，文化を創造する，生活を豊かにする，経済を発展させる，といった正の側面と，人間を貪欲にする，消費や奢侈を生み出す，環境を破壊する，社会の不平等や格差を拡大するといった負の側

面があり，エシカル消費は負の側面を乗り越えようとする試みではあるがすべてを解消する訳でもない。第2に，エシカル消費が環境破壊を助長するおそれがある。「エコ」を冠した商品が大量に生産され，大量に消費されるという事態はすでに現実のものとなっている，第3に，エシカル消費が自己顕示の手段にされるおそれがある。自分らしさを他人に誇示し，優越感に浸るために，環境や社会に配慮した商品を買うという事態も起こりかねない。第4に，エシカル消費が商品化されるおそれがある。売上を伸ばし利益を上げるための方便として環境や社会への配慮を売り物にすることがありうる。第5に，エシカル消費が強制になるおそれがある。環境や社会に配慮した消費行動は，元来消費者の自主性や多様性を確立しようとする活動であったが，社会が個人に一律にエスカル消費を強要する場面も想定しうる。第6に，エシカル消費が流行に終わるおそれがある，環境や社会に配慮した消費活動には，地球環境問題や南北問題を背景とした長い歴史があるが，消費者や企業の一部はエシカル消費をファッションやトレンドとして捉えている。このギャップが埋まらなければ，エシカル消費は一時的な現象に留まり，使い捨てにされる（柘植，2012：27）。

　このような懸念も踏まえた上で，エシカル消費によって持続可能な社会を実現するためには，消費そのものについて考察し，大量消費などを正当化してきた従来の倫理に代わる新たな消費の倫理を確立する必要があると柘植は指摘している。新たな消費の倫理を確立していくための課題は次の3点である（柘植，2012：28）。

> まず第1に，環境や社会に配慮することが人間の幸福をいっそう増大させることを，人間として当然の義務であることを，あるいは，人間としてより望ましい生き方であることを示さなければならない。それとともに第2に，（「消費は美徳」であり，大量消費こそ「豊かな」生活である，という）従来の「消費の倫理」が環境を破壊し，社会の不平等や格差を拡大させてきたことを明らかにしなければならない。その上で第3に，環境や社会への配慮を（強制ではなく）制約条件として，どのような消費が，どこまで許されるのかを示さなければならない（柘植，2012：28）。

　エシカル消費はまだ道半ばであり，無限定に受け入れることもできないが，個

人の消費行動が社会を変えていく可能性を示している。

(3) インパクト・インベストメント
(i) 社会的責任投資

　個人や機関投資家が企業に投資する際の基準に，経済的な指標と同時に社会的な指標も考慮する動きが広がっている（谷本，2003：1）。金融に社会的視点を組み込んだ伝統的な手法に社会的責任投資（SRI = Socially Responsible Investment）がある。社会的責任投資は財務的な情報に加えて環境対応や労働問題など非財務的な社会的情報を加味した投資手法である[8]（河口，2012：93）。

　その歴史は古く1920年代に米国の協会において，教会の資金を運用する際に煙草やアルコールなど教義から外れた事業に投資しないという道義的な動機から始まった[9]。1960年代に入り公民権運動や反戦運動など社会運動が活発になる中で再び社会的責任投資が注目された。株主の力を通じて企業に対して，枯葉剤の製造中止や黒人の取締役採用などの人道的・人権的な対応を働きかけた。リターンを追求する伝統的な投資手法の世界からは異端とみなされていたが，1990年後半あたりからその認識が変化していった。環境マネジメントシステム ISO14000が発効し，環境に配慮した経営はコストアップで非効率な経営ではなく，リスクの低減，コストの削減，イメージの向上，ひいては企業価値の向上に寄与すると理解されるようになった2000年ごろから日本では食中毒事件，海外ではエンロン事件など企業の不祥事が多発し，企業倫理・コンプライアンスが企業リスクになることが明確に意識された。また NPO が途上国で下請け工場での児童労働などを告発すれば，企業のレピュテーショナル・リスクに直結する。すなわち，環境・

---

(8) 足達・金井は，CSR は結局のところ企業にとっての目的ではなく，持続的な発展を遂げるための手段であり，SRI がリターンを追求するための評価ポイントは，経営者がどのように CSR を活用し日々の企業活動に活かしているかという点を重視すべきである，と指摘している（足達・金井，2004：69-70）。
(9) クエーカー教の創始者であるジョージ・フォックスを嚆矢と考え，17世紀のロンドンに源流があるとする説や，メソジスト教の創始者であるジョン・ウエスレイによって18世紀に始まったとする見解もある。クエーカー教は武器を売ることで利益を得ることを回避してきたし，ウエスレイは酒やギャンブルなど隣人を傷つけることで利益を得てはならないと述べていた（水口，2005：10）。

社会・ガバナンスの問題 (Environment, Social, Government の頭文字をとって ESG 課題と言われる) が企業価値に大きなインパクトを与えるようになってきた。したがって，より良い企業価値評価を行うためには，財務情報と併せて ESG 課題を考慮し，包括的（ホリスティック）に企業を評価すべきだ，という考え方に賛同する投資家が増えてきた[10]（河口，2012：93）。

社会的責任投資は，名称も「社会」をとり「責任投資」[11]あるいは「ESG 投資」と称されることが増え，メインストリーム化（谷本，2007：12-13）が進んでいる。その大きなきっかけになったのが2006年に策定された，国連責任投資原則 (UNPRI=United Nations Principles for Responsible Investment) である[12]。これは，投資家が ESG 要因に着目した責任投資を行うことで，パフォーマンス向上と社会的な影響の両方が期待できるという発想から，責任投資を積極的に行うというイニシアチブである。この原則に賛同，署名する投資家は2006年5月の73から2011年7月には920と，リーマン・ショックなどの金融危機にもかかわらず着実に増えている[13]（河口，2012：93）。

（ⅲ）インパクト・インベストメント

欧米を中心に，インパクト・インベストメント (Impact Investment) という新たなトレンドが生まれている (Bugg-Levine and Emerson, 2011：4-5)（表9－5）。インパクト・インベストメントとは，経済的な利益を追求すると同時に，貧困や環境などの社会的な課題に対して解決を図る投資のことである。2009年9月のクリントン・グローバル・イニシアチブにおいてグローバル・インベスティング・ネットワーク (GIIN) が正式に立ちあがったのを機に広く知られるようになった（大和証券，2013）。

---

(10) ESG への取り組みが企業価値を増大させるのか，という問いに対しては，様々な分析がなされているがまだ結論は出ていない（日本政策投資銀行　環境・CSR 部，2013：14）。
(11) 水口は「責任ある投資」の考え方を提唱し，目先の利益だけでなく，長期的な観点から，正しい判断基準をもって投資をすることの必要性を説いている。今後影響を受ける将来世代に対しても責任のある資金の使い方を模索し，潜在的なリスクを避け，よりよい未来を築くために，投資が環境や社会に与える影響にも目を向けることの重要性を主張している（水口，2013：4）。
(12) 責任投資原則は SRI をグローバルな規模の行動規範にしたものである（可児，2011：44）。
(13) 金融機関の環境戦略としては，SRI のみならず，環境賠償責任保険や排出権取引などもある（金融機関の環境戦略研究会，2005：158）。

第9章　社会貢献意識の高まりの具現化

表9−5　インパクト・インベストメントの金融商品例

商品名	使途	発行体	販売機関
ウォーター・ボンド	アジア・太平洋の水プロジェクトを支援	アジア開発銀行	大和証券
ワクチン債	途上国の子供にワクチンを提供	予防接種のための国際金融ファシリティ	HSBC証券
グリーン世銀債ファンド	新興国による地球温暖化防止プロジェクトを支援	世界銀行	日興アセットマネジメント
グリーンIFC債	環境関連プロジェクトを支援	国際金融公社	野村証券

出典：日本経済新聞，2012年8月1日，「社会貢献型の金融商品広がる」，p.21（一部変更）

　従来の社会的責任投資との違いは，より積極的に「社会にインパクトを与えること」に主眼を置いている点である。社会的責任投資はあくまでも企業を通じた投資であり，直接的に企業にアクションを迫るものではないのに対し，インパクト・インベストメントは，より直接的で速効性のある関与を目指すものである（傍点は筆者）（大和証券，2013）。

　インパクト・インベストメントは投資先への関わりを重視した投資であるが，投資家の意思を反映した投資という見方もできる。構想日本では"コミュニティ投資"という概念を提示し，地域企業やまちづくり活動などに関して，金融の"地産地消"というようにお金が身近なところで役に立つ仕組みづくりの構築を提唱しているが，お金の行き先と活き方に一人ひとりの意思が反映される"顔の見えるお金の流れ"の重要性を強調している（図9−2）（構想日本，2013）。

　2011年の東日本大震災を契機に新たな仕組みも登場している。ミュージック・セキュリティーズ株式会社が行う「セキュリテ被災地応援ファンド」は，東日本大震災で大きな被害を受けた事業者の早期再建を目指した資金調達である。出資金5000円，応援金5000円，手数料500円の合計1万500円を一口として投資を募り，事業再開後に配当で還元する仕組みである。応援金は寄付金で戻ってこない。投資先は，被災地の水産加工会社や製麺店，鮮魚店などで，資金使途は新工場建設や設備関連費用である。また投資家は，復興後の出荷製品が宅配金で贈られたり，工場見学会へ招待されるなどの特典を得ることができる。投資の規模は1000万円

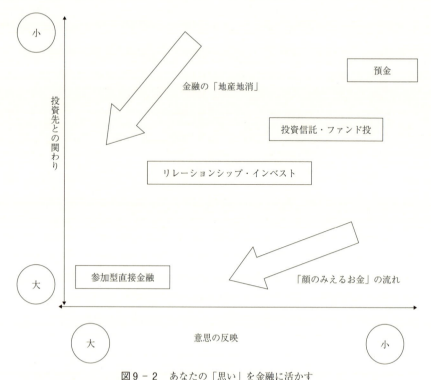

図9-2 あなたの「思い」を金融に活かす
出典：構想日本，2013年，「コミュニティ投資」を基に筆者が一部修正（http://www.kosonippon.org/project/list.php?m_category_cd=49）（検索日：2013年3月2日）

から1億円まで様々であり，事業が債券できなければ投資資金が戻らないリスクもあるが，直接支援先を指摘することができ，意思を確実に反映させることができる（水谷，2012：140）。

（ⅳ）利他的な金融

上記のように金融に社会的配慮や利他的な要素を組み入れる動きが起きているが，投資や融資の判断に利他性や社会的影響度を考慮するようになれば，事業会社をはじめとした資金の需要サイドも当然利他性を考慮したビジネスを積極化し，利他ビジネス拡大のサイクルが生まれることになる。河口は「利他的な金融」という概念を提示している（河口，2012：94-95）。

河口は，環境制約ゆえに地球規模で物質的な成長が望めなくなった今，物質的

には横ばいでも心の豊かさを成長させることで質的な発展が図れるという考え方を提示している。そして，心の豊かさを成長させる適切な手法が経済行為やビジネス行為に「利他」の視点を入れることであり，今まさに「パラダイム・シフト」(傍点は筆者) が起きているという見解を示している[14] (図 9 - 3, 表 9 - 6)(河口, 2012：97)。

新しい制度や政策は社会的合意があれば進めやすいが，環境と経済が両立する持続可能な社会が実現できるか，そして利他的な金融という概念が定着するか否かは，直接的・間接的に様々な要素に関わる人々の選択と相互作用の結果次第である (水口, 2011：256)。したがって，金融の形も社会のあり方の具現化であり，我々の未来に向けた意思に依拠している[15]。

秋山は，SRI は今後「FRI」に転化すると述べている。FRI は "Future Respnsible Investment" の略，すなわち「未来」に対する責任ある投資である。未来世代に対し，今の時代を生きる我々が如何に責任を果たしていくのか，それが投資の世界でも問われている[16] (秋山, 2008：69)。

4 新たな潮流

本章では，すでに生起している事象をいくつか探求し，企業人の社会貢献意識の高まりがパラダイム転換に向けた手がかりとなりうることを確認した

第1に，市場セクター・共生セクター・公共セクターからなる社会の構造変化について概観した。社会における個人および人々の協力の役割と性質を分類すると，市場セクター・共生セクター・公共セクターとなる。市場セクターおよび公共セクターの限界が露呈するにつれ，住民や組織がお互いに助け合う共助の仕組みが見直され，共生セクターが重視されるようになった。市民の連帯を重視して，

---

(14) ノーベル賞経済学者のスティグリッツは，市場原理主義と合体した徹底した個人主義が，自分がどんな人間で何を嗜好しているかという自己観のみならず，個人と個人の間の信頼関係まで変質させてしまったと悲観している。一方で，新しい金融システムを構築できれば新しい経済システムや新しい社会システムを創出し，市民が共通の理想と価値観に従って行動できるようになりコミュニティが信頼を取り戻す可能性を示唆している (Stiglitz, 2010：289, 296＝スティグリッツ, 2010：404, 415)。

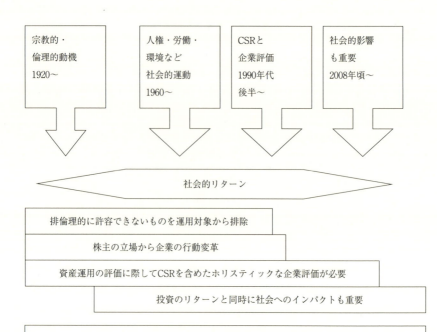

図9-3 社会的責任投資の歴史的変遷
出典:河口真理子,2012年,「お金の規律を考える――利己から利他へ」,『大和総研調査季報』(2012年新春号 vol.5)所収, p.95 (一部修正)

表9-6 持続可能な経済社会へ

時期	産業革命以前	近代資本主義	未来
原理	共同体に埋め込まれた人・社会的規範に基づく経済	人権(自由・平等)・市場原理と経済人	人権(自由・平等)・市場原理+「足るを知る」
エネルギー	・太陽エネルギー(水力・風力・動物・太陽・重力)・生物資源の持続的利用(森林・海水産物・農産物)	・化石エネルギー・石油化学資源・鉱物資源(大量採掘→使用→廃棄)・生物資源の奪取	・太陽エネルギー(水力・風力・太陽光・地熱・潮力)・鉱物資源の循環的利用・生物資源の生物多様性に配慮した活用

出典:河口真理子,2010年,「『成長神話からの脱却』を考える」,『DIR経営戦略研究』所収, 2010年新年号, vol.24, p.33

市場セクターと公共セクターの弊害を修正する世直しの動き[17]である。これは，合理主義と営利主義が結合した経済主義の見直しでもある。

　第2に，担い手としての企業人という観点から社会貢献意識の高まりの意義について検討した。市場経済の渦中で様々な知識・経験を積み重ねてきた企業人が社会貢献意識を高め，共生セクター・市場セクター双方で活躍していくことはそれぞれのセクターの活性化につながる。社会の太宗を占める企業人が新たな社会をデザインしていく担い手として少しずつでも活躍していけば，21世紀の日本社会を大きく変革する原動力となる可能性を秘めている。

---

(15) やや古いデータであるが，環境省が2003年に社会的責任投資（SRI）を行う個人投資家に調査したアンケート結果によると，日本では顧客の健康配慮，環境問題，消費者保護への関心は高いが，アメリカ・イギリスと比べ，児童労働等回避，コミュニティへの貢献，機会均等配慮への関心は低い（図9－4）（寺中，2008：158-159）。多元的な社会的価値を実現する日本人の意識の高まりも求められている。

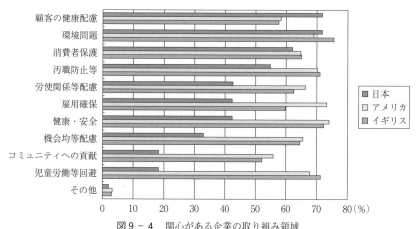

図9－4　関心がある企業の取り組み領域
出典：環境省，2003年，「社会的責任投資に関する日米英3か国比較調査報告書―我が国における社会的責任投資の発展に向けて―」(http://www.env.go.jp/policy/kinyu/rep_h1506/gaiyo.pdf)（検索日：2014年8月12）

(16) 中村（裕）はリーマン・ショックを振り返り，利益追求を唯一の価値観とする個人の行動の集積が，金融危機を助長したと分析する。70億人を超える個人の価値観・哲学の結果としての行動の集積が世界経済であり，長期的視点に立脚した利益追求に加え，社会・経済・金融システムの全体最適と安定を目指すシステムの構築と，資本主義の新たな価値観・哲学の確立を求めている（中村（裕），2009：204-205）。

(17) 岡本は，ボランティア活動を通じてこそ，政府や市場の機能を問い直し，社会の共同性や相互依存性を自覚できると述べている（岡本，2001：110）。

第3に，パラダイム転換に向けてすでに生起している事象として，「ヒト」に関わるプロボノ，「モノ」に関わるエシカル消費，「カネ」に関わるインパクト・インベストメントの動向を確認した。

　社会貢献意識を自覚した企業人の確かな行動の1つひとつは小さな動きであっても，輪が広がり積み重なることによって大きな潮流になる可能性を秘めている。近代の危機を克服して新時代を創造する担い手となる可能性を秘めた企業人の意識変革と行動変革に期待したい。

終　章
個人の社会的責任の自覚と実践
—— 個人と企業と社会の関係性の模索 ——

1　東日本大震災を契機とした意識変化

　東日本大震災を契機に企業人の意識に大きな変化があり，3.11以降の意識変化について様々な調査（補録参照）が実施されているが，守島は次のように分析している（守島，2011）。

　第1に，安心・安全などマズローの5段階欲求説によれば低次元の欲求とされる要因の重要性が認識された。大震災は，多くの人にこれまで盤石だと思っていた身の回りの安全が脅かされる可能性を認識させた。但し，これは震災直後の瞬間的な意識変化であった。第2に，社内での評価や処遇への関心の低下と，家族・家庭への強い志向である。企業の節電対応の中で必然的に家族と過ごす時間が増えたということもあるが，多くの人が，震災後，家族との時間を重視するようになった。第3に，仕事の内容に関して，他人や社会への貢献や自己実現といった要素が重視されるようになった。この点，高収入や昇進・出世などへの関心の低下と際立ったコントラストを見せている。このように，働く人の意識は，震災直後に大きく安全・安心に振れたがその後その傾向は弱まり，一方で，家族や家庭志向，そして社会貢献志向，社会に役立つことによる自己実現志向が強くなった[1]。

　今回の震災は，多くの日本人に自分自身の働き方について考え直す機会を与え

---

(1) 守島は大きな意識変化が起きていることは容認しつつ，安易な理想論に陥ることも戒めているが筆者も同感である。3月11日に「帰宅難民」が溢れ出たが，多くの企業ではオフィス内に社員を留め，食料や寝具を提供した。安心・安全という基本的な欲求を充足した企業の役割についてはもっと賞賛されてもよい。

図終-1　充実感を感じる時

出典：内閣府大臣官房政府広報室，2013年，「国民生活に関する世論調査（平成25年6月調査）」，表12-2（http://www8.cao.go.jp/survey/h25/h25-life/zh/h12-2.csv）（検索日：2014年8月10日）

た。これまで多くの人が何を求めて働くのかをきちんと考えることなく，何となく会社を選び，会社が提供する機会や処遇をただ受け入れて職業生活を過ごしてきたが，今回の震災は根源的な問いを投げかけた。「仕事をするうえで何を大切にするか」という問いに対しては，家族・家庭や社会貢献の重要性が高まったが，「それをどう実現していくか」という問いに対しては必ずしも方法論が整理されているとは言い難い。家族との時間については，いっそうのワーク・ライフ・バランス・ニーズへの対応が必要である。例えば，生産性を落とさず工夫できる余地が実感され在宅勤務の拡大も現実的になってきた。

　守島が指摘するように，家族・家庭や社会貢献への価値観のシフトが認識されているが，そうした趨勢はこれまでの世論調査でも確認されていた。例えば，「国民生活に関する世論調査」には「充実感を感じるのは，主にどのような時か」という問いに対し「家族との団欒の時」や「社会奉仕や社会活動をしている時」と答えた人の割合は遙増していた（図終-1）。

　東日本大震災を契機に企業人の意識に大きな変化があったが，これは一時的な現象ではなくここ数年の趨勢の現れである点を正しく理解する必要がある。より大きな視座から問われているのは，本書で繰り返し述べてきたように，近代文明

の危機という大局観にたって社会的存在である人間の本質的価値を再認識する道程にあるという認識である。そうした認識を着実な行動に転化していくことが大震災の犠牲者へのせめてもの鎮魂となる。

2　個人の社会的責任の自覚と実践

　近代の危機を克服して新たな時代を創造するためには近代的世界観の超克が不可欠である。言わば近代的世界観のパラダイム転換に他ならない。パラダイムとは「ものの見方・考え方の基本的枠組みあるいは思考モデル」である（田村，2000：232-234）。

　近代的思考モデルはもっぱら科学的な分析方法を重視して，二項対立思考や数量的思考，さらには部分思考を重視してきた。人間の認識能力は，科学的分析認識を可能にする「悟性（ratio）」以外に，総合的直観的判断を下す「理性（intellectus）」や感覚的認識を導く「感性（sensus）」がある。近代的思考モデルは専ら「悟性」による認識を重視してきたが，近代的世界観を超克するためには，理性や感性も動員して総合的直観的認識も大切にしなければならない。人間としての豊かな感性や心情を鍛練し，喜怒哀楽に素直に向き合い，より積極的な生を心がける実践が不可欠である。言わば，知・情・意の総合的認識が求められている。すべての事象が相互依存的であることを受け入れる度量が要請される（田村，2000：233-236）。

　近代を超克する思考モデルは「相互依存的なあり方」を重視し，開放系モデル思考に立たなければならない。特に分析的判断において対立するかの如く捉えられる物事や価値，例えば，自由と平等，競争と協調，自然と人間，肉体と精神，形式と内容，原因と結果，生命と環境，社会と個人などの対極的事象や価値が相互密接に依存し合っているという実在の原理に注目するべきである。それは近代の二項的対立思考を根本的に転換することに他ならない（田村，2000：236-237）。

　このような認識に基づく田村は，産業経済の真のあり方を次のように考える。

　　　第1に優勝劣敗の競争主義から，協調を伴う競争と，抑制の効いた自由主義への転換が必要である。なぜなら日本が「自由貿易主義」を貫くと，競

合する外国の人々から伝統的な昼休みや長期休暇を奪い，日本人の生き方を彼等に押しつける結果となり，"他人に対する恣意的強制"となるから，これは条約違反でなくとも，自由原理に反するし，人間として社会として許されないのである（田村，2000：237-238）。

経済に関する相互依存性の第2は，営利追求と自然や文化を大切にすることのバランスである。今最も重要なのは自然を大切にすることであるが，本来の生産は，自然に秘められた可能性を助長して自然と人間とのパートナーシップを深めるものである。自然破壊となるような人間の営みは，結局のところ非生産的になる。しかも自然を大切にすることは文化の重視につながり，これが付加価値の高いより高い生産物を導く。企業が自然と文化に配慮することは，企業の営利のためにも重要なのである（田村，2000：238）。

第3に労働と余暇の相互依存。我を忘れるほど働くことは怠惰であり，ここに悪がひそむ。双方の均衡こそが，人格を形成し，正しい産業を導くことになろう（田村，2000：238）。

実在の原理は，あらゆる存在間の重々無尽な相互依存であり「相互律」と呼ばれている[2][3]（難波田，1982：3）。実在のあり方を「相互律」で分析すると，その相互依存性には循環や双方向性などのパターンが見られる。双方向的思考は，人間の認識能力である感性，悟性，理性の間の双方向性も重視する。例えば，ボラ

（2）　人間は思惟の働きによって物事を分別する。分別し，分析することが思惟の本質である。人間は分別的思惟によって為すべき善と為すべからざる悪を区別することができる。AはAである，非Aは非Aであるという自同性（identity）の原理は，人間の思惟の原理ではあるが，実在の原理ではない。実在する物事は，すべて相互に他を要請し合い，他なしには自らも在り得ぬ如き関係において存在する。一切の物事はすべて相依相俟であって，相互に他を俟ってのみ存在することができる。難波田は，この相依相俟というあらゆる物事の実在の論理を「相互律」（allelonomie）と名付けた。allelon（相互に）という言葉とnomos（規律）という言葉を結びつけたものである（難波田，1982：2-3）。光は闇により，闇は光によって存在しうる。人間生活も同じで「楽が苦の種，苦は楽の種」である。一切の事象はこのように，自らに存在根拠を持たず，他との相互依存関係によって初めて実在しうる（田村，2000：223）。

ンティアによって個性を活かす喜び，まわりに役立つ喜び，後世に役立つ喜びなど，感性的な体験的認識も重視し，感性と悟性のバランスがとれた総合的認識を心がけるのが双方向性思考である（田村，2000：241-244）。

経済と社会の狭間で彷徨する人間のありようを解明していくことが本書の主眼であり，市場経済の渦中にいる企業人を題材に，行き過ぎた経済主義を埋め戻し，共生社会の一員である個人の社会的責任の意義を探究していく。一人ひとりが個人の社会的責任を自覚し，共助の理念を実現していくことは人間の「相互律」を紡ぎ直していくことに他ならない。「相互律」の紡ぎ直しとは他者と深く関わり，他者との共同のうちに自己の生を確立していくことである。端的に言えば「社会のために役立ちたい」というヒトのあり方である。人間は個人として自己に中心を持つ存在であり，主体性をその本質とする自己中心的な個別者であると同時に，他者と深く関わり，他者との共同のうちに自己の生を確立していく存在でもある。近代社会は経済至上主義に導かれて個別者の利益を最大化する志向を強めてきたが，それまで一般的であった共同社会は，解体されたとはいえ，消滅したのではなく，家族や地域社会の内に人間の本性的・生命的営みとして存在し続け，維持されてきた。金子は個人と社会のダイナミックな関係の中で，社会を構成する一員として個人が社会に働きかけ，創造的社会を構築していくことが人間本来の姿であると述べている（金子，1992：3-17）。

近代的な価値基準は，人間に関しては自由とりわけ物的欲望追求の自由を価値としてきた。その結果，物的豊かさ，快適，便利，安逸さなどを生活における価値とし，そのために生態系を攪乱し，人間以外の生命を，さらには人間の生命さえ軽視して物質文明を追求してきた。欲望追求的自由を重視してきた近代人は，所有欲を増長させて，物を持つことを偏重している。これに囚われ過ぎて，所有が人間の存在全体を左右し，あたかも我々は何かを所有するために存在するかの

（3）　もちろん人間は自由であり，自律性を持っている。自分のことは自分で決めなければならない。しかし，それはあくまでも形式上のことであり，どう決めるか，その具体的な内容になると，人間相互が相依相俟であることを考慮の上判断しなければならない。人間は形式的には自由であるが，実質的には自由ではない。自己を存立させるには他者を存立させなければならない。相互律を軽視するところに人間と人間社会の一切の問題が胚胎する（難波田：1982：2-4）。

如き生活をしている。所有価値が人間の存在価値を脅かしている。そうした弊害から抜け出すためには適度な所有を心がけ，社会的および自然的環境を重んじ，自分自身の精神的および肉体的健康を害さないようにすることが大切である。さらに，自分とは何かという自己のアイデンティティを熟慮し，加えて自分以外のものについても，その存在意義を考えることが大切である。こうして，自分および事物の存在と，自分が所有することのバランスを図らねばならない。端的には，物や金を所有する喜びから，人間らしく生きることへの価値観点を移すことであり，"物から心へ"ということに他ならない（田村，2000：244-246）。

　近代を超克する世界観の根底をなす価値観は共生の倫理観である。人間同士の共生は，これまでの権利主体偏重の考え方を修正し，特に社会的責任の観念を導く。個人と社会は相互依存関係にあり，どちらも一方だけでは成立しない，という原点に立ち返るならば，社会構成員相互の連帯を基礎とした社会観を大切にしなければならないが，それは「公共性」が重視される「共同体的社会観」である。しかし，この社会観は個人を社会の中に埋没させるものではない。共同体的社会観においては，個人は社会に対して，権利と同時に責任の関係で交わる。ここでの個人の行為は，それが社会の連帯[4]を強固にし，社会全体の福祉を向上させ，巡り巡って個人の利益にもなる行為であるから，個人はこれを行う権利がある同時に責任がある（田村，2000：246, 270）。ここに「個人の社会的責任」の存在意義がある[5][6]。

（4）　カナダのマギル大学のミンツバーグはコミュニティシップという概念を提唱している。コミュニティにおけるリーダーシップとは，トップダウンの英雄的なリーダーシップではなく，現場の人々を励まし，巻き込むことで，ほどよいリーダーシップである。カギは相手を一人ひとり尊敬し，尊重することから始まる。コミュニティとは単なる人と人のつながりではなく，相手に対する思いを伴うものである。その意味でネットワークとも異なる。ミンツバーグは経済合理性を追求するアングロサクソン型資本主義が企業内コミュニティを破壊し，社会のバランスを崩したことに懸念を表し，企業内コミュニティの再構築を主張している。ミンツバーグの主張は企業内のマネジメント手法の域を出ていないが，連帯の理念に通じるものがある（ミンツバーグ，2013：11-14）。
（5）　すでに藤野が，企業の社会的責任の基盤としての個人の社会的責任を主張しているが，①個人の社会的責任を「個人が何らかの目標を成し遂げる能力」と定義していること，②あくまでCSRを前提にしていること，③Indivisualという訳語を当てておりペルソナとして人間存在への洞察がないこと，から，本書が人間の本源的価値から導き出している社会哲学的意味での「個人の社会的責任」とは異なる皮相的なものにすぎない（藤野，2005：23-24）。

終章　個人の社会的責任の自覚と実践

時あたかも「社会的責任の時代」と言われている[7]。2010年11月には世界初の社会的責任に関する国際規格として ISO26000が発行された。ISO26000は，企業や政府をはじめとするあらゆる組織に適用できる非常に守備範囲の広い国際規格で，しかも第三者認証を必要としないガイダンス文書である。ISO26000は，各国の消費者団体代表，政府関係者代表，企業もしくは企業団体代表，労働者団体代表，NGO ／ NPO 代表などの組織が5年以上の歳月をかけて議論し，合意した。世界中の組織がISO26000を取り込んで，持続可能な社会の形成に貢献していくことが期待されている（足達，2011：61-62）。足立はR = Responsibility とは，外部から押しつけられた「責任」ではなく，地球や社会の持続可能性に関わる様々な問題・課題に対して，どのように反応，対応する（Response）能力（Ability）であると述べている。そして，企業や組織以上に変わらなくてはいけない存在が市民であると指摘している（足立：2011：23-24）。

タイム誌「世界で最も影響力のある100人」に選ばれたこともあるコロンビア大学のサックスも以下のように述べている。

　　　個人としての私たちは，自分の暮らしのなかでバランスをとることを思いださなければならない。わが国（アメリカ，筆者注）が1つの社会として21世紀の複雑な難問にとりくむためには，市場，政府，市民社会の正しい関係を築きあげなければならない（Sachs, 2011：161＝サックス，2012：185）。

　　　必要なのは，今日提案されているものよりも，もっと深い変化である。いま必要なのは，共感[8]によって成り立つ社会である。私たちはもう一度，自分たちの幸福，他人との関係，政治のあり方について真剣に考えなければならない（Sachs, 2011：162＝サックス，2012：186）。

（6）　若森によれば，ポランニーにも社会的存在としての人間観がある（若森，2011：259）。
（7）　功刀は1970年代に始まった「企業に問われる社会的責任」は，今や他の主要アクターに求められる社会的責任に広がり，責任の文脈に応じた質的・量的変容が起こりつつあると指摘している。意思決定を行う能力と力を持つ政府，議会，企業，労働界，市民社会，国際機構などが互いのアイデンティティの差異を保ちながら，共存を超え相乗効果を生じリーダーシップには，国家，人種，文化，宗教を超え，他者への連帯と地球隣人社会への責任感（傍点は筆者）が求められると述べている（功刀，2008：6-15）。

要するに，いまの私たちに必要なのは，自分の欲望だけでなく社会が必要とするものにも共感を持てるようになること，幸せになるためのもっと確実な道を見つけることである（Sachs, 2011：164＝サックス, 2012：189）。

　消費と貯蓄，労働と余暇，個人主義と社会の一員としての責任といった対立概念の均衡をとるために，個人として自分なりの判断をくだそうとするとき，私たちはこのような共感を立脚点にすべきである。こうした共感はさらに，私たちの社会的な関係や社会に対する責任（傍点は筆者）についての考え方にまで広げてゆかなければならない（Sachs, 2011：164-165＝サックス, 2012：189）。

　札幌農学校や京大・東大で教鞭をとり，『武士道』の著者としても有名な新渡戸稲造は人格と責任について以下のように述べている。

　人間の真の関心事は，政治的改革あるいは社会的改革を超えた，深い精神の問題なのである。〈中略〉市民が"人格"に高められるまでは，民主主義を求める声は空念仏に終る。二本足の生物を"人間"にするものは，人間の内奥におけるこの変化だけなのである（Nitobe, 1927：19＝新渡戸, 1985：420）。

　"人格"は"実在の大総合体"のうちに吸収され，我は無限の存在に呑み込

（8）　共感に満ちた社会を提唱するサックスは共感を8つに分けている。(Sacks, 2011：165＝サックス, 2012：189-190）
　　・自分への共感―自分を慎ましく律し，大量消費主義から脱却する。
　　・仕事への共感―労働と余暇の均衡を保つ。
　　・知識への共感―教育の機会を増やす。
　　・他者への共感―他者への思いやりと協調を実行する。
　　・自然への共感―世界の生態系を守る。
　　・未来への共感―責任を持って未来のために無駄をなくす。
　　・政治への共感―公共の話し合いの場を増やし，政治団体を通して集合的な活動の価値観を共有する。
　　・世界への共感―平和への道として，多様性を受け入れる。

終章　個人の社会的責任の自覚と実践

まれ，哀れな個々の人間は亡骸のように残される。こうして人間は"大総合体"("宇宙"と呼ぶのもよい) のささやかな一部分，虫より大ならず世界より小ならざる一部分とされ，また"生"と"因果関係"という不文律によって，"万象"に関わるものとされる (Nitobe, 1927 : 24 = 新渡戸, 1985 : 426)。

"非人格化"は人間から自己に関する確信を奪う。人間の思想の進展を妨げ，行動を抑える。〈中略〉人間を"非人格化"すれば，生そのものの価値が漸減し，やがて無に帰するのである。道徳的規準は人為的となる。性格形成にとって個人的責任の抹殺ほど大きい害は想像できない。事実，"人格"の観念がなければ，責任感は考えられない (Nitobe, 1927 : 26 = 新渡戸, 1985 : 427)。

仏教的な見方も根底に，人格 (Peronarity) あっての責任 (Responsibility) という原理を示している。

近代の超克に向けて，行き過ぎた経済主義を埋め戻し，一人ひとりが個人の社会的責任を認識し，実践していくことは人間の「相互律」を紡ぎ直していくことに他ならないが，新たな社会像をこれから構築していかなければならない。様々な萌芽はすでに生起しているとはいえ，共助の理念をバックボーンに，他者と深く関わり，他者との共同のうちに自己の生を確立していくことのできる新たな社会像の具現化は21世紀に生きる我々の大きな課題である。そのためにも，近代の危機を克服して新時代を創造するために，経済主義の行き過ぎの是正と人間の「相互律」の紡ぎ直しという基本的枠組みを踏まえ，一人ひとりが個人の社会的責任を自覚し，実践していくことが求められている。

3　社会変革の原動力となる可能性

本書から得られた知見を述べるが，個人の社会的責任の自覚と実践は社会変革の原動力となる可能性を秘めている。

第1に，企業人の社会貢献意識の高まりの根底にあるのは「個人の社会的責

任」の覚醒である。近代文明を牽引してきた究極の理念は経済主義のイデオロギー「物質的に豊かになれば，人間はそれで幸せになれる」というモノの見方であるが，この経済一辺倒の近代化が大きな分岐点に差し掛かっている。「人間は社会的動物である」と唱えたアリストテレスは経済学の先駆として知られているが，経済を善き生という枠組みの中に限定していた。ポランニーは「埋め込み概念」を提唱し，社会に埋め込まれた状態から離陸・離床した経済を再び社会の中に埋め戻すことを志向した。経済と社会の関係を個人のレベルで考えても，経済至上主義が優越し，人間自身もトータル性を喪失していった。人間存在の本質に翻るとペルソナという概念があり，人間は社会や他人との関係性の中で求められる役割を演じているにすぎない。個人主義化した近代社会ではギブ・アンド・テイクの合理的な社会関係が支配し，社会全体が市場化し，人間疎外が進行したが，人間の本性を回帰させ，固体としてのインディヴィデュアルから，人格としてのペルソナへの転換する必要があり，人間存在の本質であるペルソナは交わりにおいて存在する。本来人間は社会的な動物であり，社会を形成して共生し，必要とあれば自利を抑え他を思いやり，権利と同時に責任において社会と交わる。ここに「個人の社会的責任」の起源がある。実在の原理はあらゆる存在間の重々無尽の相互依存であり「相互律」と呼ばれる。人間の「相互律」の紡ぎ直しが「個人の社会的責任」の自覚であり，その実践が近代の危機の克服につながる[9]。新しい行動に出る創造者的な力は最初は小さな揺らぎであっても，それが人々の相乗的な相互作用の中で拡大し，やがて既存の秩序を崩し，新しい秩序を構築していく（小林，2013：33）。「個人の社会的責任」という用語は先行研究があるが，こうした社会哲学的な文脈での提示は初めてである。

第2に，企業と社会と個人の関係性の変化により，「理想の恩恵」論に依拠した"守り"の「社会化マネジメント」から，イノベーションを生み出すダイバー

---

(9) 武田は，市場原理に支配された現代社会を共生社会に創り変えていくことが我々の課題であり，そのためには，自律的に協同する真の人間に立ち返る営みが必要である，と述べている。自律性とは，自己の状態を維持するだけでなく，創造し，決定することである，協同性とは，他者と結びつくだけでなく，他者との関係を互助的・互恵的なものとして活動を創造することである（武田，1998：9-10，202）。まさに，共生社会の実現に向けて，「個人の社会的責任」を自覚し，実践していくことである。

終章　個人の社会的責任の自覚と実践

シティ・マネジメントや越境学習の観点から"攻め"の「社会化マネジメント」に変貌を遂げる可能性がある。社会貢献意識の高まりに呼応した人材マネジメントを「社会化マネジメント」と命名し，その現状を分析した。社員のボランティア活動や社会貢献活動を支援している企業は確実に伸長しており，その理由は「理想の恩恵」，すなわち社員のモチベーションアップであると考えられる。しかし，企業経営そのものも社会化し，CSRのメインストリーム化が進む中[10]，イノベーションを創出するダイバーシティ・マネジメントや越境学習の観点から，社会貢献意欲が高いという価値観やボランティア経験を取り込むことで新たな「協働」の可能性が生まれてきた[11][12]。企業と社会と個人の新たな関係性が，"守り"の社会化マネジメントから"攻め"の社会化マネジメントへの変貌を促している[13][14][15]。

　第3に，企業人の社会貢献意識の高まりは21世紀の日本社会を大きく変革させる原動力となる可能性を秘めている。元来，ボランティアは女性では主婦，男性では定年退職者が多くを占めるとされているが，企業人のボランティア経験の現

---

(10) 越智は，社会システムの1つのサブシステムとして企業を位置づける立場から，「企業と社会の共生」（内部目的と社会目的の同時実現）という考え方を提示している。抑制すべきところは抑制しながら，相互に利益を与えあい，豊かな世界を作り出していくという共生の思想と相通じるものである（越智，2000：146）。

(11) 杉村は産業社会において労働が人間の活動として有意味なものであるためには，ジョブ（労苦）であると同時に幾分かは，何事かを成し遂げるワーク（制作）であり，それ自体に面白さを感じるプレイ（遊戯）であり，個人を超えるものへの献身のサービス（奉仕）として受け止められる必要があると述べているが，ここで「奉仕」とは，自己の利益や好悪の感情を超えた意味や価値を求める活動としての労働の側面を表している（杉村，1990：264-265）。

(12) 第56回日経・経済図書文化賞を受賞した『関わりあう職場マネジメント』の中で鈴木（竜）は，公─公共─個という関係で職場を組織おける公共を担うものと見做し，社会的な美徳（他者への配慮や秩序）を職場での関わり合いの中で発揮することの意義を主張している（鈴木（竜），2013：45，48）。さらに鈴木（竜）は，規範的な学問として経営学を捉えると，過度に専門化を進めるのではなく，善き社会，善き経営，善き組織について仮説を立てて議論していくことは有意義である，と述べている（鈴木（竜），2013：53）。個人と企業と社会の関係についても幅広い視野から見直していく必要がある。

(13) 労働の人間化と経営参画について分析した一言は，現実の企業組織は厳しい経営・社会環境に適合しながら収益性を追求するという根本動機で運営されており，従業員個々人の経営参画をシステムとして導入するか否かは基本的に収益の追求という根本動機に規定される，と述べている（一言，1992：165）。今日，企業経営の社会化が進展しているとするならば，「社会化」を動機とした経営参画の方法も模索されていくべきものと考える。

状と生き方への影響を分析するために「企業人のキャリアとボランティアに関する意識調査」を行った結果，ボランティア経験のある企業人は4割に達していた。しかも，ボランティア経験によって視野を広げ，思考力・行動力・協働力を身につけ，人生観・価値観・人間観あるいは世界観・社会観を変容させていた。企業人を対象にボランティア経験の生き方への影響について分析した意義は大きく，分析結果は日本ボランティア学会の学会誌にも掲載された。企業人は，量的にもマジョリティを占め，質的にも公共セクター・市場セクター・共生セクターに積極的に関与できるという意味で，現代社会の大きな影響力を有している。パラダイム転換に向けた新たな動きとして，「ヒト」に関わるプロボノ，「モノ」に関わるエシカル消費，「カネ」に関わるインパクト・インベストメントの事例を概観したが，社会貢献意識の高い企業人の行動の1つ1つは小さな動きであっても，輪が広がり積み重なることによって，社会を大きく変革させる原動力となる可能性を秘めている。

　第4に，「ワーク・ライフ・バランス5元論」や「バランスのとれた社会化した自己実現人」という新たなモデルを提示した。ワーク・ライフ・バランスの実現に向けて社会的気運が醸成され，長時間労働の抑制，育児休暇の充実，年次有給休暇の取得など働き方改革が進む一方で，育児中の女性のための施策であると矮小化され，個々あるいは全体的な意味について統一的見解が見出されていないという懸念も存する中，様々な先行研究も踏まえて会社生活・家庭生活・社会生活・学習生活・自分生活の5つの生活を要素とする「ワーク・ライフ・バランス5元論」を提唱し，実証結果と共に日本労務学会の学会誌に掲載された。ワーク・ライフ・バランスの重要性は広く社会に認識され，行政や社会で多様な取り組みがなされている（佐藤・武石，2014：ⅰ）が，女性の活躍，育児や介護との両

---

(14)　ロンドン・ビジネス・スクール教授のグラットンは，『ワーク・シフト』の中で，際限ない消費に終始する生活を脱却し，情熱を持って何かを生み出す生活に転換する必要性を主張している（Gratton, 2011：200＝グラットン，2012：234）。さらに，『未来企業』の中で，企業が人間の動機をすべて市場価値で判断することを戒め，他人の役に立ちたい，企業として，人々に役に立ち，他者と協力するという自然な行動を従業員に促す社風を醸成することを推奨している（Gratton, 2014：90＝グラットン，2014：130）。人も企業も変革が迫られている。
(15)　日沖は，従業員が会社以外の時間も充実させることによって，知識・イノベーションが生まれるなど業務に良い影響がもたらされる，と指摘している（日沖，2012：174）。

立という問題に限定される傾向が強く,「ワーク・ライフ・バランス5元論」は個人の総合性の発揮という本質に目を向けさせるものである。一方,会社人間モデルが終焉し,新たな行動思考様式が模索される中,様々な先行研究も踏まえて「バランスのとれた社会化した自己実現人モデル」を提唱し,実証結果と共に21世紀社会デザイン研究学会(現:社会デザイン学会)の学会誌に掲載された。こちらもこれからの人間モデルのたたき台を示したものである。

第5に,社会貢献意識と勤労意欲の共存である。本書を通じて様々な調査を行ったが,社会貢献意識の高い人は勤労意欲も高かった。「バランスのとれた社会化した自己実現人」モデルに該当する人は,意外なほど会社生活に没頭しており,社会活動を重要視する人ほど働くことも重要視する傾向が窺われた。このことは,社会貢献意識と勤労意欲が共存しうることを示唆しており,社会貢献意識の高い人を企業経営に取り込む"攻め"の「社会化マネジメント」を進めていくための支柱となるものである[16]。

4　今後の課題

今後の課題について付言する。

第1に,企業の社会的責任(CSR)と個人の社会的責任(PSR)の交接を深めていくことである[17]。企業経営の社会化やCSRのメインストリーム化は,社会貢献意識の高い企業人を取り込み,協働を模索していくことになろうが,ボランティア支援のケースにおいてPSR派は無限定の支援を望んでいる訳ではなかった。企業と個人が織り合えるか否かは,企業経営の舵取りにかかっている。「よい活動(善行)」の「ホチキス綴じ」(亀井,2014:22)のような場当たり的なCSR

---

(16) 小柳は,個人としての自立・自律という市民社会の道徳的価値は大企業の営利活動の前に無力化されてしまったとした上で,市民社会が巨大化した企業を取り込んでいく必要がある,と述べている(小柳:1999)。企業を過大評価している感があるが,市民社会において,企業と個人がもっと折り合いをつける必要があるという認識には賛同する。

(17) 大手自動車部品メーカーのデンソーでは1949年の創業以来,「先進」「信頼」「総智・総力」という柱からなる価値観・信念があり,「総智・総力」の発揮の中で,1人1人の行動にCSRが根づくことによって「1人1人の社会的責任」にまで深化することを目指しているという(岩原,2007:66-67)。PSRも取り込んだCSRとして注目される。

活動では，意識の高いPSR派の社員の共感を得られない。企業にも根本的な役割変化が求められている（Paine, 2003：227-228＝ペイン，2004：356-357）[18]。社会的な価値観・優先度などの変化に対する鋭敏な意識を持って業務を遂行する責任と社会環境の改善に対する積極的な取り組みを行う意欲が求められる[19]。自社の理念を現代社会に置き換えて再認識し，短期的な利益やコストよりも長期的な信頼を優先する経営，さらには，社会・環境問題を解決しながらあるべき社会を創造する経営の実践が望まれる（牛島，2014：176）[20][21][22]。

　第2に，社会貢献意識の高さという価値観やボランティア経験がイノベーショ

---

(18)　ペインは，会社が何をなすべきか，社会の考え方が変わると共に，企業そのものも進化すべきであり，企業に独特的な性格が付与されたことにより，企業の内部構造と経営に根本的な変化を促している，と述べている（Paine, 2003：227-228＝ペイン，2004：356-357）。

(19)　1971年にアメリカの「経済開発委員会」（The Committee for Economic Development）が政策見解「企業の社会的責任」（The Social Responsibilities of Business Corporations）を取り纏め，以下の企業の社会的責任を掲げている。
（1）経済的機能の効果的遂行に関する責任（生産・雇用・経済成長など）
（2）社会的価値や優先順位の変化に細心の注意と配慮を払う責任（環境保護・雇用・従業員との関係・情報の提供や公正な取引・製品の安全性に対する要望への配慮など）
（3）社会環境の改善に対する積極的な取り組みを行う責任（特に，貧困・都市公害・社会問題の解決への支援など）
3種類の関係は同心円で示され，中心から外側に向かって（1）（2）（3）の順位で並ぶ。
(Committee for Economic Development, 1971：15＝経済開発委員会，1972：16-17)
　中村（瑞）によれば，先見的な洞察や実践に向けた提唱も，当時の状況にあっては人口に膾炙するには至らなかった（中村（瑞），2007：161）。改めて考えると今日（1）と（3）の共有が求められているが，PSRと協働するにはCSRにも（2）根源である企業の社会的価値に対する本質的な認識が必須である。

(20)　梅澤は企業の優れた社会貢献活動を分析し，それらは「事業と共に社員と共に」という性格を持っていることを明らかにした。それらは，自らの事業活動を踏まえ，事業に活かし，事業の内容と連動している。またその社会貢献活動は社員の賛同と共感に支えられ，社員の知恵と努力によって遂行され，社員の知性と感性，そして人間性を育むものになっている。その意味で，企業と個人と社会はセットであり，この三者が適合する方向でマネジメントされることが望ましい（梅澤，2000：364）。

(21)　理想の恩恵論で取り上げたバーナードも，個人の単なる合計ではない「生きた，社会的創造物」として組織を捉えており，そうした観点から個人と組織の対応を考えている。したがって，「上から下へ」ではなく，「下から上へ」とみていると飯野は述べている（飯野，1987：280）。

(22)　萩原は，企業は社会的存在として社会の持続可能性のために，企業の社会的責任を自社の戦略に重要戦略として組み入れ，経営を行う時代になっている，と述べている（萩原，2012：76）。

ンに繋がるという事例研究である。ダイバーシティ・マネジメントや越境学習の観点から，社会貢献意識の高さという価値観やボランティア経験を企業が取り込むことの意義を考察したが，理念ではなく事例で論証する必要がある。東日本大震災における企業ボランティアにその萌芽が見られ，日常業務では経験できない発見，視野や人脈の拡大，行動力の向上は業務遂行上も有益であるという指摘が増えている。そうした動向も踏まえた体系的な実証分析が望まれる。

　第3に，経済的要因に伴う制約である。「バランスのとれた社会化した自己実現人」は年収が高くなるほど比率が高くなる傾向があり「衣食足りて」という現実を示唆していた。また「社会化マネジメント」は規模の大きい企業ほど充実していた。これは個人においても企業においても経済的な余裕があってはじめて社会貢献に向き合えることを意味している。本書では，社会化マネジメントに関し「最大限に充実すべき」とうよりも「不利益を受けない程度に従事すべき」という調査結果を提示し，無限定な制度化にはむしろ警鐘を鳴らしており，企業規模による制度格差を助長するものではない。とはいえ経済主義の行き過ぎを是正するためには経済的要因の充足が求められるというのでは矛盾を抱えることになってしまう。昨今，社会的包摂[23]の議論もなされている中，誰もが「バランスのとれた社会化した自己実現人」を目指していくことができ，企業規模に拘わらず「社会化マネジメント」を充実することのできる条件を模索していく必要があると認識している。

5　個人と企業と社会の関係性

　未曾有の大災害を経て呆然と立ち尽くす我々にとって，近代文明の危機という意識はより切実度を増している。近代文明を牽引してきた究極の理念は経済主義のイデオロギー「物質的に豊かになれば，人間はそれで幸せになれる」というモノの見方であるが，この経済一辺倒の近代化が大きな分岐点に差し掛かっている。

---

(23)　今日の社会が直面する病理としての社会的排除への処方箋として社会的包摂という考え方が現れている。社会的包摂は，狭義には生活困窮者の社会参加と経済的自立の支援を意味するが，広義には，男女を問わず多くの人々が質の高い就労を実現し続けることを意味する（宮本，2013：3，8）。

本書では，市場経済の渦中にいる企業人を題材に，経済と社会の狭間でさまよう人間のありようを解明し，新たな時代を創造していくための手がかりを探究した。

　近代の超克に向けて，行き過ぎた経済主義を埋め戻し，一人ひとりが個人の社会的責任を認識し，実践していくことは人間の「相互律」を紡ぎ直していくことに他ならない。近代の危機を克服して新たな時代を創造するために，経済主義の行き過ぎの是正と人間の「相互律」の紡ぎ直しという基本的枠組みを踏まえ，一人ひとりが個人の社会的責任を深く自覚し，着実に実践していくことが求められている。そうした地道な積み重ねが，新たな社会像の構築へと繋がっていく。様々な萌芽はすでに生起しているとはいえ，共助の理念をバックボーンに，他者と深く関わり，他者との共同のうちに自己の生を確立していくことのできる新たな社会像の具現化は21世紀に生きる我々の大きな課題である。

　本書を通底するのは，個人と企業と社会の関係性である。個人と企業と社会の関係性にはコンフリクト（衝突・対立・葛藤）も存在する。人間存在の本質から導き出される個人の社会的責任（PSR）と否が応でも社会と向き合わざるを得なくなった企業の社会的責任（CSR）ではその出自が異なる。単に，CSRの要素としてPSRを捉えるのは表層的であり，PSRもCSR各々に進化と実践が求められている。個人と企業の社会が成熟した関係を築き，三者の交わりである「社会化マネジメント」の価値が拡大してきたときに，近代を超克する新たな社会像の輪郭が見えてくるものと信じている。

あ と が き

　本書は，筆者が早稲田大学大学院社会科学研究科に提出し，2015年1月に博士（学術）の学位を授与された博士学位論文「企業人の社会貢献意識の高まりとその意義──個人の社会的責任の自覚と実践」をもとに加筆・修正したものである。
　本書の執筆に至るまでには長い軌跡があった。高校生の時に阿部次郎『倫理学の根本問題』を読み，「利己か利他か」という問題に傾注した（阿部, 1951: 7-35）。大学は法学部であったが，たまたま見かけた新聞記事を契機に「環境保護とナショナル・トラスト運動」を卒業論文のテーマに選定した。卒業論文執筆の過程で信託法や公益信託という制度を知り，受益者という他人のために尽くすという理念や無限の可能性を秘め創造力を搔き立てられる信託という制度（四宮, 1979: 8）に魅了され，1984年信託銀行に就職した。就職後は個人的にナショナル・トラスト運動と関わり，1992年に日本ナショナル・トラスト協会が設立されると第1号の個人賛助会員となった。企業における社会貢献活動が徐々に脚光を浴びるようになり，勤務する金融機関でも社会貢献推進室が設置された。2002年には日本ナショナル・トラスト協会が環境省請負事業である自然ふれあい活動モデル連携事業の一環として財団法人鎌倉風致保存会と共に「みどりのボランティア in 建長寺」という企画を実施したが，社会貢献推進室を通じて社内のボランティアを募り共に参加した。2006年にはCSR（企業の社会的責任）活動の本格化に際し社内のプロジェクト・チームのメンバーとなり，金融機関として初めて日本ナショナル・トラスト協会の法人会員となることに尽力した。2007年にはCSR活動の一環として社員から集めた古本売却代金を日本ナショナル・トラスト協会に寄付した。2008年には社会貢献型金融商品の開発に携わり，日本ナショナル・トラスト協会との提携を実現した。このようにCSR活動の浸透と深化の過程を実体験してきた。
　一方で，個人としてのボランティア体験も積み重ねてきた。1991年から1997年まで駐在したニューヨークではセントラル・パークのベンチ美化やスープキッチ

ンと呼ばれるホームレスへの食事提供に挑戦した。肩の力を抜いて自然体で参加するアメリカ人の姿に驚いた。日本では障がいを持つ子供達と一緒に料理を楽しむボランティアに参加した。賑やかなひとときを過ごした後に，丹精込めて作ったハンバーガーをほお張った瞬間女の子が発した「しあわせ！」という一言と満面の笑顔に衝撃を受けた。我々が普段見過ごしがちな目の前にある幸せの存在に気づかされ，真実を透視する感情豊かな子供達との邂逅に感謝の念を禁じ得なかった。後述するようにボランティアは生き方の探究行為であると実感した瞬間であった。散発的ではあるが，福祉・教育・スポーツ・国際・環境などのボランティアに参加し，企業人が個人として関わるボランティア活動とCSR活動を混同しない視点も養われていった。

　こうした個人的な体験をベースに，企業人の社会貢献活動のあり方を探求したいと一念発起し，2007年に立教大学大学院21世紀社会デザイン研究科に入学した。勤務の傍ら夜な夜な池袋のキャンパスに通った日々が今となっては懐かしい思い出である。立教大学大学院では，現代社会のダイナミックな潮流を学ぶことによって視野が広がり，異業種・異世代の個性あふれる学生との交流によって人間観が深まった。企業・財団法人・行政で勤務経験があり，幅広い知見をお持ちで行動派の萩原なつ子先生（現・特定非営利活動法人NPOセンター副代表理事）にご指導いただき，「キャリアとボランティアを巡る考察——バランスのとれた社会化した自己実現人モデルの探求」というテーマで修士論文を執筆した。さらに，学びを深めたいと門をたたいたのが早稲田大学大学院社会科学研究科であった。田村正勝先生の「近代文明の転換とボランティア」（田村，2001：103-155）を読んだのがきっかけであった。社会哲学から経済学まであらゆる学問分野への学識が豊かで，古典への造詣が深く，古代・近代・現代から未来を透徹した視点で見据える田村先生の下で，企業人の社会貢献意識の高まりを文明論的な視座で大きく捉えることが博士課程での問題意識であった。さらに，井上正先生から経営学的見地から企業との関わりについても加筆するように示唆いただき，現代的意義も深めることができた。

　大学院に通う中で，社会を変革する人材を育成したいという希求が高まり，2012年に群馬県立女子大学の教員に転身した。主宰する社会デザイン論ゼミナール（当初2年間は人的資源管理研究ゼミナール）では，「日本一のゼミを目指そう！」

あとがき

という高いビジョンを掲げ,「社会を変える, ビジネスを創る, 自分を磨く」ことを目標に, 思考力・行動力・創造力を身につけながらこれからの社会やビジネスを如何にデザインするかを探求し, 学生は多彩な活動を繰り広げている。日本フィランソロピー協会が主催する東北復興応援チャリティ・リレーマラソンには学生と参加し, 支援する企業人と共に東北と東京の中学生をサポートしている。論文による理論的探求と教育による人材育成という実践は相乗的な充実感があったが, 全力投球で教育に立ち向かえば向かうほど, 論文執筆のための時間捻出に困窮することにもなった。但し, 学生に教員も「学ぶ」姿勢を示そうという意気込みは, 博士論文執筆の張り合いにもなった。2014年7月の中間報告会, 9月の論文提出, 12月の公聴会を経て, 2015年1月にようやく学位を取得した時には万感の思いであった。

　ご指導いただいた田村先生にはサラリーマンの時代から常に温かい眼差しで見守っていただき, より大きな視点で社会を見ることの重要性や学問の底知れぬ奥深さに何度も気づかせていただいた。学位申請の過程では筆舌に尽くしがたいほどの苦境に陥ったこともあったが, 田村先生のお心遣いのおかげで万死に一生を得ることができた。博士論文を審査頂いた早稲田大学の井上先生と立教大学の萩原先生には, 各々経営学と社会学の観点からたいへん示唆に富むご教示を賜った。田村正勝先生・萩原なつ子先生・井上正先生をはじめとする諸先生方および田村ゼミ・萩原ゼミの諸先輩・学友そしてお世話になったすべての方々に, 心から御礼を申し上げる。刊行を快く引き受けてくださり, ミネルヴァ書房の東寿浩氏には原稿作成から刊行まで多大なご助力を賜り, 感謝申し上げる。

　最後に, 修士課程2年, 博士課程6年, サラリーマンから大学教員への転身など「疾風怒濤の時代」にあって, 常に励まし支え続けてくれた妻と娘に, 心からの御礼と共に本書を捧げたい。

2015年8月　群馬の山々を仰ぎながら

安齋　徹

資料編

1 意識調査フォーム

(1) 企業人のキャリアとボランティアに関する意識調査

No.	質問
	このアンケートは，企業にお勤めの方を対象としたキャリアとボランティアに関する意識調査です。キャリアには様々な意味がありますが，より広く「キャリア＝生き方」と捉え，会社生活，家庭生活，社会生活，学習生活，自分生活のバランスや自己実現，働くことや社会活動の意義，ボランティア経験の影響などについてお聞きします。 ご協力のほど宜しくお願い申し上げます。
	◇企業にお勤めでない場合，「会社＝所属する組織」に置き換えてご回答下さい。
	◆まず最初に，「キャリア＝生き方」についてお伺いします。
1	【自己実現の達成度】あなたは現在自己実現ができていると思いますか。 ①実現できている ②やや実現できている ③普通 ④やや実現できていない ⑤実現できていない
2	【ワーク・ライフ・バランスの現状】次のそれぞれの領域は，現在あなたの生活の中で（時間ではなく価値において）どれ位重要でしょうか。 ＊合計100点となるように配点して下さい。どうしても該当しない場合には0とご記入下さい。 ①会社生活（仕事，会社でのつきあいなど） ②家庭生活（家族，親族とのつきあいなど） ③社会生活（ボランティア，地域活動，社会貢献など） ④学習生活（自己啓発，資格取得，生涯学習など） ⑤自分生活（趣味・レジャー，友人とのつきあい，休息など）
3	【ワーク・ライフ・バランス満足度】あなたは，上記のバランスの現状に満足していますか。

	①満足である ②やや満足である ③普通 ④やや不満である ⑤不満である
4	【ワーク・ライフ・バランスの理想】次のそれぞれの領域は（時間ではなく価値において）どのようなバランスが理想でしょうか。 ＊合計100点となるように配点して下さい。どうしても該当しない場合には0とご記入下さい。 ①会社生活（仕事，会社でのつきあいなど） ②家庭生活（家族，親族とのつきあいなど） ③社会生活（ボランティア，地域活動，社会貢献など） ④学習生活（自己啓発，資格取得，生涯学習など） ⑤自分生活（趣味・レジャー，友人とのつきあい，休息など）
5	【自己実現の分野】あなたは自己実現をどの分野で図りたいと思いますか。それぞれ順位をつけてお答え下さい。 ①会社生活（仕事，会社でのつきあいなど） ②家庭生活（家族，親族とのつきあいなど） ③社会生活（ボランティア，地域活動，社会貢献など） ④学習生活（自己啓発，資格取得，生涯学習など） ⑤自分生活（趣味・レジャー，友人とのつきあい，休息など）
6	【働くことの重要性】あなたにとって働くことはどれくらい重要なことですか。 ①最も重要なこと ②重要なこと ③やや重要なこと ④普通 ⑤やや取るに足らないこと ⑥取るに足らないこと ⑦最も取るに足らないこと
7	【働くタイプ】あなたは次のどのタイプに近いと思いますか。 ①生計維持型：生計を維持するために働いている ②人間関係型：よりよい人間関係の中で働きたい ③働きがい型：働きがいを感じていたい ④全力投球型：仕事に全力投球したい ⑤自己成長型：仕事を通じて成長したい ⑥わからない

8	【人生の意義】あなたは人生を通じて何を実現したいですか。あてはまるものを5つまでお選び下さい。 ①社会のために役立ちたい ②自然に親しみたい ③人のために尽くしたい ④専門性を磨きたい ⑤創造性を発揮したい ⑥リーダーシップを発揮したい ⑦円滑な人間関係を築きたい ⑧友人を増やしたい ⑨他人から誉められたい ⑩様々なことにチャレンジしたい ⑪かっこよく生きたい ⑫成功したい ⑬お金を稼ぎたい ⑭自分自身が成長したい ⑮のんびり暮らしたい ⑯責任ある地位につきたい ⑰楽しく過ごしたい ⑱充実感を味わいたい ⑲安定した生活を送りたい ⑳他の人と違うことがしたい
9	【社会貢献志向】社会の一員として何か社会のために役立ちたいと思っていますか。 ①思っている ②あまり考えていない ③わからない
10	【社会活動の重要性】あなたにとって社会や人のために活動することはどれくらい重要なことですか。 ①最も重要なこと ②重要なこと ③やや重要なこと ④普通 ⑤やや取るに足らないこと ⑥取るに足らないこと ⑦最も取るに足らないこと

11	【宝くじが当たったら】もしも宝くじが当たるか莫大な遺産を相続し働かなくてもよくなったとしたら，あなたならどうしますか。 ①今のまま働き続ける ②仕事を変えて，趣味やスポーツにより注力する ③仕事を変えて，ボランティアやNPO/NGO活動により注力する ④仕事を変えて，家族のための時間を増やす ⑤仕事を変えて，ペースダウンする ⑥仕事をやめて，趣味やスポーツに集中する ⑦仕事をやめて，ボランティアやNPO/NGO活動に集中する ⑧仕事をやめて，家族のために尽くす ⑨仕事をやめて，のんびり暮らす
◆ここからは，「ボランティア」についてお伺いします。	
12	【ボランティアの経験】これまでにボランティアの経験はありますか。 ①頻発的・継続的にある ②単発的・偶発的にある ③1回だけある ④ないが興味はある〈これでアンケートは終了です〉 ⑤ないし興味もない〈これでアンケートは終了です〉
13	【ボランティアの分野】これまでに経験したボランティアの分野は何ですか。当てはまるものをすべてお答え下さい。 ①自然・環境 ②地域活動・街づくり ③国際交流・国際協力 ④災害・救援活動 ⑤高齢者福祉 ⑥障害者福祉 ⑦児童福祉 ⑧教育・学習 ⑨スポーツ・レクリエーション ⑩芸術・文化 ⑪健康・医療 ⑫子供・青少年育成 ⑬男女共同参画・ジェンダー ⑭人権擁護・平和推進 ⑮就労支援・能力開発

	⑯その他
14	【ボランティアを通じて学んだこと】ボランティアを通じて学んだことは何ですか。当てはまるものをすべてお答え下さい。 ①社会貢献の精神 ②社会の真実を見つめる心 ③ボランティア精神 ④他人を思いやる心 ⑤自己実現の喜び ⑥自己成長 ⑦自尊感情 ⑧色々な人と共に生きる喜び ⑨正義感や公平さ ⑩生命や人権の尊重 ⑪自然や環境の大切さ ⑫美しいものに感動する心 ⑬国際的視点 ⑭価値観の多様性 ⑮働く意味 ⑯社会の現状 ⑰行動することの大切さ ⑱ボランティアの存在 ⑲共生社会のあり方 ⑳その他
15	【ボランティアを通じて高まった資質・能力】ボランティアを通じて高まった資質・能力は何ですか。当てはまるものをすべてお答え下さい。 ①コミュニケーション力 ②自己表現力 ③考える力 ④学ぶ力 ⑤生きる力 ⑥マネジメント力 ⑦行動力 ⑧忍耐力 ⑨決断力 ⑩課題設定力 ⑪問題解決力

	⑫役割を理解する力
	⑬積極性
	⑭人間性
	⑮創造性
	⑯感受性
	⑰責任感
	⑱きちんとした批判精神
	⑲幅広い視野
	⑳その他
16	【ボランティアの影響】ボランティア経験はあなたの人生のバランス感，人生観・価値観や人間関係などに影響を与えましたか。当てはまるものをすべてお答え下さい。 ①人生（職業・家庭・社会・学習・自分）のバランス感に影響を与えた ②人生観・価値観に影響を与えた ③自己実現観（自己実現についての意識）に影響を与えた ④自己観（自己に対する認識）に影響を与えた ⑤人間関係に影響を与えた ⑥職業観（働くことへの意識）に影響を与えた ⑦職業選択（職業の選び方）に影響を与えた ⑧人間観（人間の見方）に影響を与えた ⑨世界観・社会観（世界や社会の見方）に影響を与えた ⑩自然観（自然の見方）に影響を与えた ⑪特になし ⑫その他
17	ボランティア経験はあなたのキャリア（＝生き方）にどのような影響を与えましたか，自由に記述してください。

(注）実施の時点では「キャリア＝生き方」と捉え「企業人のキャリアと生き方に関する意識調査」として行ったものであり，「人生バランス」という表現を用いていたが，会社生活・家庭生活・社会生活・学習生活・自分生活という領域をすでに示しており，本書の趣旨に則り「ワーク・ライフ・バランス」という表記に変更した。

資料編

（２）企業のボランティア支援に関する調査

No.	質問
	このアンケートは企業のボランティア支援に関する意識調査です。 昨今，企業人の間で社会のために役に立ちたいという意識が高まっていますが，企業もそうした動きに呼応して様々な施策を行っています。厚生労働省の「平成17年度就労条件総合調査結果」によれば，ボランティア活動に対する支援・援助制度がある企業は6.1％で，平成11年度の4.2％から上昇しています。支援・援助内容としては「休暇の付与（52.4％）」が過半であり，次いで「勤務時間内参加の許容（36.3％）」，その他「情報提供（13.8％）」「金銭的支援（13.5％）」「表彰制度（13.5％）」などが続いています。 社員のボランティア活動についてはCSR（Corporate Social Responsibility＝企業の社会的責任）活動の一環としても推奨されていますが，ことボランティア活動に関しては，企業の一員としてではなく，市民の一人として自発的に取り組むべきものである，という考えも存します。以上のような状況・認識を踏まえて，企業のボランティア支援のあり方について意識調査を行います。 ご協力のほど宜しくお願い申し上げます。 　◇企業にお勤めでない場合，「会社＝所属する組織」に置き換えてご回答下さい。
◆「ボランティア活動」についてお伺いします。	
1	【ボランティア活動】ボランティア活動が盛んになることについて，どう思いますか。 ①賛成である ②どちらともいえない ③反対である ④わからない
◆引き続き「ボランティア活動」についてお伺いします。	
2	今後，ボランティア活動が盛んになるために必要な条件は何だと思いますか。（３つまでお選びください） ①一人ひとりの価値観の転換 ②社会全体によるボランティア活動の活性化の機運 ③地域によるボランティア活動の活性化の機運 ④企業によるボランティア活動の活性化の機運 ⑤行政（国や地方自治体）によるボランティア活動の情報提供機能の強化 ⑥民間（行政や企業以外）によるボランティア活動の情報提供機能の強化 ⑦企業によるボランティア活動の情報提供機能の強化 ⑧ボランティア休暇など企業のボランティア支援の充実 ⑨企業が企画するボランティア活動の機会の提供 ⑩ボランティア活動を行う団体の整備・充実 ⑪ランティア活動を紹介・支援する団体・機能の整備・充実

	⑫わからない
3	これまでにボランティアの経験はありますか。 ①頻発的・継続的にある ②単発的・偶発的にある ③1回だけある ⑤ないが興味はある ⑥ないし興味もない

◆「企業のボランティア支援」についてお伺いします。

4	あなたの会社にはボランティア支援制度がありますか。 ①ある ②ない ③わからない

◆あなたの会社にはボランティア支援制度が「ある」とお答えの方にお伺いします。

5	企業のボランティア支援制度を利用したことがありますか。 ①ある ②ない

◆引き続き「企業のボランティア支援」についてお伺いします。

6	企業がボランティア支援を行うことをどう思いますか。 ①賛成である ②どちらともいえない ③反対である ④わからない
7	企業がボランティア支援を行う場合，以下の理由が考えられますが，社員の立場から納得感のある理由はどれですか。（3つまでお選びください） ①地域社会の維持発展に貢献できる ②ボランティア活動を望む社員がいる ③会社に対して誇りが持てる ④社会における企業イメージ向上のため ⑤会社以外に社会との関わりを持つ社員を社内に擁したい ⑥社会の動向に敏感な社員を育成したい ⑦会社の風土に社会からの新しい風（動き）を入れたい ⑧社員相互の交流が深まる ⑨その他

◆引き続き「企業のボランティア支援」についてお伺いします。

8	企業がボランティア支援を行う場合，どのような施策が望ましいと思いますか。（あてはまるものをすべてお選びください。） ①ボランティアの機会を提供 ②ボランティア休暇制度（年間数日） ③ボランティア休職制度（1年間～数年間） ④表彰制度 ⑤ボランティア活動の情報を提供 ⑥金銭的な支援（含むボランティア保険） ⑦施設の開放 ⑧物資の提供 ⑨社員ボランティア組織の設置 ⑩勤務時間内の活動を許可 ⑪寄付や活動支援のための給与天引きシステムの導入 ⑫その他	
9	企業は社員のボランティア活動を支援する施策をどの程度充実すべきだと思いますか。 ①最大限に充実すべきであり，社員のボランティア活動を奨励すべきである ②ボランティア活動をする社員が不利益を受けない程度に充実すべきである ③ボランティア活動は仕事と無関係であり，特に支援する必要はない ④わからない	

◆引き続き「企業のボランティア支援」についてお伺いします。

CSR（Corporate Social Responsibility）とは，企業の社会的責任のことで，企業が利益を追求するだけでなく，組織活動が社会へ与える影響に責任をもち，あらゆるステイク・ホルダー（利害関係者：消費者，投資家など，および社会全体）からの要求に対して適切な意思決定をすることを指します。

10	企業が積極的にCSR活動を行うことをどう思いますか。 ①賛成である ②どちらともいえない ③反対である ④わからない

◆「ボランティア活動」についてお伺いします。

昨今，CSR活動が盛んになっていますが，ことボランティア活動に関しては，企業の一員としてではなく，市民の一人として自発的に取り組むべきものであり，ボランティア活動はCSRの一環というよりも言わば個人の社会的責任（Perosonal Social Responsibility）とでも言うべきものに基づいている，という見解があります。

11	上記の見解について，どう思われますか。 ①賛成である

243

	②どちらともいえない ③反対である ④わからない

◆最後に「企業のボランティア支援」についてお伺いします。

12	企業のボランティア支援についてご意見があれば自由に記述してください。

資料編

2　企業のボランティア支援についての自由意見

A．肯定的な意見
①積極的な支援を肯定
「各企業が今後はボランティアに力も入れるべきだと思う」「志を持っていても，時間や金銭的に活動の幅が制限されてしまうことも障害となっていると思うので，ぜひ取り組んでほしい」「わずかなことでもいいので，企業はボランティア活動を支援していくべきだと思う」「積極的に支援してほしい」「いいことだと思う」「実現できればいいと思う」「企業のボランティア支援は利益とは逸脱した存在であるという定義よりも企業のネームバリューを逆に生かしボランティア活動を活性化させるものである。それが多くの個人における自発的促進に結び付く」「もっと積極的に取り組むべきだと思う」「アメリカの企業など率先してやっているので，もっと日本もそのように企業がなるといいと思う」「いいことだから進めてほしい」「今後積極的な支援をすべきである」「もっと支援すべき」「社会のために，企業が率先して社員へ呼びかけして，いろいろな形でボランティア支援を行うべきと思います」「自分の会社の利益だけを考えるのではなく，社会全体の利益について考えているという点で好感が持てる」「よいことと思う。個人的にも，社会としてもより促進すべき。会社だけ，仕事だけ，という人はやはり偏っていると思う」「見返りの無いことにも，企業として積極的に参加するべきである。人として豊かに生きることも学び，普段の職務にも生かすべきである」「推進すべき」「積極的に取り組んでもらいたい」「それなりにやれる，資金も規模もあるのだからできるならどんどんやった方がいいと思う」「経済的に豊かでなければボランティアに向ける熱意や意識は生まれにくいと思うが，今の社会から得られた利益の還元として，ボランティアはひとつの方法だと考える」「会社として支援していく流れがあればぜひ参加してみたい」「私は企業がボランティア支援に参加することには，大賛成です。そういう企業には減税を実施するなどして頂きたいです」「もっともっと参加する社員を増やすべき」「もっとボランティアに積極的な企業が増えればいいと思う。今のままだと，やりづらい雰囲気はある」「社員が働きながらできるボランティアがあればいいと思います」「企業のCSRと連動したボランティア活動をしてみたい」「積極的に声をかけてやるべき」「ボランティアに参加する環境の整備が必要」「今後積極化するだろう」
②企業の関与に意義
「企業ボランティアには行動力が必要だと思う。ボランティアそのものに行動力がいる。そのためには勇気が必要な場合もあるし，フラットな気持ちで向き合う姿勢がいると思う。企業でそれらを支援することはよいと思う」「個人の立場だけではボランティアは難しいので，やはり企業支援が必要だと思う」「機動力があるので個人より実現しやすいのでは」「個人では始めの1歩が出ない事もあるので大いに企業が率先して欲しい」「震災支援のようなある程度まとまった期間を要する場合もあり，そうした時の休みや給料の保障があると踏み出しやすい」
③企業の姿勢として評価

「今後，ボランティア活動に関する社会全体の意識が高まっていくのではないかと思っています。そんな中，企業も多くのお金をかけず出来る範囲で社員をバックアップしていけば，企業の知名度も高まっていく気がします。やらなければ。ではなく，まずはやれる範囲で活動していくといいと思います」「社会的影響力のある企業がボランティア活動を行っていないのはマイナスイメージだと思う」「企業としてボランティアに関わらないという姿勢が一般社会から非難されるような社会まで醸成されれば素晴らしいと思います」「ボランティアに参画しようとしても業務に関係ないとなかなか認められない雰囲気が濃厚（特に昨今の社会情勢により厳しい）。けれど，ボランティアに力を入れる企業，団体に対する社会の目ももっと気にしてほしい。社員の雇用も守れない状態では期待はできないのか，とも思うけれど…」

④地域貢献の観点

「地域貢献をすべき」「企業が地域とつながりを持つのは大切だと思う」「地域に貢献できる企業ボランティアは良いと思う」「会社周辺のごみ広いくらいでもすべきである」

⑤ボランティア休暇・情報提供など制度の充実に期待

「多少の休暇は認めるべき」「社員の休暇制度が必要」「ボランティア休暇を充実すべきだ」「情報提供だけでもボランティア活動が身近になっていいと思います」「気軽にできること，ちょっとしたことからできる内容，機会を提供してもらえると参加しやすい」「情報と，施設の開放が多くなればよいと思う」「文化支援などにも取り組むべき」「金銭的支援を積極的にお願いしたい」「広いスペースがある企業はスペースの提供，廃棄をたくさん出す企業はそれを生かす工夫，働く場の提供など」「ボランティアには興味はあるが。実際どのようにやったらいいのか，あるいは。自分にはどのようなことが出来るのかが。よくわからないので，どういったことが。できるのか，必要なのかという情報がほしいし。積極的に取り組んでいい社会になるといいと思う」

⑥義務化にまで言及

「義務にするべきだ」「参加必須とすればよい（参加しなければペナルティー）」

B．肯定的であるが問題点も示唆

①企業の売名行為になることを懸念

「もっともっと推進すべき。企業名を売ろうとか，営業の足しにしようなど，せこい考えは持たず，純粋にボランティアとして活動すべき」「ただのPRの手段にならないように願いたい」「売名行為としてボランティアを利用している企業が無い事を信じたい」「何を本当の目的にして行うのかを明らかにし，実施する人々はそれぞれが考えなければならないと思う」

②締め付けになることを懸念

「強制的でないように。参加して会社の中でメリットがない方が気分的に軽い」

③企業規模による差異（収益力が必要）

「大きな会社はするべき」「企業自らが率先して活動しているケースは多々あるが，支援しているというケースはまれに思う。企業が支援するためには，支援に伴う支出や生産力・労働力の減少が負担に

ならないことが不可欠であり，体力がある企業は少ないのではないだろうか」「小さい企業は難しい気がする。だから，大企業からだんだん広がっていくような構図ができあがるといい」「不況が続いているので，企業も余裕が無いと思う。国全体で景気を上向きにした暁には，ボランティア支援も活発になってほしい」

③経営者の理解が必要

「経営者のボランティアに対する認識が不可欠」「企業の経営者サイドの理解がないと難しいと思います」

④行政の役割にも期待

「官民一体での取り組みが不可欠だと思う」「自治体と民間との協力体制が必須と思われる」「やがては，日本企業も社会貢献の1つとして社員のボランティア活動を支援しなければならない社会になるような気がします。でも，自然にそういう社会になるのを待っているのであれば，あるいはかなり時間を要するかもしれません。もし，早期実現を目指すのであれば（誰が目指すのかはわかりませんが），行政的な指導などが必要な気がする」

⑤PR不足

「もっとPRが欲しい」「情報が少ない」「もっと知られる様になってほしいです」「ボランティアに関する情報が流れにくい」

⑥理想と現実との乖離

「以前勤めていた外資系の会社は，いろいろ問題はあったものの，社員の災害復興支援活動などは積極的にやらせてくれた。今の会社はとにかく休んではいけない雰囲気。忙しいというより仕事の効率が悪いだけで社員を拘束することが会社の仕事だと思っていて情けない」「企業がボランティアをしていくのはいいことだと思うが，それを受け入れる側の体制が不十分に感じる。双方体制を整えてから活動をするべきと思う」「ボランティアに対して積極的な会社姿勢があるが，勤務が大変厳しく，休日は休息に充てないと体調管理が難しい。ボランティア休暇は制度としてあるが無給になるので，使えない」「実際にボランティアを実行する人はあまりいないが，実行できるような社会にしていきたい」

⑦その他

「企業のボランティア支援は当たり前ではあるが，それ以前に会社および自分自身の自立，安定が先決」「継続的にボランティア活動を行うためにはボランティア休暇制度が絶対に必要」「休暇などがあり，金銭的にも支援があれば賛成」「金銭的な面での援助が必要だと思う」「ボランティアをしたいという意思を持った社員に対して支援をしていくべきである。ただ本業に影響を及ぼさないようにする必要はある」「仕事からの逃避として行う人が出てきそうで嫌だが，そうでなければ仕事だけではない視点，感覚を持つことの重要性や，リタイア後の人生にも役立つと思う」「子供を持つ親として，PTA活動や子供会活動，スポーツ少年団の活動はボランティア活動として企業が認めてくれ，休暇などの支援制度がほしいと思う」「ボランティア休暇など，社員が休める環境・インフラの整備をすれば，ボランティア活動にもっといけるようになると思う。まだそのような休暇が自分の会社にある

とは聞いたことがないので，CSRの担当課にはぜひ耳を傾けてほしい」「企業の業態とかけ離れていない内容で実施して欲しい」「ボランティア活動をすることで不利益をこうむるような仕組みになっていなければ良いと思う」「日本の労働風土を考えると企業が積極的に実践しない限り個人レベルでは時間的に限界があると思う」

C．慎重な意見あるいは限定的な支援を望む意見

①ボランティアの自律性との矛盾

「ボランティアは本来，強制するものでもされるものでもない。自分の生活だけで手一杯なのに，他人に目を向けてられない社員もいる。企業のイメージアップばかり考えて，そういう社員のことを考えない企業のボランティア精神なんて笑ってしまう」「私達はボランティア活動をCSR活動の柱として積極的に行っていますという企業を見ると片腹痛くなる。また企業，社員共にボランティアだから，無報酬だからという考えは頭から払拭して活動するべきだと思う。なぜなら報酬の有無に拘らずその時間（期間）をボランティアとして費やすという「契約」をしているのだから報酬の有無に関係なく責任感を持って活動することを企業，社員共に認識した上で行う必要がある」「ボランティアは本来個人の責任で行うべきものであり，企業の支援は側面支援に留めるべきと考えている」「有償無償のいずれかでも支援は出来ると思う。会社と個人（社員）が希薄な関係にならないために，趣味や家庭生活への立ち入る度合いが深くなく影響行使しない程度のバランスで意見を取り入れて実施すべきだと思う」「しなければならないという意識ではなく，自発的に参加できる環境が必要だと思う」「非常に有意義だとは思うが，実際の業務との兼ね合いが難しいのではないかと思う。また，支援自体は素晴らしいがそれが押し付けであったり半強制的に行うようなことはあってはならない」「元々ボランティアとは人に「やれ」といわれてやるものではなく自らが「やりたい」と思ってやるものなのだから一部の企業で社員に仕事的にさせるのならば，やめたほうがよい。理念のないボランティア活動は偽善的で不愉快さを生む。心から人を助けたいと思う心を育てたほうがよい」「名目にも暗黙にも強制せず支援すべき」「強制するような制度にはしないように気をつけていきたいと思います」「企業がボランティア支援を行う事は良いことだと思うが，自分自身は会社からの援助によるボランティア活動には参加をためらってしまう」「大変いいと思うが，ボランティア＝無償という間違った考え方を改め，しっかりと考えて行ってほしいと思う。ボランティアはすべて正しいわけではないし，ただの甘やかしにしかならないこともあるので個人個人の概念で行えばいいと思う。強制はよくない」「企業が制度を設けなくても空いている時間で個人が出来ることをすればいいと思う。強制ではなくやりたい人がやれば良いと思う」「やれと言われるのは嫌だが，就業時間内でありつつ会社の宣伝などの側面がなく，困っている人の助けになるのであれば参加したい」

②企業の売名行為となることを懸念

「売名行為のような形で行われないようにして欲しい」

③社員の評価につながることを懸念

「ボランティアをするしないによって，社員個人を判断したりしない風潮を望みます」

④限定的な支援を希望

「個人が最大限に権利を主張できるほどに推奨すべきではない。あくまで数日のボランティア休暇とか，その程度」「企業は利益と社会貢献をすべき団体なので，ボランティアを率先して行うのはいかがなものかと思う。ボランティア団体への支援をできる範囲で行うくらいがいいのではないかと思う」「忙しい毎日なので，ボランティアといっても，会社が募集する募金や物資の援助にささやかに協力するだけしかやっていないが，自分のできる範囲で協力したいと思っているので，情報提供をお願いしたい。自分のできる範囲を超えると精神的にも余裕がなくなると思う」「企業のボランティア支援についてはどんどん推進されるべきであるとは思うが，企業がボランティアに参加する機会そのものを提供することは，つきあいでやむなく望まない団体のボランティアに参加させたりなどの心理的強制にもつながる可能性が否定できない。企業は，社員に対して，できる限り偏りない情報を提供したり，休暇制度の整備をしたりするなど，ボランティアを希望する社員が心配なくボランティアに参加できるような，後方支援的な側面を充実させることが良いと思う」

⑤行政の役割

「あくまでボランティアは個人に任せ，会社は社員のボランティア参加を積極的に応援する制度を取り入れ，そのためには国がそういう企業に税制優遇制度をとるなど間接的に個人を応援する仕組みとするのがよい」「本来は国が行うべきことだと思う。しかしながら，国政は民意を強く感じていないし，だからとも言うべきか，経済活動が円滑に行える環境を維持する責務を果たしていない。現在のような経済の不振状況にありながら，企業は身を削ってしっかりと生きている。そのような賢さを持つ企業だからこそ，そのボランティア支援活動は実のあるものになると思う。でも，大前提は国が施策を実行するべきである。政府・政治家は国民を導けるような常識あふれる者でなければならないと考える」

⑥その他

「ボランティア支援は望ましいと思うが，ボランティアがなくても成り立つ社会の方が望ましい」「形ばかりのものが多いように思う」「ボランティアも名誉や勲章とかでなく，心が伴ったものが一番だと思います」「社会のため，という目的意識を持ち続けてほしいと思う」「企業ごとにボランティアに対する考え方は異なり実施することが難しい思う。まず社会の流れが変化しなければならないと思う」「CSR概念の再構築とあわせて考えたい」「仕事を犠牲にしてまではできない」「難しい課題だと思います」

D. 否定的な意見あるいは現実的に困難という意見

①ボランティアへの関与に懐疑的

「うわべだけ，形だけの企業があるのではないか。ボランティアを云々言う前に企業として社員に対する制度が適切に実行されているか。ステイタスとして形だけ行っているのでは，真のボランティアではない」「ボランティア活動は本人の自由意思で行うことではないかと思うのだが，ボランティア活動を半強制的に行わされたりして，仕事に支障をきたしたり，家族不和の原因になっているという話をよく聞く。そういったことがボランティア活動が広がらない原因のように思われる」「ボランティアは個人の価値観であって，企業がどうこう言うのは筋違い」「偽善のように思える」「宣伝臭く

て疑問です」「事実上，社員に対する強制」「売名的な感じがして受け入れがたい」「本当に心から良かれと思ってボランティア活動をしている企業は少ないのではないか。イメージアップへの打算や下心があからさまな企業は応援しがたい」「ボランティアという言葉自体が一人歩きしてはいけないと思う。本来のボランティアの気持ちをもって純粋に行うべきだと思う」「企業が絡んだ時点で強制力をもつ。ボランティアの目的が変わる」「ボランティアを強制させてはならないと思う」「どんな形であれ企業が社員を支援したら，それはボランティアとは言えないのでは？」

②余裕・余力がない

「正直な話をすれば，この厳しい時代なので大企業か，磐石な企業でないと難しいと思う」「今はそれどころではない」「企業の取り組む姿勢は大事だと思うが，中小企業には難しい問題だ」「会社が中小企業でボランティアなど考える暇など悠長なことを考えているときでなく無意味に映る」「大企業ではボランティアに対する考え方も進んでいるが，多くの企業ではその余裕がないのが現状であると思う」「金銭を稼ぐ目的ではないので大企業以外活発に行われないのではないかと思う」「実際，暇な人でなければ会社を休んでボランティア活動は難しいと思います」「日本は企業の経済活動がやや停滞していて，ボランティア支援に向ける余裕がないように感じている」「まずは社員の生活を豊かにすること」「自分の身の回りでは，まだまだ身近ではない」「無理してやるものではなく，余裕がある人がやればいい」「中小企業では非常に難しいと思う（経済的・人員的問題）」「景気低迷で個々の仕事の負担が大きく，主婦の仕事，母としての仕事との両立で一杯一杯である。まずは，普通に自由に有休が取れるようにしてほしい。心のゆとりがないため，ボランティアどころではないのが本音」

③その他

「非常に難しいと思う。強制か？　幸せか？　一概には言えない問題だと思う」「日本の企業はボランティアより利益の追及ばかりだから，ボランティアを奨励するなんて無理だと思う」「社会全体の気運が高まり，そうするべきだ！　という風潮が生まれないと難しいのではないか。もちろん，そうでない方がよいとは思うし，個人の志に基づき進められ，それが大きな流れにつながればそれに越したことはないが」「やり過ぎは逆効果」「いまのところ，形式だけ支援するという趣が強い」「個人でやるべき」「仕事の延長で義務感が強いのではないか。本来業務でも社会に貢献できると思う」「あまり望んでいないのでそこまで活発にしてほしくない」

D．その他

「有給をふやしてほしい」「継続性が大切」「支援をすることよりも，支援を継続することが重要だと思う」「一人暮らしなどで，地域での交流・地域への帰属意識などが希薄になっている今だからこそ，会社というより自分の属していると思える場所で，ボランティアの機会を得られたらいいと思う」「自分にできることをできる範囲でできるときに行える環境や仕組みをつくるべき」「一過性ではなく，継続的に支援をしてほしい」「興味がある分野だったり，自分が成長できる場であると感じられれば参加をしたいと思う」

3 震災後の価値観の変化

以下のような調査があった。
（ⅰ）「震災後に「見直したもの」実態調査」（表1）

> 実施主体：アクサ生命
> 調査時期：2011年6月10日～13日
> 調査対象：20歳～59歳の男女ビジネスパーソン
> 調査対象エリア：一都三県（東京都・神奈川県・千葉県・埼玉県）
> 調査人数：1000人（男性500人，女性500人）（働いている人は5863人）

働いている人に震災前後の働き方についての重視点を聞いたところ，震災後に重視している点として「家族の近くで働きたい」（＋5.1ポイント）や「仕事と家庭なら，家族が優先である」（＋2.8ポイント）が上昇し，一方で「高収入を得たい」（▲10.1ポイント）や「働くことにより自己実現をしたい」（▲5.5ポイント）「出世したい・社内で認められたい」（▲5.2ポイント）などは減少した。高収入，自己実現や他人からの評価よりも，家族と一緒にいる方が大事，家族との時間を重視する，という意識の変化が窺える。

（ⅱ）「大震災後に見られた仕事観の変化」（表2）

> 実施主体：プレジデント
> 調査時期：2011年6月
> 調査対象：1377人（2010年調査は2014人）

仕事観の変化では「仕事を通じて社会貢献がしたい」という人が半数を超えた。モチベーションの変化では，給料が激減し（▲36.1ポイント），社会への貢献（＋12.1ポイント）や仕事への面白さ（＋12.3ポイント）が増加した。働き方・生活の変化では，効率性をより重視（45.0％）し，早く帰宅し（25.8％）自宅で過ごす時間が長くなり（30.6％）家族と過ごす時間が増えた（69.2％）。

（ⅲ）「ビジネスパーソン『仕事』と『生き方』についての緊急アンケート」（表3）

表1　震災後に見直したもの

	震災前	震災後	増減
家族の近くで働きたい	17.6%	22.7%	5.1%
仕事と家族なら家族が優先である	26.7%	29.5%	2.8%
リスク分散のためにも家族の中の働き手は多い方がいい	11.7%	13.2%	1.5%
働くことにより社会に貢献したい	15.2%	16.0%	0.8%
残業はなるべくしたくない	21.8%	22.0%	0.2%
身体を壊すような働き方をしたくない	37.3%	36.5%	▲0.8%
将来は独立したい	6.8%	6.0%	▲0.8%
収入が欲しい時だけ働きたい	6.4%	5.2%	▲1.2%
なるべく長い年数働きたい	24.2%	20.6%	▲3.6%
同じ会社に長く勤めたい	15.9%	11.1%	▲4.8%
出世をしたい・社内で認められたい	11.1%	5.9%	▲5.2%
働くことにより自己実現したい	19.3%	13.8%	▲5.5%
高収入を得たい	34.2%	24.1%	▲10.1%

出典：アクサ生命『震災後に「見直したもの」実態調査』(http://www2.axa.co.jp/info/news/2011/pdf/110627.pdf)（検索日：2011年11月5日）

調査主体：リクナビ
調査時期：2011年7月
調査対象：全国の20～39歳のビジネスパーソン
調査人数：400人（男性280人・女性120人）

　震災後，40%の人が「仕事に対する価値観が変化した」と回答している。変化した価値観としては，「家族との時間を大切にしたいと考えるようになった」(52.2%)，「より人の役に立つ仕事がしたいと思うようになった」(42.7%)，「地域に貢献できる仕事や取り組みをしたいと考えるようになった」(28.7%)，「仕事第一の生活を見直したいと思うようになった」(24.2%)の順に並んでいる。

表2　大震災後に見られた仕事観の変化

仕事観の変化	−
・仕事を通じて社会貢献がしたいと考えるようになった	56.9%
・安定した給料より自己実現ができる職に就きたいと考えるようになった	31.4%
モチベーションの変化	−
・給料　　　　　　　　　　　　（2010年調査では53.9%）	17.8%
・出世や昇進　　　　　　　　　（2010年調査では2.8%）	2.7%
・社会や他の人々に貢献できること　（2010年調査では7.2%）	19.3%
・仕事自体の面白さ　　　　　　（2010年調査では24.2%）	36.5%
働き方・生活の変化	−
・より効率を重視して仕事をするようになった	45.0%
・早く帰宅するようになった	25.8%
・家族と過ごす時間が増えた（既婚者）	69.2%
・自宅で過ごす時間が長くなった	30.6%
・平日，自宅で夕食を取る頻度が増えた	22.5%

出典：プレジデント「大震災後に見られた仕事観の変化」(http://www.president.co.jp/pre/backnumber/2011/20111003/20597/20607/)（検索日：2012年1月1日）

表3　仕事と生き方についての緊急アンケート

震災後，仕事に対する価値観は変わりましたか？	−
・変化した	39.3%
・変化しない	60.7%
「変化した」と答えた人はどう変わりましたか？	−
・家族との時間を大切にしたいと考えるようになった	52.2%
・より人の役に立つ仕事がしたいと思うようになった	42.7%
・地域に貢献できる仕事や取り組みをしたいと考えるようになった	28.7%
・仕事第一の生活を見直したいと思うようになった	24.2%
・より給料の高い仕事に就きたいと思うようになった	20.4%
・安全で安心できる場所・地域へ移ることを考えるようになった	17.8%
・職場の人間関係を良好にしておきたい	7.8%
・その他	4.5%

出典：リクナビ「ビジネスパーソン「仕事」と「生き方」についての緊急アンケート」http://rikunabi-next.yahoo.co.jp/01/closeup_1135/index.html（検索日：2012年1月1日）

(ⅳ)「震災後の仕事観の変化」(表4)

> 調査主体:ビズリーチ
> 調査時期:2011年5月23日~29日
> 調査対象:同社の会員であるビジネスパーソン1393人

　73%の人が,仕事に対する取り組み方や考え方に何かしらの変化があり,65%の人が,WLBを考え家族との時間などのプライベートの時間も大切にしようと思うようになった,と回答している。

表4　震災後の仕事観の変化

震災後,仕事に対する取り組み方や考え方に何かしらの変化があった	73%
震災後,WLBを考え,家族との時間などプライベートの時間も大切にしようと思うようになった	65%

出典:ビズリーチ「震災後の仕事観の変化」http://www.bizreach.jp/biz/download/BIZREACH_PressRelease_20110602.pdf(検索日:2012年1月1日)

参考文献

Argyris, Chris & Schön, Donald A.（1978）*Organizational Learning*, Addion-Wesley Pub. Co.

Axelrod, Robert M. & Cohen, Micael D.（1999）*Harnessing Complexity : Organizational Implications of a Scientific Frontier*, Free Press
（＝ロバート・アクセルロッド，マイケル D. コーエン，2003年，高木晴夫監訳，寺野隆雄訳，『複雑系組織論──多様性・相互作用・淘汰のメカニズム』，ダイヤモンド社）

Barnard, Chester I.（1938）*The Functions of The Executive*, Harvard University Press
（＝ C. I. バーナード，1968年，山本安次郎・田杉競・飯野春樹訳，『新訳 経営者の役割』，ダイヤモンド社）

Bauman, Zygnunt（2000）*Liquid Modernity*, Polity Press
（＝ジークメント・バウマン，2001年，森田典正訳，『リキッド・モダニティ 液状化する社会』，大月書店）

Bugg-Levine, Antony & Emerson, Jed（2011） *Impact Investing : Transforming How We Make Money While Making a Difference*, Jossey-Bass

Chesbrough, Henry（2003）*Open Innovation : The New Imperative for Creating and Profiting from Technology*, Harvard Business School Press
（＝ヘンリー・チェスブロウ，2004年，大前恵一朗訳，『ハーバード流イノベーション戦略のすべて』，産業能率大学出版部）

Christensen, Clayton M.（2000） *The Innovator's Dilenmma : When New Technologies Cause Great Firms to Fail*, Harverd Business School Press
（＝クレイトン・クリステンセン，2009年，玉田俊平太監修，伊豆原弓訳，『イノベーションのジレンマ 増補改訂版』，翔泳社）

Ciulla, Joanne B.（2000）*The Woking Life*, Three Rivers Press
（＝ジョアン・キウーラ，2003年，金井壽宏監修，中嶋愛訳，『仕事の裏切り なぜ，私たちは働くのか』，翔泳社）

Commitee for Economic Development (1971) *The Social Responsibilities of Business Corporations*, The Commitee for Economic Development
(https://www.ced.org/pdf/Social_Responsibilities_of_Business_Corporations.pdf)
（検索日：2014年8月24日）
（＝経済開発委員会（CED），1972年，経済同友会編訳，『企業の社会的責任』，鹿島研究所出版会）

Devalia, Arvind (2008) *Personal Social Responsibility*, Nirvana Publishing

Dewey, John (1938) *Experience and Education*, The Macmillan Company
（＝ジョン・デューイ，2004年，市村尚久訳，『経験と教育』，講談社）

Drucker, Peter F. (1954) *The Practice of Management*, Harper & Row, Publishers, Inc
（＝P.F.ドラッカー，2006年，上田惇生訳，『現代の経営［下］』，ダイヤモンド社）

Drucker, Peter F. (1999) *Management Challenges for the 21st Century*, Harper Business
（＝P.F.ドラッカー，1999年，上田惇生訳，『明日を支配するもの――21世紀のマネジメント革命』，ダイヤモンド社）

Dyer, Jeff, Gregersen, Hal & Christensen, Clayton M. (2011)
The Innovator's DNA : Mastering the Five Skills of Disruptive Innovators, Harvard Business Review Press
（＝ジェフ・ダイアー，ハル・グレガーセン，クレイトン・クリステンセン，2012年，櫻井祐子訳，『イノベーションのDNA』，翔泳社）

Emerson, Jed (2008) Moving Ahead Together : Implications of Blended Value Framework for the Future of Social Entrepreneurship, Editd by Nicholls, Allex, *Social Entrepreneurship : New Models of Sustainable Social Change*, Oxford University Press

Etzioni, Amitai (2001) *Next : The Road to the Good Society*, Basic Books
（＝アミタイ・エッィオー二，2005年，小林正弥監訳，公共哲学センター訳，『ネクスト――善き社会への道』，麗澤大学出版会）

Finke, Ronald A., Ward, Thomas B. & Smith, Steven M. (1992) *Creative Cognition : Theory, Reseach, and Applications*, MIT Press
（＝ロナルド・フィンケ，ワード・トーマス，スティーブン・スミス，1999年，小橋泰章訳，『創造的認知――実験で探るクリエイティブな発想のメカニズム』森北出版）

参考文献

Friedman, Milton (1962) *Capitalism and Freedam*, University of Chicago Press
（＝ミルトン・フリードマン，1975年，熊谷尚夫・西山千明・白井孝昌訳，『資本主義と自由』，マグロウヒル好学社）

Fromm, Erich H. (1941) *Escape from Freedom*, Henry Halt and Company
（＝エーリッヒ・フロム，1965年，日高六郎訳，『自由からの逃走』，東京創元社）

Fromm, Erich (1976) *To Have or To Be?*, Harper & Row
（＝エーリッヒ・フロム，1977年，佐野哲郎訳，『生きるということ』，紀伊國屋書店）

Granovetter, Mark (1995) *Getting A Job : A Study of Contacts and Careers - 2nd ed.*, The University of Chicago Press
（＝マーク・グラノヴェター，1998年，渡辺深訳，『転職――ネットワークとキャリアの研究』，ミネルヴァ書房）

Gratton, Lynda (2011) *The Shift : The Future of Work Is Already Here*,HarperCollins Publishers
（＝リンダ・グラットン，2012年，池村千秋訳，『ワーク・シフト』，プレジデント社）

Gratton, Lynda (2014)
The Key : How Corporations Succeed by Solving the World's Toughest Problems, McGraw-Hill Education
（＝リンダ・グラットン，2014年，吉田晋治訳，『未来企業――レジリエンスの経営とリーダーシップ』，プレジデント社）

Green, Stephaen (2009) *Good Value : Choosing a Better Life in Business*, Penguin Books Ltd.
（＝スティーブン・K・グリーン，2010年，山田晴信監訳，石田安実・星久美子訳，『グッド・バリュー　社会人に求められる"価値観"とは』，金融財政事情研究会）

Hansen. L. Sunny (1997) *Integrative Life Planning : Critical Tasks for Career Development and Changing Life Patterns*, Jossey-Bass Publishers
（サニー・S・ハンセン，2013年，平木典子・今野能志・平和俊・横山哲夫監訳，乙須敏紀訳，『キャリア開発と統合的ライフ・プランニング　不確実な今を生きる6つの重要課題』，福村出版）

Heimann, Eduard (1945) *History of Economic Soctrines : An Introduction to Economic Theory*, Oxford University Press

(=エデュアード・ハイマン, 1950年, 喜多村浩訳, 『經濟學説史』, 中央公論社)

Himmelstein, Jerome L. (1997) *Looking Good and Doing Good*:
Corporate Philanthropy and Corporate Power, Indiana University Press

Hippel, Eric von (1988) *The Sources of Innovation*, Oxford University Press
(E・フォン・ヒッペル, 1991年, 榊原清則訳『イノベーションの源泉』, ダイヤモンド社)

Kotler, Philip & Lee, Nancy (2004) *Corporate Social Respnsibility*: *Doing the Most Good for Your Company and Your Cause*, John Willey & Sons,Inc.
(=フィリップ・コトラー, ナンシー・リー, 2007年, 恩藏直人監訳, 早稲田大学恩藏研究室訳, 『社会的責任のマーケティング 「事業の成功」と「CSR」を両立する』, 東洋経済新報社)

Longernecker, Clinton O., Beard, Sam and Scazzero, Joseph A. (2013)
What about the workers? The workforce benefits of corporate volunteer programs, *Development and Learning in Organization*, Vol. 1 No. 1 P. 9-12

Mcgregor, Douglas (1960) *The Human Side of Enterprise*, McGraw-Hill Book Company, Inc.
(ダグラス・マクレガー, 高橋達男訳, 『新版 企業の人間的側面——統合と自己統制による経営』, 産業能率大学出版部)

Melucci, Alberto (1989) *Nomads of the Present*: *Social Movements and Individual Needs in Contemporary Society*, Hutchinson Radius
(=アルベルト・メルッチ, 1997年, 山之内靖・貴道嘉之・宮崎かすみ訳『現代に生きる遊牧民——新しい公共空間の創出に向けて』, 岩波書店)

Morris, Langdon (2006) *Permanent Innovation*— *The Definitive Guide to the Principles, Strategies, and Methods of Successful Innovators*, Innovation Academy
(=ランドン・モリス, 2009年, 宮正義訳, 『イノベーションを生み続ける組織 独創性を育む仕組みをどうつくるか』, 日本経済新聞出版社)

Nitobe, Inazo (1927) *Japanese Traits and Foreign Influences*, Kegan Paul, Trench, Trubner & Co.Ltd.
(=新渡戸稲造, 1985年, 加藤英倫訳, 「日本人の特質と外来の影響」, 新渡戸稲造全集編集委員会編, 『新渡戸稲造全集』所収, 第18巻, pp.395-623, 教文館)

Pajne, Lynn Sharp (2003) *Value Shift : Why Companies Must Merge Social and Financial Imperatives to Schieve Superior Performance*, McGraw-Hill

（＝リン・シャープ・ペイン，2004年，鈴木主税・塩原通緒訳，『バリューシフト 企業倫理の新時代』，毎日新聞社）

Polanyi, Karl (1947)　Our Obsolete Market Mentality, *Commentary*, Vol. 3 No. 2, pp.109-117, The American Jewish Committee

（＝カール・ポランニー，2003年，玉野井芳郎・平野健一郎編訳，「時代遅れの市場志向」，『経済の文明史』所収，P.49-79, 筑摩書房）

Porter, Michael E. (1980)

Competitive Strategy : Techniques for Analyzing Industries and Competitos, Free Press

（マイケル　E. ポーター，1995年，土岐坤・中辻万治・服部照夫訳，『競争の戦略（新訂版）』，ダイヤモンド社）

Porter, Michael E. and Kramer, Mark R. (2002) The Competitive Advantage of Corporate Philanthoropy, *Harvard Business Review*, December 2002, pp.57-68

Porter, Michael E. and Kramer, Mark R. (2006)　Strategy & Society : the Link between Competitive Advantage and Corporate Social Responsibility, *Harvard Business Review*, Vol. 84 No.12, December 2006, pp.78-92

Porter, Michael E. & Kramer, Mark R. (2011) Creating Shared Value, *Harvard Business Review*, January-February 2011, pp.62-77

（＝マイケル　E. ポーター，マーク　R. クラマー，2011年，編集部訳，「経済的価値と社会的価値を同時実現する共通価値の戦略」，『DIAMOND ハーバード・ビジネス・レビュー』所収，第36巻第6号，pp. 8 -31, ダイヤモンド社）

Sachs, Jeffrey　(2011)　*The Price of Civilization*, The Bodley Head

（＝ジェフリー・サックス，2012年野中邦子・高橋早苗訳，『世界を救う処方箋 「共感の経済学」が未来を創る』，早川書房）

Sagawa, Shirley and Segal, Eli (2000) *Common Interest, Common Good : Creating Value through Business and Social Sector Partnerships*, Harvard Business School Press

Samoson, Anthony (1995) *Company Man - The Rise and Fall of Corporate Life*, Random House

（＝アンソニー・サンプソン，1995年，山岡洋一訳，『カンパニーマンの終焉』，TBSブ

リタニカ)

Schön, Donald A. (1983) *The Reflective Practioner : How Professionals Think In Action*, Basic Books

(=ドナルド・ショーン,2001年,佐藤学・秋田喜代美訳,『専門家の知恵 反省的実践家は行為しながら考える』,ゆみる出版)

Schumacher, E. F., (1973) *Small is Beautiful : Economics as if Peaple Mattered*, Harper & Row

(=E・F・シューマッハー,1986年,小島慶三・酒井懋訳,『スモール・イズ・ビューティフル 人間中心の経済学』,講談社)

Schumpeter, Joseph A. (1934) *The Theory of Economic Development : an Inquiry into Profits, Capital, Credit, Interest, and the Business Cycle*, tranlated from the Germany by Opie, Redvers, Harvard University Press

(=シュムペーター,1977年,塩野谷祐一・中山伊知郎・東畑精一訳『経済発展の理論——企業者利潤・資本・信用・利子および景気の回転に関する一研究(上)』,岩波書店)

Smith, N. Craig & Lenssen, Gilbert (2009) *Mainstreaming Corporate Responsibility*, John Willey & Sons Ltd.

Stiglitz, Joseph E. (2010) *Freefall America, Free Markets, and the Sinking of the World Economy*, W. W. Norton Company

(ジョセフ・E・スティグリッツ,2010年,楡井浩一・峯村利哉訳,『フリーフォール グローバル経済はどこまで落ちるのか』,徳間書店)

Vogel, David (2005) *The Market for Virtue : The Potential and Limits of Corporate Social Responsibility*, Brookings Institution Press

(=デービッド・ボーゲル,2007年,小松由紀子・村上美智子・田村勝省訳,『企業の社会的責任(CSR)の徹底研究 利益の追求と美徳のバランス——その事例による検証』,一灯社)

Wenger, Etienne, McDermott, Richard & Snyder, William M. (2002) *Cultivating Communitis of Practice : a Guide to Managing Knowledge*, Harvard business School Press

(=エティエンヌ・ウェンガー,リチャード・マクダーモット,ウィリアム・M・スナイ

参考文献

ダー，2002年，野村恭彦監訳，櫻井裕子訳，『コミュニティ・オブ・プラクティス　ナレッジ社会の新たな知識形成の実践』，翔泳社）

赤池学・水上武彦，2013年，『CSV経営　社会的課題の解決と事業を両立する』，NTT出版

赤岡功，1993年，『エレガント・カンパニー』，有斐閣

秋山をね，2008年，「CSRと証券市場」，大久保和孝・高巖・秋山をね・足達英一郎・深田静夫・新谷大輔・長坂寿久・寺中誠・木内孝・木全ミツ・金田晃一・菊池保宏，『会社員のためのCSR入門』所収，pp.54-69，第一法規

アクサ生命，2011年，『震災後に「見直したもの」実態調査』
（http://www2.axa.co.jp/info/news/2011/pdf/110627.pdf）（検索日：2011年11月5日）

足達英一郎・金井司，2004年，『CSR経営とSRI　企業の社会的責任とその評価軸』，金融財政事情研究会

足達英一郎，2011年，「ISO14001とISO26000——持続可能社会を目指す2つの枠組み」，東北大学生態適応GCOEチームPEM『社会的責任学入門　環境危機時代に適応する7つの教養』所収，pp.61-62，東北大学出版会

足立直樹，2011年，「岐路に立つ地球環境を知る——進む温暖化と資源枯渇」東北大学生態適応GCOEチームPEM『社会的責任学入門　環境危機時代に適応する7つの教養』所収，pp.15-39，東北大学出版会

東清和・安達智子，2003年，『大学生の就業意識の発達』，学文社

渥美公秀，2001年，『ボランティアの知』，大阪大学出版会

阿部次郎，1951年，『倫理學の根本問題』，角川書店

荒金雅子・小崎恭弘・西村智，2007年，『ワークライフバランス入門　日本を元気にする処方箋』，ミネルヴァ書房

粟屋仁美，2006年，「就業とボランティア経験の関連性」，『比治山大学短期大学紀要』所収，第41巻，pp.1-11，比治山大学

粟屋仁美，2012年，『CSRと市場』，立教大学出版会

荒木淳子，2008年，「職場を越境する社会人学習のための理論的基盤の検討——ワークプレイスラーニング研究の類型化と再考」

『経営行動科学』所収，第21巻第2号，pp.119-128

安齋徹, 2009年, 「キャリアとボランティアを巡る考察——企業人のキャリアとボランティアに関する意識調査から」, 『日本ボランティア学会　2008年度学会誌』所収, pp.133-141, 日本ボランティア学会

安藤史江, 2008年, 『コア・テキスト　人的資源管理』, 新世社

飯野春樹, 1987年, 「組織道徳と組織文化」, 加藤勝康・飯野春樹編, 『バーナード——現代社会と組織問題』所収, pp.274-291, 文眞堂

飯野春樹, 1988年, 「バーナード理論理解のために」, 飯野春樹編, 『人間協働　経営学の巨人, バーナードに学ぶ』所収, pp.1-26, 文眞堂

池田俊一, 2012年, 「仕事で磨いた技術を社会に還元　プロボノで実現した社員の成長」, 『人材教育』(2012年1月号)所収, pp.46-49, 日本能率協会

石鍋仁美, 2012年, 「「倫理」が拓く新市場」, 『CEL』所収, 2012年1月号, Vol.98, pp.17-20, 大阪ガス株式会社　エネルギー・文化研究所

(http://cgi.osakagas.co.jp/company/efforts/cel/search/__icsFiles/afieldfile/2011/12/23/03.pdf)

(検索日：2013年2月18日)

井上正・手塚公登, 1999年, 『企業組織の経営学』, 早稲田大学出版部

伊吹英子, 2005年, 『経営戦略「社会的責任」で競争力を高める』, 東洋経済新報社

稲垣良典, 2009年, 『人格《ペルソナ》の哲学』, 創文社

猪木武徳, 2012年, 「倫理的消費とは何か」, 『CEL』(2012年1月号　Vol.98)所収, p.3-9, 大阪ガス株式会社　エネルギー・文化研究所,

今田高俊, 1999年, 「平等社会の神話を超えて」, 『日本労働研究雑誌　第41巻第10号』所収, pp.2-16, 学会誌刊行センター

今田高俊, 2005年, 『自己組織化と社会』, 東京大学出版会

今津孝次郎, 2005年, 「社会化とライフコース」, 宮島喬ほか『現代社会学［改訂版］』所収, pp.164-181, 有斐閣

今村寛治, 2009年, 「人間らしい「働き方」・「働かせ方」の条件」, 黒田兼一・守屋貴司・今村寛治編著, 『人間らしい「働き方」「働かせ方」』所収, pp.197-213, ミネルヴァ書房

今村仁司, 1998年, 『近代の労働観』, 岩波書店

入江幸男, 1999年, 「ボランティアの思想」, 内海成治・入江幸男・水野義之編, 『ボランティア学を学ぶために』所収, pp.4-21, 世界思想社

参考文献

岩田靖夫，2010年，『アリストテレスの政治思想』，岩波書店
岩原明彦，「デンソースピリットを発揮し，社員一人一人に根付くCSRを目指して」，『経済Trend』所収。2007年3月号，日本経済団体連合会（http://www.keidanren.or.jp/japanese/journal/trend/csr/200703.pdf）（検索日：2014年8月17日）
宇沢弘文，2013年，『経済学は人びとを幸福にできるか』，東洋経済新報社
牛島慶一，2014年，「真のグローバル経営とは——CSRの視点から」，東京財団CSR研究プロジェクト，『研究報告　CSR白書2014　統合目指すCSR　その現状と課題』所収，pp.170-176，東京財団
梅澤正，1997年，『サラリーマンの自画像』，ミネルヴァ書房
梅澤正，2000年，『企業と社会　社会学からのアプローチ』，ミネルヴァ書房
梅澤正，2001年，『職業とキャリア——人生の豊かさとは』，学文社
浦田憲治，2012年，「堀田善衞　複眼で「乱世」見つめる」，2012年1月29日，日本経済新聞，p.23
大島正克，2006年，「企業の社会的責任論への環境会計論的アプローチ——環境会計の生成と展開」，松野弘・堀越芳昭・合力知工編著，『「企業の社会的責任論」の形成と展開』所収，pp.325-353，ミネルヴァ書房
太田肇，1999年，『仕事人と組織』，有斐閣
岡本仁宏，2001年，「市民社会，ボランティア，政府」，『増補版　ボランティアと市民社会　公共性は市民が紡ぎ出す』所収，pp.91-118，晃洋書房
岡本亨二，2004年，『CSR入門　「企業の社会的責任」とは何か』，日本経済新聞社
小笠原英司，2008年，「経営学の方法と現代経営学諸問題」，経営学史学会編，『現代経営学の新潮流——方法，CSR・HRM・NPO』所収，pp.3-13，文眞堂
小河光生，2010年，『ISO26000で経営はこう生まれ変わる　CSRが拓く成長戦略』，日本経済新聞出版社
奥平康司・平野光俊・上林憲雄，2010年，『入門　人的資源管理（第2版）』，中央経済社
尾高邦雄，1995年，『職業社会学』，夢窓庵
越智征二，2000年，『企業と組織—企業の経済的・人間的・社会的側面と組織—』，白桃書房
小野公一，1993年，『職務満足感と生活満足感』，白桃書房

香川正弘，2008年，「生涯学習の定義」，香川正弘・鈴木眞理・佐々木秀和編，『よくわかる生涯学習』所収，pp.2-5，ミネルヴァ書房

加藤義孝，2009年，「はしがき」，新日本有限責任監査法人編，『CSR報告書の読み方・作り方』所収，中央経済社

門脇厚司，1999年，『子どもの社会力』，岩波書店

門脇厚司，2001年，「ボランティア活動」，國分康孝監修，『現代カウンセリング事典』所収，p.285，金子書房

金井壽宏・高橋俊介，2005年，『キャリアの常識の嘘』，朝日新聞社

可児滋，2011年，『環境と金融ビジネス』，銀行研修社

金子郁容，1992年，『ボランティア　もうひとつの情報社会』，岩波書店

金子郁容・田中清隆，2009年，「ソーシャルファイナンスにみる，これからの「働き方」」，橘木俊詔編著『働くことの意味』所収，pp.196-226，ミネルヴァ書房

金子晴勇，1992年，『人間の内なる社会』，創文社

亀井善太郎，2014年，「統合を目指すCSR——その現状と課題」，東京財団CSR研究プロジェクト，『研究報告　CSR白書2014　統合目指すCSR　その現状と課題』所収，pp.8-32，東京財団

河口真理子，2010年，「『成長神話からの脱却』を考える」，『DIR経営戦略研究』所収，2010年新年号，Vol.24，pp.5-35，大和総研

河口真理子，2012年，「お金の規律を考える——利己から利他へ」，『大和総研調査季報』所収，2012年新春号，Vol.5，pp.82-97，大和総研

川村雅彦，2014年，「統合報告書は「統合思考」の醸成から」，宝印刷株式会社総合ディスクロージャー研究所編，『統合報告書による情報開示の新潮流』所収，pp.195-209，同文館出版

環境省，2003年，「社会的責任投資に関する日米英3か国比較調査報告書——我が国における社会的責任投資の発展に向けて」（http://www.env.go.jp/policy/kinyu/rep_h1506/gaiyo.pdf）（検索日：2014年8月12日）

環境省，2005年，「環境会計ガイドライン2005年版」（http://www.env.go.jp/policy/kaikei/guide2005.html）（検索日：2014年8月12日）

姜尚中，2012年，「産業文明の人間化へ心血を注いだ先駆者」，2012年1月8日，朝日新聞，p.12

菊野一雄, 2003年,『現代社会と労働』, 慶應義塾大学出版会

菊野一雄, 2009年,「「労働の人間化 (QWL) 運動——その歴史的位置と意味の再検討」再考」,『三田商学研究』所収, 第51巻第 6 号, pp.13-24, 慶應義塾大学商学会

共生社会形成促進のための政策研究会, 2005年,「「共に生きる新たな結び合い」の提唱」(詳細版), 内閣府

(http://www8.cao.go.jp/souki/live/syosai-pdf/pdf/3-1.pdf)

(検索日：2014年 8 月16日)

金融機関の環境戦略研究会編著, 2005年,『金融機関の環境戦略　SRI から排出権取引まで』, 金融財政事情研究会

勤労者リフレッシュ事業振興財団, 2003年,『平成14年度　勤労者のボランティアに関する意識調査　調査研究結果報告書』, 勤労者リフレッショ事業振興財団

功刀達郎, 2008年,「グローバル公共政策の戦略とリーダーシップ」, 功刀達郎・野村彰男編著『社会的責任の時代——企業・市民社会・国連のシナジー』所収, pp.3-16, 東信堂

熊沢誠, 1994年,「会社人間の形成」, 内橋克人・奥村宏・佐高信『会社人間の終焉』所収, pp.37-63, 岩波書店

黒井千次, 1982年,『働くということ——実社会との出会い』, 講談社

公文俊平, 1994年,『情報文明論』。NTT 出版

経済企画庁, 2000年,『平成12年版　国民生活白書』, 大蔵省印刷局

経済産業省, 2013年,『ダイバーシティ経営戦略——多様な人材を活かして, 変化する市場を生き抜く』, 経済産業調査会

経済団体連合会, 1991年,「経団連企業行動憲章」,

(https://www.keidanren.or.jp/japanese/policy/1991/024.html)

(検索日：2014年 8 月12日)

高坂正堯, 1966年,『国際政治——恐怖と希望』, 中央公論社

厚生労働省, 2005年,「平成17年度就労条件総合調査結果の概況」

(http://www.mhlw.go.jp/toukei/itiran/roudou/jikan/syurou/05/index.html)

(検索日：2013年 8 月18日)

厚生労働省, 2009年,『平成21年版　厚生労働白書』

(http://www.mhlw.go.jp/wp/hakusyo/kousei/09/dl/02-03.pdf)

(検索日：2011年10月15日)

構想日本，2013年，「コミュニティ金融」

(http://www.kosonippon.org/project/list.php?m_category_cd=49)

(検索日：2013年3月2日)

興梠寛，2003年，『希望の力　地球市民社会の「ボランティア学」』，光生館

小島貴子，2006年，『就職迷子の若者たち』，集英社

五野井郁夫・安高啓朗，2000年，「グローバル金融秩序と埋め込まれた自由主義」，中野剛志編『成長なき時代の「国家」を構想する』所収，pp.328-346，ナカニシヤ出版

小林満憲，2013年，『歴史哲学への招待──生命パラダイムから考える』，ミネルヴァ書房

小柳公洋，1999年，「個人と国家の間──市民社会と株式会社」，小柳公洋・豊田謙二・岡村東洋光編著，『企業と社会の境界変容──組織の原理と社会形成』所収，pp.1-19，ミネルヴァ書房

近能善範・高井文子，2010年，『コア・テキスト　イノベーション・マネジメント』，新世社

佐伯胖，1995年，『「学ぶ」ということの意味』，岩波書店

嵯峨生馬，2011年，『プロボノ──新しい社会貢献　新しい生き方』，勁草書房

笹谷秀光，2013年，『CSR新時代の競争戦略　ISO26000活用術』，日本評論社

佐藤博樹，2014年，「巻頭言」，経済産業省編，『ダイバーシティ経営戦略2──多様な人材の活躍が，企業の成長力に繋がる』所収，p.a，経済産業調査会

佐藤博樹・武石恵美子，2014年，「はじめに」，佐藤博樹・武石恵美子編，『ワーク・ライフ・バランス支援の課題　人材多様化時代における企業の対応』所収，pp.i-iv，東京大学出版会

塩野谷祐一，2009年，『経済哲学原理　解釈学的接近』，東京大学出版会

四宮和夫，1979年，『信託法［増補版］』，有斐閣

島崎征介，2005年，「社会的人間──自己認識の社会学」，島崎征介編，『現代社会と人生の位相　社会学の視点』所収，pp.1-25，弘文堂

庄司興吉，2009年，『地球市民学を創る』，東信堂

新日本有限責任監査法人編，2009年，『CSR報告書の読み方・作り方』，中央経済社

菅原絵美，2009年，「国連グローバル・コンパクト10原則とガバナンス体制」江橋崇編著，『企業の社会的責任経営　CSRとグローバル・コンパクトの可能性』所収，pp.159-183,

法政大学出版局

杉村芳美，1990年，『脱近代の労働観——人間にとって労働とは何か』，ミネルヴァ書房

鈴木勇，1991年，『経済学前史と価値論的要素』，学文社

鈴木秀一，1992年，「経営管理の人間化——産業文明における企業組織と人間化」，石坂巌編，『人間化の経営学』所収，pp.93-125，勁草書房

鈴木竜太，2013年，『関わり合う職場のマネジメント』，有斐閣

鈴木盈宏，2012年，『ボランティアの可能性——人と企業ができること』，廣済堂出版

関正雄，2011年，『ISO26000を読む——人権・労働・環境……。社会的責任の国際規格：ISO/SRとは何か』，日科技連出版社

関口礼子・西岡正子・鈴木志元・堀薫夫・小池源吾，2009年，『新しい時代の生涯学習［第2版］』，有斐閣

大和証券，2013年，「投資を通じた社会貢献——インパクト・インベストメント」（http://www.daiwa.jp/impact/impact.html）（検索日：2013年2月18日）

田尾雅夫，1998年，『会社人間はどこへいく』，中央公論社

髙木修・玉木和歌子，1996年，「阪神・淡路大震災におけるボランティア」，『関西大学社会学部紀要28巻1号』所収，pp.1-62，関西大学

高瀬淨，1989年，『エコノミーとソシオロジー』，文眞堂

高橋弦，2014年，「社会に親和的な市場の形成」，高橋弦・竹内章郎編著，『なぜ，市場化に違和感をいだくのか？ 市場の「内」と「外」のせめぎ合い』所収，pp.13-31，晃洋書房

武井昭，2003年，『現代の社会経済システム』，日本経済評論社

武石恵美子，2007年，「ワーク・ライフ・バランスの意義と課題」，『労働調査』所収，2007年5月号，pp.4-9

竹下公視，2011年，『現代の社会経済システム』，関西大学出版会

武田一博，1998年，『市場社会から共生社会へ 自律と協同の哲学』，青木書店

舘野泰一，2012年，「職場を越境するビジネスパーソンに関する研究——社外の勉強会に参加しているビジネスパーソンはどにような人なのか」，中原淳編著，『職場学習の探求 企業人の成長を考える実証研究』所収，pp.281-312，生産性出版

田中雅文，2011年，『ボランティア活動とおとなの学び——自己と社会の循環的発展』，学文社

谷口真美, 2005年, 『ダイバシティ・マネジメント——多様性をいかす組織』, 白桃書房

谷口真美, 2006年, 「日本企業が生き残るための「ダイバシティ・マネジメント」」, 「キーパーソンが語る"人と組織"」, 『日本の人事部』, 2006年3月6日 (https://jinjibu.jp/article/detl/keyperson/76/)（検索日：2014年8月7日）

谷本寛治, 2003年, 『SRI 社会的責任投資入門 市場が企業に迫る新たな規律』, 日本経済新聞社

谷本寛治, 2007年, 『SRIと新しい企業・金融』, 東洋経済新報社

谷本寛治, 2013年, 『責任ある競争力——CSRを問い直す』, NTT出版

玉木林太郎, 2012年, 「急がれる幸福度の指標整備 生活の質・持続可能性重視」, 2012年1月20日, 日本経済新聞, p.25

玉野井芳郎, 2003年, 「ポランニー経済学とは何か」, カール・ポランニー『経済の文明史』所収, pp.11-27, 筑摩書房

玉本雅敏・横田浩一・上木原弘修・池本修悟, 2014年, 『ソーシャル・インパクト——価値共創（CSV）が企業・ビジネス・働き方を変える』, 産学社

田村正勝, 1977年, 『経済社会学研究——近代社会の論理を超えて』, 早稲田大学出版部

田村正勝, 2000年, 『新時代の社会哲学［新装版］ 近代的パラダイムの転換』, 早稲田大学出版会

田村正勝, 2001年, 「近代文明の転換とボランティア」, 野尻武敏・山崎正和・ミュンクナー・田村正勝・鳥越皓之『現代社会とボランティア』所収, pp.103-155, ミネルヴァ書房

田村正勝, 2007年, 『社会科学原論講義』, 早稲田大学出版部

田村正勝, 2009年, 『ボランティア論 共生の理念と実践』, ミネルヴァ書房

田村正勝, 2012年, 『社会哲学講義——近代文明の転生に向けて』, ミネルヴァ書房

丹下博文, 2005年, 『企業経営の社会性研究［第2版］ 社会貢献・地球環境・高齢化への対応』, 中央経済社

中央教育審議会, 2012年, 「新たな未来を築くための大学教育の質的転換に向けて——生涯学び続け, 主体的に考える力を育成する大学へ（答申）」, 文部科学省 (http://www.mext.go.jp/component/b_menu/shingi/toushin/__icsFiles/afieldfile/2012/10/04/1325048_1.pdf)

（検索日：2014年8月15日）

参考文献

中央ろうきん社会貢献基金（中央労働金庫），2009年,「「労働組合の社会貢献活動に関する調査」報告」
(http://www.rokin-ikiiki.com/project/contribution/post_108.html)
（検索日：2014年8月10日）

塚本成美，1992年,「経営・人間・社会——経営社会学的アプローチ」，石坂巖編,『人間化の経営学』所収，pp.3-29，勁草書房

柘植尚則，2012年,「倫理学から考える「倫理的消費」」,『CEL』所収，2012年1月号，Vol.98，p.25-28，大阪ガス株式会社　エネルギー・文化研究所

寺島実郎，2010年,
「オンザウェイ・ジャーナル　月刊　寺島実郎の世界　2010年3月」
(http://www2.jfn.co.jp/blog/terashima/2010/03/)
（検索日：2011年5月1日）

寺中誠，2008年,「国際NGOと企業との協働のあり方」，大久保和孝・高巖・秋山をね・足達英一郎・深田静夫・新谷大輔・長坂寿久・寺中誠・木内孝・木全ミツ・金田晃一・菊池保宏,『会社員のためのCSR入門』所収，pp.144-160，第一法規

デルフィス，2012年,「第3回エシカル実態調査」
(http://www.delphys.co.jp/pdf/ethical2012810.pdf)
（検索日：2013年2月18日）

電通，2012年,「ソーシャル意識と行動に関する生活者調査」
(http://www.dentsu.co.jp/news/release/2012/pdf/2012088-0808.pdf)
（検索日：2013年2月18日）

男女共同参画会議・仕事と生活の調和（ワーク・ライフ・バランス）に関する専門調査会，2007年,「「ワーク・ライフ・バランス」推進の基本的方向（ポイント）」
(http://www.gender.go.jp/danjo-kaigi/wlb/pdf/wlb19-7-1.pdf)
（検索日：2011年10月15日）

東京海上日動火災保険・東京海上日動リスク・コンサルティング，2013年,「財務情報と非財務情報の統合報告に向けた国際動向」,『リスクマネジメント最前線』所収，2013年9月
(http://www.tokiorisk.co.jp/risk_info/up_file/201303131.pdf)
（検索日：2014年8月12日）

堂野恵子・可知ひろ子・中川伸子，1989年，『保育のための個性化と社会化の発達心理学』，北大路書房

東北大学経営学グループ，2008年，『ケースに学ぶ経営学〔新版〕』，有斐閣

ロナルド・ドーア，2005年，『働くということ　グローバル化と新しい労働の意味』，中央公論新社

時井聰・田島博実，2009年，『現代の企業組織と人間』，学文社

戸田智弘，2007年，『働く理由——99の名言に学ぶシゴト論』，ディスカバー・トゥエンティワン

内閣府，2007年，『平成19年版　国民生活白書』，時事画報社

内閣府，2007年，『平成19年版　国民生活白書』，時事画報社

内閣府，2010年，「仕事と生活の調和（ワーク・ライフ・バランス）憲章」

（http://wwwa.cao.go.jp/wlb/government/20barrier_html/20html/charter.html）

（検索日：2013年1月2日）

内閣府大臣官房政府広報室，2012年，「生涯学習に関する世論調査」

（http://www8.cao.go.jp/survey/h24/h24-gakushu/index.html）

（検索日：2013年8月15日）

内閣府大臣官房政府広報室，2013年，「国民生活に関する世論調査（平成25年6月調査）」

（http://www8.cao.go.jp/survey/h25/h25-life/index.html）

（検索日：2014年8月10日）

内閣府大臣官房政府広報室，2013年，「社会意識に関する世論調査（平成25年2月調査）」

（http://www8.cao.go.jp/survey/h24/h24-shakai/index.html）

（検索日：2013年8月18日）

内閣府仕事と生活の調和推進室，2008年，「仕事と生活の調和（ワーク・ライフ・バランス）に関する意識調査」

（http://wwwa.cao.go.jp/wlb/research/pdf/wlb-net-svy.pdf）

（検索日：2013年8月20日）

内閣府国民生活局，2009，「平成20年度国民生活選好度調査」

（http://www5.cao.go.jp/seikatsu/senkoudo/h20/20senkou_01.pdf）

（検索日：20013年8月15日）

中井信彦，1973年，「「微味幽玄考」と大原幽学の思想」，奈良本辰也・中井信彦校注，『日

本思想大系52　二宮尊徳・大原幽学』所収, pp.442-484, 岩波書店

長坂寿久, 2008年,「CSRと社会の声――NGO」, 大久保和孝・高巖・秋山をね・足達英一郎・深田静夫・新谷大輔・長坂寿久・寺中誠・木内孝・木全ミツ・金田晃一・菊池保宏,『会社員のためのCSR入門』所収, pp.126-143, 第一法規

中島誠, 1999年,『江戸商人の知恵嚢』, 現代書館

長須正明, 2001年,「キャリア・カウンセリングの諸理論」, 國分康孝監修,『現代カウンセリング事典』所収, pp.234-235, 金子書房

長沼豊, 2008年,『新しいボランティア学習の創造』, ミネルヴァ書房

中野敏男, 2001年,『大塚久雄と丸山眞男――動員, 主体, 戦争責任』, 青土社

中野裕治・貞松茂・勝部伸夫・嵯峨一郎, 2007年,『はじめて学ぶ経営学』, ミネルヴァ書房

中原淳, 2010年,『職場学習論　仕事の学びを科学する』, 東京大学出版会

中原淳, 2012年,『経営学習論　人材育成を科学する』, 東京大学出版会

中村裕一, 2009年,『世界金融危機からの再生』, 東洋経済新報社

中村瑞穂, 2007年,「企業倫理と"CSR"」, 企業倫理研究グループ,『日本の企業倫理――企業倫理の研究と実践』所収, pp.153-176, 白桃書房

難波田春夫, 1982年,『危機の哲学』, 早稲田大学出版部

西川一廉・田井中秀嗣・森下高治・三戸秀樹・田尾雅夫・北川睦彦・島田修, 1995年,『現代ライフ・スタイルの分析』, 信山社出版

西山志保, 2007年,『[改訂版] ボランティア活動の論理　ボランタリズムとサブシステンス』, 東信堂

仁部智子, 2006年,「若年者のボランティアとキャリア開発の関係」, 法政大学政策科学研究所ワーキングペーパー2006-1

仁平典宏, 2006年,「後期近代におけるボランティア活動」, 宇都宮京子編『よくわかる社会学』所収, pp.150-151, ミネルヴァ書房

日本学生支援機構, 2006年,『学生ボランティア活動に関する調査報告書』, 日本学生支援機構

日本経済新聞, 2011年12月5日,「震災で活発に　ボランティア　仕事に効果」, p.15

日本経済新聞, 2012年a,「社会貢献型の金融商品広がる」, 2012年8月1日付日本経済新聞, p.21

日本経済新聞，2012年 b,「プロボノで専門を生かす」，2012年11月26日付日本経済新聞夕刊，p.7
日本経済団体連合会，2008年,「2008年度社会貢献活動実績調査結果」
　(http://www.keidanren.or.jp/japanese/policy/2009/106/kekka.pdf)
　(検索日：2011年5月1日)
日本経済団体連合会，2009年,
　「CSR（企業の社会的責任）に関するアンケート調査結果《概要版》」
　(http://www.keidanren.or.jp/japanese/policy/2009/075/gaiyo.pdf)
　(検索日：2014年8月31日)
日本経済団体連合会，2010年,「企業行動憲章」,
　(https://www.keidanren.or.jp/japanese/policy/cgcb/charter.html)
　(検索日：2014年8月12日)
日本経済団体連合会，2010年,「企業行動憲章　実行の手引き（第6版)」
　(http://www.keidanren.or.jp/policy/cgcb/tebiki6.pdf)
　(検索日：2013年12月8日)
日本経済団体連合会，2012年,
「「2012年人事・労務に関するトップ・マネジメント調査結果」の概要」
　(http://www.keidanren.or.jp/policy/2012/075.pdf)
　(検索日：2013年12月30日)
日本政策投資銀行　環境・CSR 部，2013年,『責任ある金融　評価認証型融資を活用した社会的課題の解決』，金融財政事情研究会
日本生産性本部・日本経済青年協議会，2014年,『平成26年度新入社員「働くことのことの意識」調査報告書』，日本生産性本部・日本経済青年協議会
日本労働政策研究・研修機構，2007年,『仕事と生活』，日本労働政策研究・研修機構
日本労働研究雑誌編集委員会，2010年,「ワーク・ライフ・バランスの概念と現状」,『日本労働研究雑誌』所収，No.599, pp.2－3
丹羽清，2010年,『イノベーション実践論』，東京大学出版会
根本孝・G. J. J. M. Poeth, 1992年,『カンパニー資本主義』，中央経済社
野口健彦，2011年,『カール・ポラニー――市場自由主義の根源的批判者』，文眞堂
野尻武敏，1977年,『21世紀の生活協同組合』，晃洋書房

野尻武敏，2011年，『経済社会思想史の地平』，晃洋書房

野中郁次郎・廣瀬文乃・平田透，2014年，『実践　ソーシャル・イノベーション——知を価値に変えたコミュニティ・企業・NPO』，千倉書房

野村浩一，2011年，「企業に求められるSR——サプライチェーン・マネジメントを手がかりに」，東北大学生態適応GCOEチームPEM，『社会的責任学入門　環境危機時代に適応する7つの教養』所収，pp.53-63，東北大学出版会

萩原道雄，2012年，『企業倫理を考える——日本の伝統文化から経営実践まで』，八千代出版

パク・ジョアン・スックチャ，2002年，『会社人間が会社をつぶす』，朝日新聞社

日沖健，2012年，『変革するマネジメント　戦略的人的資源管理』，千倉書房

ビズリーチ，2011年，「震災後の仕事観の変化」

（http://www.bizreach.jp/biz/download/BIZREACH_PressRelease_20110602.pdf）

（検索日：2012年1月1日）

一言憲之，1992年，「労働の人間化と経営参画」，石坂巌編，『人間化の経営学』所収，pp.152-182，勁草書房

平野文彦・幸田幸文，2010年，『新版　人的資源管理』，学文社

広石拓司，1998年，「企業市民から市民企業へ」，『SRC REPORT』（1998年3月，Vol.3 No.2）所収，pp.43-54，三和総合研究所

福田敦之，2012年，「広がる社員のボランティア活動と企業の支援」，『企業と人材』所収，2012年2月号，pp.40-43，産労総合研究所

藤井剛，2014年，『CSV時代のイノベーション戦略　「社会的課題」から骨太な新事業を産み出す』，ファーストプレス

藤野君江，2005年，「透明性ある「個人の社会的責任」について——「企業の社会的責任」の基盤としての役割」，『CUC Policy Studies Review』所収，No.7，2005年3月，pp.23-37，千葉商科大学

プレジデント，2011年，「大震災後に見られた仕事観の変化」

（http://www.president.co.jp/pre/backnumber/2011/20111003/20597/20607/）

（検索日：2012年1月1日）

法政大学，2010年，「武石ゼミ3年生が「仕事生活の調和を考える学生フォーラム：私たちが変える働き方！——学生が提言するワーク・ライフ・バランス憲章」を開催しました」

(http://www.hosei.ac.jp/careerdesign/news/shosai/news_2202.html)

（検索日：2013年1月2日）

堀薫夫・三輪健二，2006年，『新訂 生涯学習と自己実現』，日本放送教育出版協会

正村公宏，2006年，『人間を考える経済学 持続可能な社会をつくる』，NTT出版

松尾睦，2011年，『職場が生きる人が育つ「経験学習」入門』，ダイヤモンド社

松田禎二，1987年，『アリストテレスの哲学』，行路社

松野弘，2006年，「転換期の「企業の社会的責任論」と企業の〈社会性〉への今日的位置」，松野弘・堀越芳昭・合力知工編著，『「企業の社会的責任論」の形成と展開』所収，pp.3-34，ミネルヴァ書房

松野弘・合力知工，2006年，「「企業の社会的責任論」の役割と今後の方向性」，松野弘・堀越芳昭・合力知工編著，『「企業の社会的責任論」の形成と展開』所収，pp.355-365，ミネルヴァ書房

丸紅，2012年，「丸紅」，『企業と人材』所収，2012年2月号，pp.44-46，産労総合研究所

三浦展，2012年，『第四の消費 つながりを生み出す社会へ』，朝日新聞出版

水口剛，2005年，『社会的責金投資（SRI）の基礎知識』，日本規格協会

水口剛，2011年，『環境と金融・投資の潮流』，中央経済社

水口剛，2013年，『責任ある投資 資金の流れで未来を変える』，岩波書店

水谷衣里，2012年，「戦略的社会貢献と金融──社会を変えるソーシャル・ファイナンスの可能性」，塚本一郎・関正雄『社会貢献によるビジネス・イノベーション』所収，pp.123-141，丸善出版

三隅二不二，1987年，『働くことの意味』，有斐閣

三戸公，1977年，『人間の学としての経営学』，産業能率短期大学出版部

三戸公，1987年，「バーナード理論の意義──全人仮説を中心として」，加藤勝康・飯野春樹編，『バーナード──現代社会と組織問題』所収，pp.295-310，文眞堂

嶺学，1991年，『労働の人間化を求めて』，法政大学出版会

宮城まり子，2002年，『キャリアカウンセリング』，駿河台出版社

宮坂純一，2002年，『企業社会と会社人間』，晃洋書房

宮崎冴子，2002年，「生涯学習・ボランティア活動に関する心理学的考察」，『東京経営短期大学紀要』所収，第10巻，pp.39-51，東京経営短期大学

宮武記章，2014年，「環境報告書・CSR報告書から統合報告書へ」，宝印刷株式会社総合

ディスクロージャー研究所編,『統合報告書による情報開示の新潮流』所収, pp.163-178, 同文館出版

宮本太郎, 2013年,『社会的包摂の政治学 自立と承認をめぐる政治対抗』, ミネルヴァ書房

宮本久雄, 2005年,「協働体的公共圏の諸相とペルソナ―トマス・アクィナスの共通善哲学を手がかりとして」, 宮本久雄・山脇直司編,『公共哲学の古典と将来』所収, pp.53-91, 東京大学出版会

ヘンリー・ミンツバーグ, 2013年,「コミュニティシップ――社会を変える第3の力」, 『DIAMONDハーバード・ビジネス・レビュー』, 第38巻第7号, pp.10-19

森洋一, 2014年,「国際統合報告フレームワークの求める企業報告の変革」, 宝印刷株式会社総合ディスクロージャー研究所編,『統合報告書による情報開示の新潮流』所収, pp.3-19, 同文館出版

守島基博, 2011年,「仕事観, 人生観……震災は人をどう変えたか」, 2011年9月28日 (http://www.president.co.jp/pre/backnumber/2011/20111003/20597/20607/) （検索日：2012年1月1日）

森本三男, 1994年,『企業社会責任の経営学的研究』, 白桃書房

谷内篤博, 2007年,『働く意味とキャリア形成』, 勁草書房

矢野恒太記念会, 2014年,『日本国勢図会 2014/15』, 矢野恒太記念会

山村賢明, 2008年, 門脇厚司・北澤毅編,『社会化の理論』, 世織書房

山脇直司, 2009年,「経済と倫理」, 橘木俊詔編著,『働くことの意味』所収, pp.227-247, ミネルヴァ書房

横塚仁士, 2010年,「「エシカル消費」とソーシャルビジネス」 (http://www.daiwa-grp.jp/csr/citizen/support/college/pdf/resume001.pdf) （検索日：2013年2月18日）

米倉誠一郎・青島矢一, 2001年,「イノベーション研究の全体像」, 一橋大学イノベーション研究センター,『知識とイノベーション』所収, pp.1-23, 東洋経済新報社

リクナビ, 2011年,「ビジネスパーソン「仕事」と「生き方」についての緊急アンケート」 (http://rikunabi-next.yahoo.co.jp/01/closeup_1135/index.html) （検索日：2012年1月1日）

若森みどり, 2011年,『カール・ポランニー――市場社会・民主主義・人間の自由』, NTT

出版

渡辺聰子，2008年,「はじめに」「構造変化と新しい人的資源管理」「モティベーション理論の展開」「ポストモダンの仕事意識」，渡辺總子／アンソニー・ギデンズ／今田高俊，『グローバル時代の人的資源論　モティベーション・エンパワーメント・仕事の未来』所収，pp.i-xv, 1-93, 東京大学出版会

渡辺峻，2007年,『「組織と個人」のマネジメント—新しい働き方・働かせ方の探求』，中央経済社

渡辺峻，2008年,「ワーク・ライフ・バランスと HRM 研究の新パラダイム」，経営学史学会編,『現代経営学の新潮流』所収, pp.76-90, 文眞堂

渡辺峻，2009年,『ワーク・ライフ・バランスの経営学　社会化した自己実現人と社会化した人材マネジメント』，中央経済社

渡辺深，2002年,『経済社会学のすすめ』，八千代出版

索　引
（＊は人名）

あ 行

新たな企業社会の地平　141
＊アリストテレス　180, 182-185, 192
　イノベーション　145, 169, 170, 177, 224, 228
　インパクト・インベストメント　208, 214, 226
　埋め込み概念　180, 185, 187, 189, 191-193
　エシカル消費　203, 214, 226
　越境学習　169, 172, 174, 177, 224, 228

か 行

　会社に対する帰属意識　5
　会社人間　1-3, 18, 121
　企業経営の社会化　143, 163, 176
　企業行動憲章　162, 176
　企業市民　135
　企業人の社会化　120
　共生社会　118
　近代の超克　i
＊グラノヴェター, M.　186, 187
＊クリステンセン, C. M.　172
　経済至上主義　19, 179, 193
　経済社会　i
　経済社会学　181
　経済主義　i, ii, iv, 18
　　──のイデオロギー　179
　経世済民　183
　国連グローバル・コンパクト　160, 176
　個人と企業と社会の関係性　138, 215, 230
　個人の社会的責任　136, 137, 215, 217, 220, 223, 227
　コミュニティシップ　220

さ 行

　三方よし　143
　自己実現　9, 19
　自己実現至上主義　53, 56, 57
　仕事人　12
　持続可能な発展　145
　市民企業　136
　市民性に支えられた主体的職業人　49, 58
　社会化　109, 111
　社会化した自己実現人　51, 53, 58
　社会化マネジメント　123, 127, 129, 133, 135, 140, 141, 177, 224, 225, 229, 230
　社会貢献　9, 19
　社会貢献意識　109, 113, 123, 168, 195
　社会的責任投資（SRI）　207
　社会的責任の時代　221
　社会力　109
　社会力　110
＊シュンペーター, J. A.　170
　生涯学習　31
　触媒　108
　人的資源管理理論　1, 123, 124
　ステイク・ホルダー　147
　"攻め" の「社会化マネジメント」　175, 227
　相克　135, 141
　相互律　218, 223, 224
　組織人　12
　組織論　1

た 行

　ダイバーシティ　167
　　──・マネジメント　145, 167, 174, 176, 177, 224, 228

277

タイプZ　60, 65
地球市民　119
ディーセント・ワーク　121, 122
統合報告書　156, 159, 176
*ドラッカー, P. F.　123

な　行

*新渡戸稲造　222
日本ナショナル・トラスト協会　231
日本フィランソロピー協会　233
人間解放　i
人間疎外　14, 17-19, 192
人間は社会的動物である　182, 192

は　行

働くことの意味　7
働くタイプ　41, 65
パラダイム転換　ii
パラレル・キャリア　121
バランスのとれた社会化した自己実現人
　　59, 60, 69, 70, 84, 87, 88, 90, 126, 174, 226,
　　227, 229
*ハンセン, L. S.　33
東日本大震災　215
プロボノ　200, 214, 226
*フロム, E.　17, 19
ペルソナ　190, 191, 224
ペルソナ論　190, 191
*ポーター, M.　152
ホチキス綴じ　228
ボランティア　iii, 90, 94, 139, 172, 177,
　　198, 232
――から習得したスキル　100
――の影響　100
ボランティア経験　99
――の生き方への影響　97, 103, 105
――国際年　89
*ポランニー, K.　180, 184, 185, 187, 192
ホリスティック・ライフ　25, 45, 46

ま　行

*マクレガー, D.　59
*マズロー, A. H.　59

ら　行

理想の恩恵　128, 140, 177, 224
労働の人間化　121, 122
『論語』　31

わ　行

ワーク・ライフ・バランス　21, 22, 55,
　　121, 139
――の満足度　106
ワーク・ライフ・バランス5元論　28, 30,
　　35, 37, 58, 65, 226

アルファベット

CSR　143, 146, 148, 154, 175, 227
――のメインストリーム化　143, 145,
　　160, 176, 177
CSV　152, 153, 156, 176
ISO26000　149-151, 176
Quality of Working Life　22
X理論Y理論　59

《著者紹介》

安齋　徹（あんざい　とおる）

- 1960年　東京都生まれ
- 1984年　一橋大学法学部卒業
- 1984年～2012年　三菱信託銀行株式会社（現三菱UFJ信託銀行株式会社）勤務
  （営業・企画・事務・海外・秘書・人事・研修など様々な業務を経験）
- 2009年　立教大学大学院21世紀社会デザイン研究科博士課程前期課程修了，修士（社会デザイン学）
- 2012年　群馬県立女子大学国際コミュニケーション学准教授
- 2015年　早稲田大学大学院社会科学研究科博士後期課程修了，博士（学術）
- 現　在　群馬県立女子大学国際コミュニケーション学部教授，独立行政法人国立女性教育会館「男女の初期キャリア形成と活躍推進に関する調査研究」検討委員，群馬県「ぐんま女性活躍大応援団実行委員会」「ぐんま女性ネットワーク会議」「男性にとっての男女共同参画会議」アドバイザー
- 専　門　社会デザイン学，人的資源管理論，女性の活躍推進など

主要論文

「社会化マネジメントの現状と相克——企業のボランティア支援を巡る考察」2011年12月『*Social Design Review*』（21世紀社会デザイン研究学会　学会誌）Vol.3, pp.10-24

「女性リーダー育成に向けた大学教育の挑戦——女子大学における「ビジネス・リーダー論」という試み」2013年6月『現代女性とキャリア』（日本女子大学　現代女性キャリア研究所紀要）第5号，pp.57-72

「女性の活躍推進に向けた大学教育の挑戦——女子大学におけるゼミナールを通じた人材育成の試み」2015年3月『女性と文化』（実践女子学園　下田歌子研究所年報）第1号，pp.107-127

企業人の社会貢献意識はどう変わったのか
——社会的責任の自覚と実践——

2016年8月20日　初版第1刷発行　　　　　　　〈検印省略〉

定価はカバーに表示しています

著　者　　安　齋　　徹
発行者　　杉　田　啓　三
印刷者　　藤　森　英　夫

発行所　株式会社　ミネルヴァ書房
607-8494　京都市山科区日ノ岡堤谷町1
電話代表　(075)581-5191
振替口座　01020-0-8076

©安齋　徹，2016　　　　　　　　　　　　　亜細亜印刷

ISBN978-4-623-07622-2
Printed in Japan

田村正勝 著
社会哲学講義　　　　　　　　　　　　四六判・282頁
　　　　　　　　　　　　　　　　　　本　体　3400円

田村正勝 編著
ボランティア論　　　　　　　　　　　四六判・340頁
　　　　　　　　　　　　　　　　　　本　体　2800円

桜井政成 編著
東日本大震災とNPO・ボランティア　　Ａ５判・232頁
　　　　　　　　　　　　　　　　　　本　体　2800円

桜井政成 著
ボランティアマネジメント　　　　　　Ａ５判・244頁
　　　　　　　　　　　　　　　　　　本　体　2800円

長沼　豊 著
人が集まるボランティア組織を　　　　Ａ５判・228頁
どうつくるのか　　　　　　　　　　　本　体　2800円

長沼　豊 著
新しいボランティア学習の創造　　　　Ａ５判・432頁
　　　　　　　　　　　　　　　　　　本　体　6500円

原田隆司 著
ポスト・ボランティア論　　　　　　　四六判・256頁
　　　　　　　　　　　　　　　　　　本　体　2500円

田中重好・舩橋晴俊・正村俊之 編著
東日本大震災と社会学　　　　　　　　Ａ５判・364頁
　　　　　　　　　　　　　　　　　　本　体　6000円

経済社会学会 編／富永健一 監修
経済社会学キーワード集　　　　　　　Ａ５判・336頁
　　　　　　　　　　　　　　　　　　本　体　3500円

向井清史 著
ポスト福祉国家のサードセクター論　　Ａ５判・266頁
　　　　　　　　　　　　　　　　　　本　体　3500円

武石恵美子 編著
国際比較の視点から 日本のワーク・　　Ａ５判・368頁
ライフ・バランスを考える　　　　　　本　体　6000円

――― ミネルヴァ書房 ―――

http://www.minervashobo.co.jp/